权威·前沿·原创

皮书系列为
"十二五""十三五"国家重点图书出版规划项目

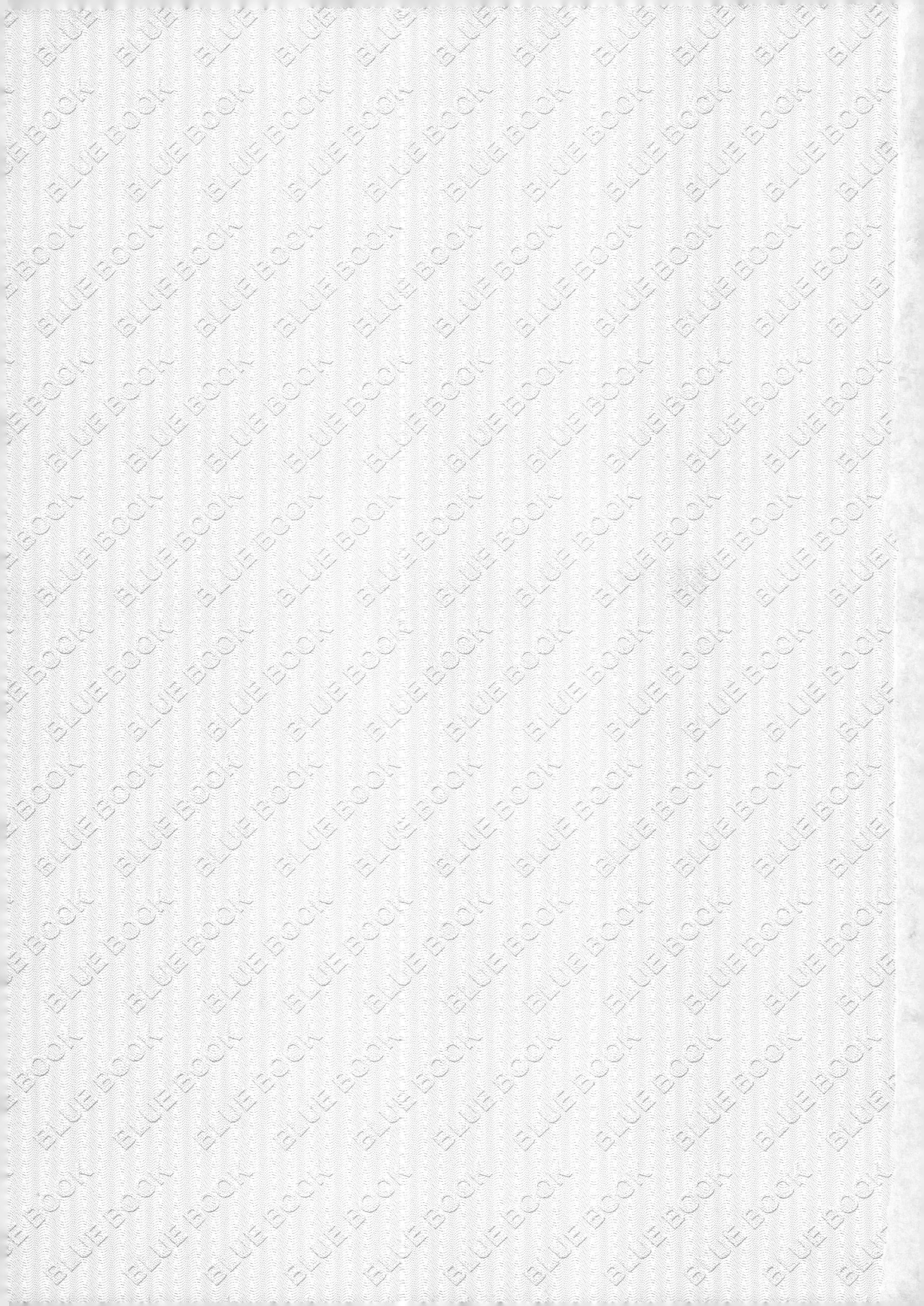

B

BLUE BOOK

智库成果出版与传播平台

嘉峪关蓝皮书

BLUE BOOK OF
JIAYUGUAN

嘉峪关市经济社会发展报告
（2019~2020）

ANNUAL REPORT ON THE ECONOMIC AND SOCIAL
DEVELOPMENT OF JIAYUGUAN(2019-2020)

主　编／王玉忠
副主编／杨平刚　王　炜　杨殿锋

社会科学文献出版社
SOCIAL SCIENCES ACADEMIC PRESS（CHINA）

图书在版编目（CIP）数据

嘉峪关市经济社会发展报告 . 2019 - 2020/王玉忠主
编 . -- 北京：社会科学文献出版社，2021.3
（嘉峪关蓝皮书）
ISBN 978 - 7 - 5201 - 8127 - 3

Ⅰ. ①嘉…　Ⅱ. ①王…　Ⅲ. ①区域经济发展 - 研究报
告 - 嘉峪关市 - 2019 - 2020 ②社会发展 - 研究报告 - 嘉峪
关市 - 2019 - 2020　Ⅳ. ①F127. 423

中国版本图书馆 CIP 数据核字（2021）第 051003 号

嘉峪关蓝皮书

嘉峪关市经济社会发展报告（2019~2020）

主　　编／王玉忠
副 主 编／杨平刚　王　炜　杨殿锋

出 版 人／王利民
组稿编辑／祝得彬
责任编辑／张　萍
文稿编辑／王红平

出　　版／社会科学文献出版社·当代世界出版分社（010）59367004
　　　　　地址：北京市北三环中路甲 29 号院华龙大厦　邮编：100029
　　　　　网址：www.ssap.com.cn
发　　行／市场营销中心（010）59367081　59367083
印　　装／天津千鹤文化传播有限公司
规　　格／开 本：787mm×1092mm　1/16
　　　　　印 张：17.75　字 数：264 千字
版　　次／2021 年 3 月第 1 版　2021 年 3 月第 1 次印刷
书　　号／ISBN 978 - 7 - 5201 - 8127 - 3
定　　价／168.00 元

《嘉峪关市经济社会发展报告（2019～2020）》
编　委　会

主要编撰者简介

杨平刚　男，中共甘肃省委党校（甘肃行政学院）在职研究生学历，经济社会发展与党的领导专业，先后在嘉峪关市委政研室、市委办公室工作，从事市委主要政策性文件、会议文件等文稿撰写和地方经济社会发展、党的建设研究，以及办公室管理工作。2019年5月任嘉峪关市驻环县帮扶工作队队长，开展脱贫攻坚调研、帮扶及相关理论研究。

王　炜　男，南开大学法学院法学专业，大学学历。先后在嘉峪关市政府研究室、市委政策研究室工作，主要从事党的建设、中国特色社会主义法治思想、区域经济发展等领域研究和相关政策文件、理论文稿撰写工作。

杨殿锋　男，西北师范大学马克思主义学院哲学专业，研究生学历，哲学硕士。曾参与中共嘉峪关市第十次、第十一次党代会报告，第十届市委、第十一届市委历次全会报告，全市高质量转型发展、民营经济健康发展的意见等文稿起草工作，以及《嘉峪关转型发展研究》《嘉峪关蓝皮书：嘉峪关市经济社会发展报告（2018～2019）》等图书的撰稿与编审工作，在《社科纵横》《行政改革内参》等杂志发表多篇论文。

邓廷涛　男，西北师范大学政治学理论专业，研究生学历，法学硕士。曾在中共嘉峪关市委党校任教，主讲党的建设、基层治理等专题，现在嘉峪关市委政策研究室工作。先后在《甘肃社会科学》《青海社会科学》等学术刊物发表论文20余篇，参与嘉峪关市委相关文件起草工作。

韩耀伟 男，西北师范大学汉语言文学教育专业，大学学历，文学学士。现供职于嘉峪关市委政策研究室，主要从事文化旅游融合创新、区域文化旅游资源整合等方面的研究和服务决策参考等工作，参与编写《嘉峪关转型发展研究》。

朱万佳 男，河西学院历史学专业，本科学历，历史学学士。曾在嘉峪关市工信局、嘉峪关市政府研究室等部门工作，现供职于嘉峪关市委政策研究室。主要研究方向为党的建设、发展改革、基层治理等。参与编写《嘉峪关工作》。

李燕生 男，甘肃政法学院法学专业，本科学历。现供职于嘉峪关市委政策研究室，从事市情调研、领导决策参考和综合材料调研等文稿起草工作。论文《一场千年接力——社会主义核心价值观历史传承与创新发展略论》获甘肃省政研会和中国政研会2014年思想政治工作课题研究优秀成果一等奖。

摘　要

《嘉峪关市经济社会发展报告（2019～2020）》由嘉峪关市委政策研究室主持编撰，是定位于分析总结嘉峪关市发展现状、预测嘉峪关市未来发展的综合性研究报告。

全书总报告和各分报告主要梳理研究了嘉峪关市2019年经济、文化、社会、改革、城市、企业等领域的发展态势，展示了招商引资、工业园区、财政税收、社会保障、社会治理等各方面工作的全貌。本报告以客观公正的数据，分析了嘉峪关市开展各领域工作存在的问题，有针对性地提出了今后发展的建议，认为嘉峪关市今后的发展应该在促进工业经济转型升级、加快乡村振兴、提升民生保障水平、加强生态环境建设、完善治理体系等方面加大力度。这些建议符合政策要求、体现群众愿望，展示了嘉峪关市2020年发展的美好前景。

《嘉峪关市经济社会发展报告（2019～2020）》的每篇研究报告都立足发展实践，梳理重点工作，分析短板弱项，通过数据展示、理论阐释，认真对接宏观政策，采用了理论研究、调查研究、实证研究、定量分析、定性分析等多种研究方法，是全方位展示嘉峪关市发展成果与发展愿景的报告合集。本报告有助于促进政府发展决策科学化、社会投资决策精准化，也为关注嘉峪关市发展的专家学者提供了投资、产业、财税、城建、综合改革、居民收入、民生事业等方面可靠的研究成果。

关键词：社会治理　嘉峪关市经济　嘉峪关市社会

目 录

Ⅰ 总报告

Ⅱ 经济发展篇

Ⅲ 文化产业篇

Ⅳ 社会事业篇

Ⅴ 深化改革篇

VI 城市建设篇

VII 企业案例篇

皮书数据库阅读**使用指南**

总 报 告

General Report

B.1

2019年嘉峪关市经济社会
发展形势分析与预测

朱万佳　李巍*

摘　要：　2019年，嘉峪关市紧紧围绕中央、省委重大决策部署，坚持高质量发展方向，强化经济宏观调度，统筹做好改革、发展、稳定各项工作，呈现转型步伐不断加快、生态环境更加优美、民生保障持续改善、发展质量显著提升、全面小康加速推进的显著特点，为推进高质量转型发展、实现高水平全面小康夯实了基础。本报告立足嘉峪关市发展现状，客观分析了2019年全市经济社会发展的形势特点和2020年面临的基本环境，通过深入分析与对比，有针对性地提出了坚持发展生

---

* 朱万佳，历史学学士，嘉峪关市委政策研究室发展改革科科长，主要研究方向为经济社会发展；李巍，理学学士，嘉峪关市统计局国民经济综合核算科科长，主要研究方向为国民经济数据统计。

态产业、加快工业转型升级、培育壮大第三产业、坚持创新驱动战略等相关对策建议。

关键词： 改革创新　工业转型升级　嘉峪关市经济社会

一　2019年嘉峪关市经济社会发展形势

2019 年，面对严峻复杂的经济形势和经济下行压力，嘉峪关市委、市政府以深化供给侧结构性改革为主线，狠抓政策落实，全市经济运行延续了稳中有进、稳中向好的发展态势。坚定不移实施"工业强市"战略，精准调度工业经济运行，全力保障生产要素供给，最大限度释放企业产能，稳步推动工业经济高质量转型发展。深入开展"项目建设攻坚年"活动，举行重点项目集中开工仪式，推行重点项目领导包抓责任制，投资稳步增长。在消费方面，开展促进消费系列活动，放大旅游综合效应，积极发展夜间经济，消费活力进一步释放。2019 年，嘉峪关市完成生产总值283.4 亿元，同比增长 6.5%，增速居全省第 5 位；完成一般公共预算收入 19.49 亿元，同比下降 0.98%，一般公共预算支出 31.86 亿元，同比下降 2.13%。2019年，嘉峪关市城镇居民人均可支配收入 42601 元，同比增长 7.5%，农村居民人均可支配收入 21027 元，同比增长 9%，[①] 绝对值均居全省首位。

（一）经济结构转型升级持续推进

1. 统筹推进高质量转型发展，经济运行稳中有进

嘉峪关市紧紧围绕推进高质量转型发展、实现高水平全面小康，把发展的主攻点放在贯彻新发展理念上，放在持续深化供给侧结构性改革、推动经济结构转型升级上，放在巩固领先指标、提升一般指标、突破弱项指标上，

[①] 本篇数据来自《2020 年嘉峪关市人民政府工作报告》、嘉峪关市统计局。

坚持不懈破难题、抓进度、提增量。2019 年，嘉峪关市生产总值同比增长 6.5%（见图 1），其中，第一产业增加值增长 5.2%，第二产业增加值增长 7.6%，第三产业增加值增长 4.2%。2019 年，固定资产投资增长 11.96%，社会消费品零售总额增长 7.2%，物价保持总体稳定，全年居民消费价格指数涨幅控制在 3% 以内，经济运行保持在合理区间。

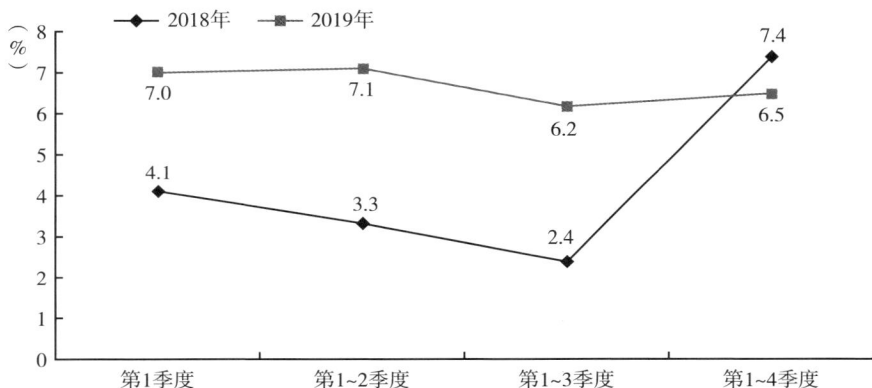

图 1　嘉峪关市 2018～2019 年分季度生产总值增长速度

资料来源：嘉峪关市统计局，经汇总整理后绘制，下同。

2. 创新驱动优化结构，工业经济质量提升

嘉峪关市坚定不移实施"工业强市"战略，精准调度工业经济运行，全力保障生产要素供给。支持酒钢开展技术循环化改造，积极推进 7 号高炉、焦化厂 1～4 号焦炉煤气净化系统优化改造、东兴铝业 45 万吨生产线电解槽优化改造二期工程、电解槽阴极全石墨化优化改造等项目。坚持钢城、核城共建，与中核四〇四有限公司的合作成效显著，启动实施中核嘉峪关综合保障区建设，该项目预计总投资超过百亿元，目前中核科技城、军民融合产业园等项目进展有序。鼓励企业自主创新，2019 年嘉峪关市新增省级工业设计中心 1 家，生产性服务业示范企业 1 家，甘肃省"专精特新"中小企业 1 家。持续推动信息技术与传统制造业融合发展，酒钢云平台建设步伐加快，已为 32 家单位开展服务。为落实省政府"稳增长"目标要求，嘉峪

关市重点企业通过压缩检修时间、倒排生产任务、压茬推进落实目标等措施，促进工业生产持续稳定增长。2019年嘉峪关市规模以上工业企业增加值同比增长8.0%，比上年同期提高4.7个百分点（见图2）。其中，地方企业完成增加值54.6亿元，同比增长15%。企业效益持续改善，利润总额由负转正。虽然工业产成品和原材料市场价格仍然不利于企业经营，但企业自加压力，努力适应新的发展环境，采取各种方式扭转亏损的局面，全市规模以上工业企业营业收入增速逐月提高，利润总额在2019年10月实现了扭亏为盈。2019年，全市规模以上工业企业完成主营业务收入1461.9亿元，同比增长7.3%；利润总额6.6亿元，同比增长6.5%。

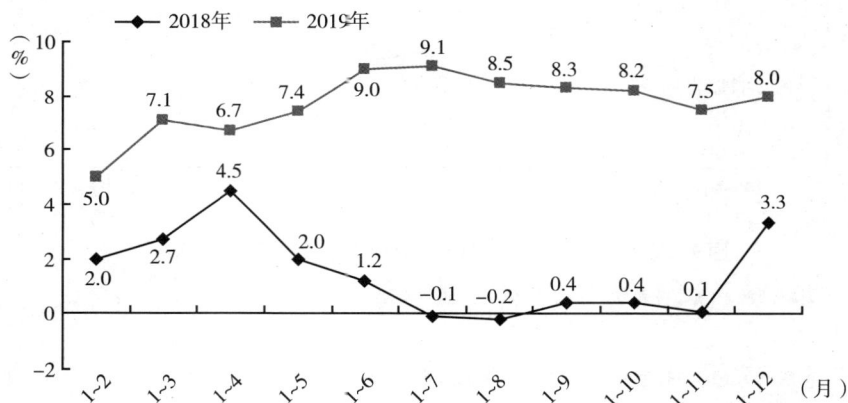

图2　嘉峪关市2018～2019年规模以上工业企业增加值增长速度

3. 突出重点攻坚克难，项目建设扎实推进

2019年，嘉峪关市确定了建设项目166项，总投资575亿元，坚持市级领导包抓、部门协同合作、责任强化落实，合力解决困难问题，协调落实建设条件，确保纳入计划清单的项目按计划推进。第一季度，重点选择了30个投资在3000万元以上的重大项目举行了集中开工复工，总投资规模达125亿元。嘉峪关市委、市政府把十大生态产业作为转方式、调结构的主抓手，制定出台发展规划、专项行动计划和一系列配套政策，按照"拟建项目抓前期、在建项目抓进度、续建项目抓竣工"的工作机制，围绕节能环保、文化旅游、

军民融合、通道物流等领域，谋划增量项目、优化存量项目，建立了224个项目、总投资1117亿元的绿色生态产业项目库，2019年生态产业完成增加值51.51亿元，同比增长21.1%，占GDP的比重达到18.2%。增加基础领域投资，G312线嘉峪关至清泉段建成通车，S06酒嘉绕城高速公路开工建设，机场改扩建、嘉策铁路扩能改造等项目有序推进。新建及改建各类市政管线40.8公里，对雄关大道、金港路、大唐路北段等14条道路进行了提升改造。城市老旧住宅加装电梯工作顺利实施，完成省上分配嘉峪关市的15部电梯安装任务。新建10座农村公厕，建制村公厕覆盖率100%。实施城镇污水处理设施及配套管网工程，在新城镇、文殊镇和峪泉镇共新建污水处理站11座，新建污水收集管网52.3公里。在项目建设稳步推进的带动下，全市固定资产投资增速在3月实现由负转正，下半年增速逐渐平稳。2019年，嘉峪关市固定资产投资同比增长11.96%，比上年同期提高31.16个百分点（见图3）。

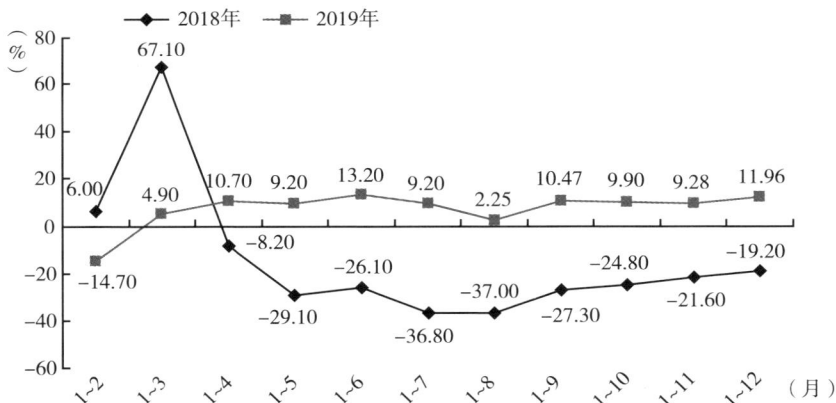

图3　嘉峪关市2018～2019年固定资产投资增长速度

4. 文旅商体融合发展，三产带动效应明显

牢牢把握习近平总书记登临嘉峪关关城视察重大历史机遇，采取一系列有力措施推进部署落地，以长城文化保护传承为核心的文化、旅游、商贸、体育等产业迈入新的发展时期。把文化旅游以及关联产业深度融合作为重要抓手，积极开拓旅游市场的外延，提升文化旅游对全市经济的贡献。着力培

育发展节庆会展和赛事活动，成功举办国际铁人三项赛、笼式足球国际邀请赛、丝绸之路国际房车博览会、长城国际马拉松暨黑山夜跑、长城户外文化旅游季、美食文化节等节会赛事，大幅带动了城市旅游经济和文化旅游产业融合发展，提升了城市知名度，增强了群众的凝聚力和自豪感。为强化消费政策引领，甘肃省印发了《关于完善促进消费体制机制进一步激发居民消费潜力的实施方案》《甘肃省 2019 年消费促进系列活动方案》等一系列政策文件。完善电商服务体系建设，落实"互联网 + 流通"行动计划，开发了"雄关惠农电商平台"。旅游服务体系不断完善，建成了嘉峪关智慧旅游大数据分析中心，开通了连接 12 个城市的 10 条航线。随着方特丝路神画开园及嘉酒区域协同发展等措施推进，嘉峪关市文化旅游品牌效应凸显、大放异彩。2019 年全市旅游市场持续火爆，旅游人数在 9 月突破 1000 万人次，带动了住宿、餐饮等产业快速发展。2019 年，全市完成社会消费品零售总额 72.7 亿元，同比增长 7.2%；旅游收入 96.4 亿元，同比增长 30.46%；旅游人数 1317.4 万人次，同比增长 26%。

（二）改革开放向纵深迈进

坚持把推进各领域深层次改革作为重中之重，强化各项改革举措，释放改革整体效能，持续优化营商环境，切实增强发展活力。机构改革任务全面完成，政府与市场、政府与社会的关系逐步理顺，行政效能进一步提升。加快国资国企改革，7 家企业完成整合重组、11 家企业脱钩运营，国企法人治理结构逐步完善，效益进一步提升，上缴国有资本经营收益 3296 万元，同比增长 88.6%。7 家在嘉国企完成"三供一业"分离移交，承接职工家属区管理职能 77 个、办社会职能 11 项，拨付维修改造及运行期过渡费 2.1 亿元。加快区域协同发展步伐，嘉峪关市与酒泉市签订战略合作框架协议，高质量区域协同发展取得新进展。营商环境持续优化，新组建嘉峪关市政务服务中心，目前已进驻 41 家单位和 5 家便民服务企业，"一窗受理、集成服务"让群众切实感受到了便民事项办理的高效快捷。开展证明事项告知承诺制试点，服务效能进一步提高。推进行政审批制度改革，简化政务服务事项办理流程 20.9%、压减要件 63%、缩减时限 43.6%，与省级服务平台实现数据交换对接共享，政务服务事项网上集中可办率 99.5%。开展"企业服务年"活动，制定促进民营经济健康发展"1＋N"政策体系，兑现扶持奖励资金 536.6 万元。破解民营和小微企业融资难题，向甘肃金控嘉峪关融资担保有限公司注资 7000 万元，民营经济经营性贷款余额 129.5 亿元，占各项贷款总额的 24%。积极为企业减轻税费负担，新增减税 6.2 亿元，降低企业保险费 1.5 亿元。开展清欠民营和中小企业账款行动，清偿账款 3.9 亿元，偿还率 92%，企业获得感明显增强。

（三）城乡融合发展取得新成效

嘉峪关市把实施乡村振兴战略摆在优先位置，大力发展现代农业，积极打造美丽乡村，促进农村三次产业融合发展。农业发展水平不断提升，2019 年建设高标准农田 1.2 万亩，建成设施农业园区 4 个、戈壁农业园区 1000 亩，培育形成多项国家绿色农产品认证。深化农村"三变"改革，完成所有行政村清产核资，成立股份经济合作社 17 个，完成农业水价综合改革，有效盘活了农村资源。实施休闲农业和乡村旅游精品工程，培育观光农业、生态采摘等优势产业，发展星级民宿 46 家、星级农家乐 85 家。戈壁农业建设快速发展，围绕非耕地产业开发，先后规划建设酒钢宏丰戈壁农业示范区、新城戈壁日光温室基地等规模化戈壁农业园区。打通金融服务"三农"的各个环节，在全市 17 个行政村设立农村金融服务室 21 个，设立农村金融综合服务站 3 个。培育农业产业化龙头企业，祁牧乳业 10 万头生猪养殖、万头奶牛场扩建项目稳步推进。推进"双促双增"精准帮扶行动，实施帮扶项目 150 余个，帮办实事 970 余件。全面推进农村人居环境综合整治，投入 2.1 亿元实施农村污水处理、垃圾清运、厕所建设等一批重点项目，将行政村全部打造为省级"清洁村庄"，完成省上下达任务的 142%，农村面貌切实改善。2019 年，嘉峪关市"村庄清洁"行动评估验收排名全省 14 个市州第一，农村"厕所革命"排名全省市州第二，均为优秀等次，并被评为"村庄清洁行动先进市（县）"。

（四）生态环境建设全面加强

全面践行"绿水青山就是金山银山"理念，严格落实环境保护责任，坚决守好生态保护红线，生态文明建设水平全面提升。持续加大生态环境治理力度，推进城市绿化品质提升行动，完成雄关公园、森林公园等北市区老旧公园改造和市区其他道路及公园景区的补植补栽工作，种植观赏植被1.8万平方米；完成了嘉酒快速通道绿地及机场路路口提升改造，改造绿地3.6万平方米；实施了雄关大道与方特大道周边绿地新建工程，种植花草1.8万平方米，"一街一景"成效更加显著。城市绿化品质持续提升，人均公共绿地面积达到36.6平方米。中央生态环境保护督察交办问题整改措施全部落实，省级生态环境保护督察反馈问题整改率87%，环保问题存量持续减少。网格化精准监控与决策支持系统建成并投入使用，在全市26个主要区域安装微型监控点，对PM10、PM2.5等6项大气污染物主要指标进行实时监测，城市绿地率达到39.2%，绿化覆盖率达到40.3%。打好大气、水、土壤污染防治攻坚战，300兆瓦以上燃煤火电机组超低排放改造完成，农村改暖、改炕、改灶、改厨工作完成1500户；讨赖河生态环境治理、河湖连通工程、新城草湖湿地开发利用项目具备开工条件，嘉北污水处理厂通水试运行。2019年，全市环境空气优良天数为331天，占比为90.7%，剔除沙尘天气影响后，可吸入颗粒物（PM10）平均浓度为61微克/米^3，细颗粒物（PM2.5）平均浓度为22微克/米^3，空气质量达到国家二级标准；土壤环境安全可控，地表水、地下水、城乡饮用水水源地水质优良，达标率100%，水污染防治工作连续三年排名全省前列。

（五）民生保障更加有力

把持续保障和改善民生作为一切工作的出发点和落脚点，下功夫解决群众最关心、最直接、最现实的问题，推进各项社会事业全面发展。2019年，在减税降费和财政减收双重压力下，坚持民生投入只增不减，全年民生支出占公共财政支出的 80.3%。完成为民办实事 12 件，新增就业 8000 余人，应届高校毕业生就业率 91.7%，城镇登记失业率 2.8%。推进失业保险援企稳岗"护航行动"及技能提升"展翅行动"，落实阶段性降低社会保险费费率政策，降低企业社会保险缴费负担，为企业减负 1.3 亿元，惠及职工 4.85 万人。城乡低保、特困人员救助供养补助、居民基本医疗保险补贴进一步得到提升。推进社会保险扩面工作，综合参保率达到 96.4%，退休人员人均每月增加养老金 154 元。改善住房条件，棚户区改造 10236 套，老旧小区改造 244 栋，完成投入 2 亿元。加强教育基础设施建设，新建 3 所公办幼儿园全部投入使用，实验中学改扩建、市一中学生食堂及学生公寓等项目主体完工。深化医药卫生体制改革，公立医院药品零差率销售，嘉峪关市建设社区卫生服务中心被纳入全国医养结合典型经验名单。稳步推进全国居家和社区养老服务改革试点，养老服务信息平台上线运行；设立"孝善基金"，建立孝老饭庄，养老服务实现城乡全覆盖。

二　2020年嘉峪关市经济社会发展环境分析

2020 年是全面建成小康社会和"十三五"规划收官之年，是为"十四五"发展谋思路打基础之年，也是实现"两个一百年"奋斗目标的历史交汇的关键年份。纵观国内外形势，虽然面对的各种风险挑战明显上升，新冠肺炎疫情对全球发展造成了不利影响，但我国经济稳中向好、长期向好的基本趋势没有变。综合来看，疫情的影响是短期的、外在的，也是可控的，我国基本民生保障有力，社会大局保持稳定，经济长期向好的基本面和内在向上的趋势没有改变。为有效应对疫情对经济社会发展的影响，党中央、国务院及有关部委已经制定了多项措施，促进各行业复工复产，恢复经济发展，不断提振消费信心。尤其是党中央在精准研判 2020 年经济社会发展形势基础上，强调提出保居民就业、保基本民生、保市场主体、保粮食能源安全、保产业链供应链稳定、保基层运转，这六个方面"保"的举措将进一步强化宏观政策对冲力度，激发微观主体活力、潜力，把疫情造成的损失降到最低，目前效果已经初步显现。

纵观甘肃省的发展，2020年各项政策利好将密集释放，动能优势加速蓄积，省委经济工作会议提出了甘肃省2020年经济工作总体要求，强调要坚持稳中求进工作总基调，坚持新发展理念，坚持以供给侧结构性改革为主线，坚持以改革开放为动力，坚定不移推动高质量发展、绿色发展，坚决打赢防范化解重大风险、精准脱贫、污染防治三大攻坚战，全面做好稳就业、稳金融、稳外贸、稳外资、稳投资、稳预期"六稳"工作，保持经济运行在合理区间，确保全面建成小康社会和"十三五"规划圆满收官。特别是"一带一路"建设、新时代推进西部大开发形成新格局、区域协同发展、西部陆海新通道建设、长城国家文化公园建设等政策红利持续释放，全省明确提出融入"一带一路"建设打造"五个制高点"、构建十大生态产业体系、支持城市群建设等，这些都为嘉峪关市提供了难得的发展机遇。

从嘉峪关市当前经济社会发展来看，经济长期积累的结构性矛盾突出，高质量转型发展面临一些亟待解决的问题。长期以来产业结构依靠重工业，模式单一，经济发展的战略纵深不足，"钢""铝"等传统工业易受原材料、物流、人工价格等因素影响，市场竞争力相对较弱。企业自主创新能力不强，消费辐射带动作用不足，新的经济增长点不多。这些问题是发展不平衡、不充分的关键所在，短期内要实现突破的难度也很大，因此需要制定长远的策略加以解决，推动全市经济发展实现新的跃升。但是也要清醒地看到，今天的嘉峪关市正处于提质发展的黄金期、全面建成小康社会的决胜期、转型升级的关键期，进入历史上最好的发展时期，尤其是习近平总书记视察甘肃及嘉峪关市，为嘉峪关市的发展进一步明确了努力方向，提供了思想指引、行动指南，这极大提振了全市上下干事创业的斗志和干劲。必须深入贯彻中央和省委的决策部署，始终保持清醒、坚定、务实、有为的干事状态，抢抓战略机遇，坚持底线思维，化解重大风险，主动趋利避害，推动嘉峪关市经济社会发展实现新的跃升。

三 2020年嘉峪关市经济社会发展趋势展望及建议

2020年是决胜全面建成小康社会和"十三五"规划收官之年，始终把贯彻落实习近平总书记视察甘肃重要讲话和指示精神作为全部工作的统揽和主线，坚持稳中求进工作总基调，坚定不移贯彻新发展理念，在深化供给侧结构性改革上持续用力，把牢嘉峪关市的战略定位和市情特征，统筹推进常态化疫情防控和经济社会发展各项工作，按照聚焦"两高"目标、推进"三城"建设、做实"六共"举措的阶段性发展思路，进一步加快发展步伐，增强综合实力，建设现代化经济体系，奋力谱写建设幸福美好新甘肃的嘉峪关篇章。

（一）坚持发展生态产业，蓄积经济发展后劲

坚持"工业强市"战略不动摇，深入做好强龙头、补链条、聚集群文章，千方百计做强做优实体经济，提升工业经济的质量与效益。抓实项目落地，重点围绕十大生态产业发展，做好宏晟电热超低排放改造、东兴铝业电解槽优化等重点带动性项目的跟踪服务，确保按投资计划加快建设。抓实谋划储备，按照高质量发展要求，重点围绕习近平总书记强调的"深化脱贫攻坚、补齐全面建成小康社会短板、加强生态环境保护、保障和改善民生"等领域，以十大生态产业为重点，积极谋划储备"十四五"时期的重大项目。抓实精准招商，在招商引资上持续用力，进一步加强与酒钢集团、中核四〇四有限公司的紧密合作，紧盯先进制造、通道物流、军民融合、文化旅游等重点领域，引进产业链关键环节、核心企业、上下游配套产业；更加注重精准招商、专业招商、以商招商，做到招商有目标、签约有资金、落地有成效，提升招商引资的专业化和精细化水平。

（二）加快工业转型升级，着力提高质量与效益

全力支持酒钢深化改革和产业结构调整，做优做精钢铁、铝、装备制造、煤化工等主导产业，开展技术循环化改造和产品高端化升级，实施好酒

钢集团宏兴钢铁股份有限公司不锈钢热轧分厂粗精轧除尘改造、选烧厂 4 号烧结机合规性改造、碳钢薄板厂热修坑及钢包精炼炉操作室合规性改造等项目，发展装配式建筑，推动装备制造业绿色智能化发展。加快地方工业转型步伐，依托钢、铝两大主体产业和交通枢纽、技术产品优势，打造金属新材料聚集区，全力支持酒钢建设氢冶金、矿业、铝业"三大研究院"，打造国家级重点实验室，加快技术装备提升、智能化改造和产品升级换代步伐，打造智能装备产业链。围绕钢、铝、核相关产业上下游，深化与酒钢集团、中核四〇四有限公司的合作，支持引进培育先进装备制造、新型有色金属、现代煤化工、装配式建筑等产业，加快推进中核嘉峪关综合保障区建设，推动核产业集聚发展。继续完善园区基础设施建设，做好园区循环化改造，放大绿色、低碳、创新发展潜能，厚植园区产业的集聚力、吸引力和竞争力，尽快建成国家级高新技术产业开发区。

（三）突出关城文化内涵，培育壮大第三产业

以习近平总书记登临嘉峪关关城为新契机，以关城为核心，实施好文物保护、文化传承、文旅融合"三大工程"，提升文旅产业融合发展水平，把嘉峪关关城这一金字招牌和名片擦得更亮、做得更美。加强和省级、国家级层面的对接，精心谋划布局一批关联度高、带动性强的文化旅游项目，力争纳入国家和省上相关规划，打造国内一流的长城文化旅游核心区。创新营销方式和宣传手段，综合运用网络宣传、节会推介、旅行社对接等各种渠道，扩大嘉峪关文化旅游的知名度和影响力。坚持景城一体、全域发展的思路，加快旅游产业基本要素向"文化旅游＋"深度融合升级，主动融入"大敦煌文化旅游经济圈"，在全域化发展、全季节体验、全产业提升、全方位服务上下功夫，打造文化旅游深度融合的"嘉峪关模式"。以乡村振兴为抓手，加快特色乡村旅游示范点建设，推动全市农家乐、乡村民宿规范化、特色化发展。加快培育通道物流经济，充分发挥交通区位和产业基础等比较优势，加快推进空港物流园、多式联运物流园、电商快递物流园等重点物流项目建设，积极谋划建设煤炭、矿产品、工业

产成品等大宗商品交易基地，完善和拓展物流集散功能，推动嘉峪关国际港务区建设迈出实质性步伐。

（四）坚持创新驱动战略，推动新旧动能转化

坚持创新在经济社会建设全局中的核心地位，把"科技强市"作为重大战略支撑，摆在各项工作的首位。2020年突如其来的新冠肺炎疫情对部分行业及其产业链、供应链造成不小影响，必须看到疫情对经济社会造成的影响只是短期的，且"危"与"机"并存，要从挑战中发现新机遇，不断补齐产业结构短板，加速培育新兴业态。比如，这次疫情期间兴起和壮大的远程办公、线上教育、线上复诊、线上面试、线上招商、线上签约等一批新业态、新模式，成为化"危"为"机"、突围疫情封锁、快速复工复产的重要支撑和经济有序运转的载体。嘉峪关市要充分把握形势，把这些发展潜力和动能充分挖掘释放出来，作为推动新旧动能转化的绝佳机遇，科学编制"十四五"全市科技创新发展规划，研究制定在线科技产业发展指导意见，强化原始创新、技术创新、制度创新，加快形成"政产学研用金"六位一体的科技支撑体系，超前谋划布局新兴市场需求，力争在"AI＋"、在线经济、区块链、"5G＋"、人工智能等方面实现新业态的培育和发展，通过定制化的政策，在甘肃省率先培育若干细分市场龙头，推进一批在线科技、智慧医疗、无人经济项目落地，重塑现代科技产业发展格局，打造河西走廊具有重要影响力的创新高地。

（五）坚持城乡统筹协调，补齐发展短板弱项

持续推进老城区改造，完善生活配套设施，加强全市物业工作，提升城市智能化、精细化管理水平，优化、美化居民小区建设，走内涵式、集约型、绿色化的城市发展路子，打造宜业、宜居、宜游的良好发展环境。大力发展现代戈壁农业，推进高标准农田建设，因地制宜优化种养殖结构，加快高新农业示范园等项目建设，打造小而特、小而精、小而专的农业产业。深化实施"双促双增"精准帮扶行动，拓宽农民增收渠道，确保收入持续增

长。严格落实河长制、湖长制，推动环境污染治理的制度化、长效化，持续推进国土绿化行动和城区绿化景观提升改造工程。坚持财政投入向民生领域倾斜，大力发展社会事业，着力破解优质学前教育资源不足、职业教育辐射作用发挥不够、社会力量办学层次较低等难题。加强医疗人才引进和培养，高标准建成运营南市区医院，提升医疗服务水平。鼓励社会资本参与康养产业发展，完善医疗机构与养老机构合作服务机制。坚持就业优先战略，重点解决低收入人群、困难弱势群体的就业问题，确保群众可支配收入提升明显、获得感成色更足、幸福感更可持续、安全感更有保障。

（六）坚持创新体制机制，深化重点领域改革

坚持把深化重点领域改革作为推进高质量转型发展的原动力和破解发展难题的关键点，认真贯彻落实中央和省委全面深化改革各项部署，进一步明确改革的目标，细化、实化关键领域改革举措，扎扎实实把各项改革任务推向深入。全面完成国有企业整合重组，完成资产划转、公司章程修订等工作，完善法人治理结构。持续推动"五减一优"，针对群众高频办理事项，简化办事流程、减少前置环节、压缩申报材料要件、明确细化时间节点，力争更多高频事项实现"最多跑一次"。全面梳理形成监管事项目录清单和实施清单，实现监督数据归集共享，强化监督协调联动和数据安全管理，利用好各类信息网络技术，进一步提升监管能力，扩大信息共享和提升信息透明度，健全完善失信行为发现、提醒、处置工作机制，确保各项监管工作和措施及时、精准、有效，构建部门联合"互联网＋监管"的工作常态化模式。推进各行业领域信用体系建设，建立健全守信激励和失信惩戒机制。

经济发展篇

Economic Development

B.2

2019年嘉峪关市固定资产投资
运行分析与2020年展望

李燕生　周昕然*

摘　要： 固定资产投资是拉动经济增长的重要引擎。2019 年，嘉峪关市固定资产投资回升向好，产业结构深度调整，基础设施平稳发展，民间投资及房地产开发投资降幅收窄，投融资体制改革不断深化。但需要关注投资结构不合理、民间投资占比偏低、棚改及房地产投资趋于饱和、财政保障能力进一步减弱、投资后劲不足等问题，建议继续统筹推进三次产业协调发展、加快推进十大绿色生态产业发展、加大补短板实施力度、大力推进军民融合产业建设、全力推动新型基础设施领

---

* 李燕生，嘉峪关市委政策研究室党建科副科长，主要研究方向为社会改革；周昕然，工学学士，嘉峪关市政府和社会资本合作（PPP）项目管理办公室副主任，主要研究方向为项目资本融合。

域发展、高质量谋划储备重大项目、保持民间投资健康持续发展、进一步优化投资环境，确保固定资产投资稳定增长。

关键词： 绿色生态　民间投资　嘉峪关市固定资产投资

一　2019年嘉峪关市固定资产投资运行状况

2019年是全面建成小康社会的关键之年，嘉峪关市深入贯彻落实新发展理念和习近平总书记视察甘肃的重要讲话精神，坚持以供给侧结构性改革为主线，持续深化投融资体制改革，大力推进民间投资健康发展，着力激发投资有效活力，经济发展的质量和效益不断提升。2019年嘉峪关市固定资产投资同比增长11.96%，其中，项目投资增长17.69%，房地产开发投资下降1.42%。[①] 综合分析，嘉峪关市固定资产投资总体呈现以下特点。

（一）固定资产投资回升向好

纵观2019年嘉峪关市固定资产投资走势，第一季度固定资产投资比上年增长4.94%，第二季度固定资产投资比上年增长13.24%，第三季度略有回落，但还是保持了10.47%的稳定增长，第四季度固定资产投资比上年增长11.96%，顺利完成省上下达的10.50%的增长目标，全年固定资产投资回升向好，呈现稳步增长态势。

（二）产业结构深度调整

持续推进供给侧结构性改革，不断压缩和淘汰落后产能，经济结构趋于优化。2019年，嘉峪关市第一产业投资比上年下降81.11%，占全部投资的比重为0.4%；第二产业投资比上年下降3.07%，占全部投资的比重为27.6%；第三产

---

① 本篇数据由嘉峪关市发展和改革委员会汇总整理。

业投资比上年增长 22.5%，占全部投资的比重为 72.0%。产业结构趋于优化，反映了嘉峪关市由工业城市逐步转变为宜居、阳光、康养的新型旅游城市。

（三）基础设施平稳发展

随着基础设施补短板力度的加大，嘉峪关市道路交通、水利、环保等基础设施建设投资平稳发展。2019 年，嘉峪关市基础设施投资比上年增长 21.62%，有效发挥了投资增长"稳定器"的作用。

（四）民间投资及房地产开发投资降幅收窄

2019 年，嘉峪关市投资领域"放管服"改革稳步推进，民间投资逐渐发挥作用，降幅继续收窄。2019 年，民间投资比上年下降 1.71%，降幅比上年收窄 21.23 个百分点；房地产开发投资完成 25.15 亿元，比上年下降 1.42%，降幅比上年收窄 37.83 个百分点。

（五）投融资体制改革不断深化

2019 年，嘉峪关市认真贯彻落实省委、省政府深化投融资体制改革各项政策措施，出台了《嘉峪关市推行企业投资项目承诺制改革实施方案（试行)》《嘉峪关市企业投资项目代办服务实施方案（试行)》《嘉峪关市投资项目区域化评估评审实施方案（试行)》《嘉峪关市投资项目模拟审批实施方案（试行)》等 4 个实施方案，进一步优化了投资环境、政策环境、服务环境，全面提升了审批效率和服务质量，打造了"四优"的营商环境，促进了民营经济健康发展。

二 投资运行中的问题

（一）投资结构不合理

投资质量在提升，但投资结构仍不合理。长期以来产业结构畸重，模式单一，经济发展的战略纵深不足，"钢""铝"等传统工业易受原材料、物流、人工价格等因素影响，生产成本倒挂，市场竞争力减弱；农业生产科技化、产业化、品牌化、特色化水平还不够高，缺乏支柱产业和拳头品牌；第三产业还处在培育提升阶段，没有形成规模和链条，亟待提档升级。

（二）民间投资占比偏低

2019年，嘉峪关市民间投资同比下降1.7%，低于全省6.5个百分点。2019年，嘉峪关市虽出台了多个促进民间投资的政策措施，但受经济下行影响，民营企业投资意愿仍旧不强，民间投资低位运行，下半年开始，民间投资增速逐月提高，但仍低于全省平均水平。受整顿地方政府财务秩序、实施债务追责以及规范金融机构对地方政府的投融资行为等因素影响，嘉峪关市政府主导类基础设施投资增速逐步放缓，加快推进民间投资发展迫在眉睫。

（三）棚改及房地产投资趋于饱和

受全国房地产行业高速发展影响和由棚户区改造政策带动，嘉峪关市房地产行业经历了蓬勃发展阶段。在前期开发建设和大规模棚户区改造下，住宅及商品房存量已趋于饱和，第三轮棚改收尾，开发商陆续撤出房地产市场，房地产市场趋于饱和。2019年，嘉峪关市房地产开发投资同比下降1.42%，其中住宅投资同比增长18.07%，棚户区改造投资同比下降61.29%；房屋施工面积同比增长4.28%，增幅减小，其中住宅面积同比增长2.72%，棚户区改造面积同比下降45.15%；房屋竣工面积同比下降35.01%，商品房销售面积同比下降24.15%，商品房销售额同比下降9.09%。

（四）财政保障能力进一步减弱

近些年，各项税收优惠政策力度不断加大，地方财政收入增长趋缓，刚性支出需求不断扩大，财政收支矛盾突出，政府性债务不断增加，财政保障能力进一步减弱。在去杠杆、防范化解金融风险、规范地方政府举债的政策背景下，融资渠道不断收紧，融资难、融资贵的问题愈加突出，大型基础设施项目建设资金对预算资金和银行贷款的需求不能保障，造成基础设施类投资增速放缓。

（五）投资后劲不足

投资增速在加快，但投资质量不优。一是新开工项目减少。2019年，嘉峪关市新开工项目个数比去年下降12.7%，年度计划投资下降37.4%。其中，5000万元以上新开工项目个数比去年下降18.9%，年度计划投资下降39.5%。二是在库项目储备增量不足。2019年，嘉峪关市5000万元以上在库项目68个，较去年增加10个，房地产在库项目61个，较去年增加4个，在库项目储备增量不足，难以支撑嘉峪关市投资增长。三是大项目、好项目谋划不足。尤其是工业项目支撑能力不足，2019年实施的工业项目中，酒钢节能技改项目居多，投资规模较小，市属及民营企业投资贡献率低，总体呈现续建项目投资总量减少、新建项目规模数量下降等问题，支撑投资持续较快增长的压力加大。

三　2020年形势预判

2020年既是全面建成小康社会、"十三五"规划收官之年，也是为"十四五"规划开好局、起好步、打下坚实基础的一年，作为"稳增长"的重要抓手，投资依然是2020年的重要命题。综合研判国内外大环境，机遇与挑战并存，不确定性凸显，但总体是有利的，必须辩证地看待。从全球来看，世界经济仍处在国际金融危机发生后的深度调整期，国际上普遍对2020年的经济走势表示担忧，但经济全球化的潮流不可阻挡。从全国来看，我国经济稳中向好、长期向好的基本趋势没有改变，影响经济持续健康发展的结构性问题正逐步得到解决，支撑高质量发展的条件不断改善，特别是"一带一路"建设、新时代推进西部大开发形成新格局、区域协同发展、西部陆海新通道建设等政策红利持续释放，为嘉峪关市主动融入国家发展战略、扩大对外开放提供了广阔舞台。从全省来看，习近平总书记视察甘肃及嘉峪关市，为嘉峪关市进一步明确了努力方向，提供了思想指引、行动指南，这极大提振了嘉峪关市上下干事创业的斗志和干劲。全省明确提出要融入"一带一路"建设打造"五个制高点"、构建十大生态产业①体系、支持城市群建设等，这些都为嘉峪关市提供了难得的发展机遇。嘉峪关市现阶段投资潜力仍然存在，而围绕基础设施补短板和新型基础设施建设方面的投资将成为2020年快速增长的领域，嘉峪关市要乘着政策的东风，发挥投资的关键作用。2020年固定资产投资工作的着力点必须放在培育新兴产业、加快补齐基础设施短板、增进民生福祉、推进绿色生态项目等方面，同时要加强项目统筹协调、灵活配置资源要素、优化营商环境，通过积极有效的政策引导、措施推动，切实做好项目建设协调工作，确保完成7%的年度增长任务。

四　2020年重点工作任务

按照市委、市政府聚焦"两高"目标、推进"三城"建设、做实"六共"举措②的安排部署，2020年固定资产投资的重点工作任务主要有以下几个方面。

（一）统筹推进三次产业协调发展

在农业方面，更加注重农业现代化建设，以大力发展现代戈壁农业、优化种养殖业、加快"专精特优"农产品生产加工为基本抓手，着力引导与推动精品果蔬、高效制种、优良畜禽、订单加工、冷链物流、产销对接、精深加工等特色产业化项目建设，加快祁牧乳业10万头生猪、万头奶牛等养殖项目建设，拓宽农村农业发展路径，促进农民增收。在工业方面，支持酒

---

① 十大生态产业包括节能环保产业、清洁生产产业、清洁能源产业、循环农业产业、中医中药产业、文化旅游产业、通道物流产业、军民融合产业、数据信息产业、先进制造产业，即十大绿色生态产业。

② 聚焦"两高"目标、推进"三城"建设、做实"六共"举措：聚焦推进高质量转型发展、实现高水平全面小康，推进关城、钢城、核城一体建设，做实产业提升共进、文旅融合共抓、陆海开放共济、城乡发展共融、民生保障共享、区域协同共赢举措。

钢转型升级，不断调整产业结构、优化产品结构，推动原材料产业向精深加工产业迈进，加快形成线棒材、碳钢板带、不锈钢、铝箔材等互为补充的产品梯次。加快酒钢7号高炉优化、铝材精深加工成铝箔、宏晟热电联产机组乏汽余热回收等项目进度，推进西部重工3D打印智能铸造工厂建设，提升钢铁、电解铝、装备制造等产业发展质量。在推进地方工业壮大方面，以创建国家级高新技术产业开发区为抓手，突出主攻方向，落实重点项目，加快形成优势产业集群。在三产方面，以长城国家文化公园建设为契机抓好保护传承，以国家全域旅游示范区创建为抓手推动展示利用，以文旅融合为方向促进产业提档升级。高水平推进关城文旅特色小镇、石关峡两翼长城景区、《天下雄关》演艺中心等项目建设。以酒钢丝路煤炭集散中心挂牌运营为契机，做实做活煤炭交易、加工、东进南下分运业务，谋划建设大宗矿产品仓储交易中心。推进物流业与加工业深度融合，培育面向西北地区和中亚、西亚的五金机电生产集散基地。实施金翼城乡电商快递物流集散中心、恒基物流仓储配套中心等项目，支持"村鸟"，建立农村物流服务平台，加快城市末端快递综合配送和智慧快递建设。

（二）加快推进十大绿色生态产业发展

加强系统谋划和精准施策，全面构建"433"梯次绿色生态产业体系①，建立推动生态产业发展工作机制，力争十大绿色生态产业增速高于GDP增速。发挥比较优势，把力量和资源集中到先进制造、文化旅游、通道物流、军民融合等特色优势领域，实施长城国家文化公园、酒钢丝路煤炭集散中心、机场改扩建、国家核基地综合保障区等重大标志性工程，提高产业发展水平。顺应发展趋势，培育壮大数据信息、节能环保、清洁生产等产业。坚持尽力而为、量力而行，统筹推动清洁能源、循环农业、中医中药等产业取得突破性发展。

---

① "433"梯次绿色生态产业体系是指做强先进制造、文化旅游、通道物流、军民融合4个优势产业，做大节能环保、清洁生产、数据信息3个基础条件较好产业，做足清洁能源、循环农业、中医中药3个成长型产业。

（三）加大补短板实施力度

加大基础设施领域补短板力度，推进保障性安居工程和城镇公共设施、城市排水防涝设施建设，重点加快城市南区金港路以东基础设施建设、新华路机动车道提升改造、地下管网建设和机场路雨排设施建设等项目的实施。进一步完善公共服务，支持教育、文化、体育、社保、医疗卫生、健康养老、婴幼儿托育等公共服务领域设施建设，推进南市区第二中学教学楼改扩建、一馆两中心①、第一人民医院住院部综合楼改扩建等项目建设，通过落实重大公共服务投资项目，提升公共服务供给质量和区域发展协调性。加快机场改扩建、空港物流园、S06 酒嘉绕城高速公路等项目实施，推进嘉策铁路扩能改造、兰新线货运增量扩能和客车分流工作，补齐交通领域短板。

（四）大力推进军民融合产业建设

把服务和保障好中核四〇四有限公司相关项目建设作为大事要事，全面加强战略合作，高品质建设国家核基地综合保障区，全力打造核工业科技展览馆、人才培训中心、大数据中心、生活基地、研发基地、民用核装备制造产业基地等"一馆、两中心、三基地"，支持科技研发和实验设施建设，构筑经济发展新的增长极。启动核装备制造产业园建设，引进实施核非标设备、压力容器等关联项目，在钢城、核城一体建设、联动发力、融合发展上破题开篇。

（五）全力推动新型基础设施领域发展

加快推进新型基础设施建设，加大人工智能、工业互联网、物联网等领域基础设施投资，积极储备、推介优质投资项目，创新新领域基础设施投融资模式。围绕新能源汽车充电桩、5G 基站建设、大数据中心、人工智能、工业互联网、城际高速铁路和城际轨道交通等领域提前组织开展相关项目前

---

① 一馆两中心：档案馆、全民健身中心（酒钢三中体育中心）、丝绸之路嘉峪关会展中心。

期准备，做好谋划储备，重点推进电信公司5G网络的建设、酒钢集团宏兴钢铁股份有限公司碳钢薄板厂智能工厂的建设、不锈钢分公司智能工厂的建设、电动汽车充电基础设施的建设，为下一步培育新的投资增长极夯实基础。

（六）高质量谋划储备重大项目

按照高质量发展要求，对接经济发展和民生需要，聚焦关键领域和薄弱环节，抓好"十四五"规划编制，积极开展项目谋划、论证、申报等工作。依托国家重大项目库，重点在补短板、强弱项、优化结构、促进转型升级等方面分近期、中期、长期三类谋划储备一批带动性强、成长性好、符合产业政策、有利于结构调整的重大工程和重点项目，形成项目储备和滚动接续机制。加快地方政府专项债券申报和使用进度，在重大项目库中筛选符合条件的项目，认真做好项目衔接，抓好重点项目的落地开工和投资进度，千方百计做好重点项目各个环节的工作，做到储备一批、开工一批、建设一批、竣工一批，积极向上争取，充分发挥政府投资引导和带动作用，加快财政资金到位进度，确保重点项目的顺利进行，确保"项目链"不断节，保障项目建设的连续性和稳定性。

（七）保持民间投资健康持续发展

继续保持民间投资对固定资产投资的拉动作用，不断挖掘民间投资的潜力，放宽民营企业准入领域，拓宽民间投资渠道，进一步激发市场活力。鼓励和引导民间资金投向基础设施、新兴产业及其他更广泛的领域，培育新的投资增长点，补齐民间投资的行业短板。同时，加强民间投资方向引导，避免民间资本因天生的趋利性而在投资过程中出现重复投资、产能过剩等现象，使民间投资保持健康持续发展，进一步调动民间投资积极性。下大力气破除民间资本进入重点领域的隐性障碍，取消或减少阻碍民间投资进入补短板等重点领域的附加条件。加大融资支持力度，规范有序推广政府和社会资本合作模式。在交通能源、生态环保、社会事业等领域，集中向民间资本推介一批符合国家产业政策、前期工作具备一定基础、投资回报机制明确的项目。

（八）进一步优化投资环境

充分研究嘉峪关市优势产业现状和发展特点，明确产业定位和发展方向，精心制定战略性、针对性、可操作性强的招商规划。落实项目跟踪服务督办机制，明确项目的主体责任，实施重大招商项目领导负责制和专班落实制。建立投资"绿色通道"，对重点投资项目实行特事特办，在用地、用水、用电、办证、服务等方面，给予优先办理或特殊优惠。

2019年嘉峪关市金融运行
态势及工作对策

邓廷涛 韩亚丽*

摘　要： 金融工作是支撑和服务一个地方发展的一项极为重要的工作。
2019年，嘉峪关市金融改革进一步深化，银行业稳健运行，
金融服务创新扎实有效，薄弱环节的金融有效供给不断增加，
政银企担合作成效显著，企业融资渠道进一步拓宽，重点领
域金融风险得到有效化解，等等。但需要关注企业融资难、
防范和化解金融风险方面的问题，建议继续强化政策传导，
全面深化金融服务，持续优化营商环境，积极推动多元化融
资，持续引导金融机构加强风险防范，严厉打击非法集资，
持续常态化宣传引导，强化类金融机构监管，为发展营造良
好的金融环境。

关键词： 金融风险　金融服务　多元化融资　嘉峪关市

一　2019年金融运行态势

（一）金融改革进一步深化

2013年1月，根据设立要求，嘉峪关市人民政府金融工作办公室（简

---

* 邓廷涛，法学硕士，现在嘉峪关市委政策研究室工作，主要研究方向为基层治理；韩亚丽，
嘉峪关市人民政府金融工作办公室综合科科长，主要研究方向为金融资本监督与管理。

称嘉峪关市政府金融办）成立了，隶属市政府办公室管理。2019 年 1 月，根据嘉峪关市机构改革方案要求，嘉峪关市政府金融办成为市政府工作部门，设立了党组，合理配置了科室，配齐了班子成员，相继成立了党支部和工会组织，党的建设得到进一步加强。根据《关于印发嘉峪关市自然资源局等 13 个组建（重新组建）部门职能配置、内设机构和人员编制规定的通知》（嘉办字〔2019〕42 号）的要求，嘉峪关市承接理顺了由市工信局、市商务局承担的融资担保公司、典当行、融资租赁公司、商业保理公司等相应授权的相关业务。

（二）银行业稳健运行

2019 年，嘉峪关市银行业金融机构本外币各项贷款余额 542.65 亿元，同比增加 10.24 亿元，增长 1.92%，贷款主要投向电力、热力、燃气等行业，住户经营性贷款环比持续减少，个体工商户等个人经营性贷款需求得到较好满足。全市银行业金融机构本外币各项存款余额 384.25 亿元，同比增加 36.50 亿元，增长 10.50%。其中住户存款环比持续增加，余额为 207.10 亿元，同比增长 18.73%。不良贷款余额同比下降 23.65%。[①]

（三）金融服务创新扎实有效

嘉峪关市人民政府办公室印发了《嘉峪关市市长金融奖考核评选办法》，对市长金融奖进行综合考评，组织金融机构积极落实制定出台的《嘉峪关市进一步推进特色产业发展贷款工程的实施方案》《关于有效发挥政府性融资担保体系作用切实支持小微企业和"三农"发展的实施方案》《嘉峪关市支持科技创新"投、贷、债、保"联动服务实施方案》等惠企政策。协调成立甘肃金控嘉峪关融资担保有限公司，提请市政府设立了 2000 万元风险补偿金，为市金融服务公司争取省级奖补资金 30 万元。建设整合农金站（室）15 个，配备金融指导员，积极开展农业保险、金融知识宣传与普

---

① 本篇数据由嘉峪关市政府金融办汇总整理。

及等工作，全面完成了省市下达的农金室行政村全覆盖工作任务。通过政策引导、考评、建立风险补偿机制等，充分调动金融机构创新服务的积极性、主动性，研发了适合小微企业的线上、线下金融产品近50种，积极完善智能网点建设和布局，将人脸识别、无感支付等嵌入金融服务，提供有效的金融支撑。

（四）薄弱环节的金融有效供给不断增加

以解决小微企业、"三农"等重点领域融资难为重点，充分发挥支农再贷款等货币政策引导作用，引导和支持金融机构降低信贷市场准入门槛、下沉服务网点等，做好戈壁农业、工业转型升级、文化旅游体育、创新创业、精准扶贫、农村"三变"改革、特色产业等领域的金融服务工作。截至2019年12月末，民营经济贷款余额123.11亿元，涉农贷款余额38.75亿元，分别占全市各项贷款余额的22.69%、7.14%。2家政府性担保机构累计为413户企业提供各项贷款担保4.10亿元。

（五）政银企担合作成效显著

充分发挥政府的桥梁作用，梳理重大基础设施、重点建设项目融资需求，搭建集项目汇总、产品发布、政策解读、现场对接、事后跟踪为一体的常态化、侧重点不同的政银企担对接平台，优化政银企担信息对接渠道。2019年，围绕"民营小微企业融资服务年"活动等，组织召开供应链金融与民营小微企业发展研讨会1次，政银企担融资对接会4次，现场签约27.4亿元，落实率97.67%，有效促进了政银企担合作，为实体经济发展提供了强有力的资金支持。

（六）保险服务保障功能不断增强

与省市保险公司建立良好的沟通交流机制，鼓励保险机构在风险可控的前提下，结合险资投资特点，探索市场运作、政策引导等方式，对重点项目持续开展常态化投融资对接活动。支持和引导保险机构，稳步推进高原夏菜、能繁母猪等9个政策性农业保险及大病保险、食责险、环责险等民生保险，有序开展"快处快赔"工作。2019年末，13家保险机构实现保费收入9.69亿元，较年初增长6.69%，赔付支出2.37亿元，综合赔付率24.48%，与服务实体经济相关的农业险、工程险、保证保险等非车非人身险保费收入小幅增长。

（七）企业融资渠道进一步拓宽

不断强化在企业上市挂牌过程中的协调服务作用，嘉峪关市人民政府制定出台了《嘉峪关市企业挂牌及上市扶持奖励办法》，做好重点企业跟踪服务，优化企业推荐机制，组织开展直接融资培训2次，推荐5户企业进入全省科创板上市挂牌重点后备库、5户企业参加省股交中心2019年常态化路演河西五地市专场，为13户在省股交中心成功挂牌的企业申报奖励资金，促进产业与金融、资本的广泛对接，提高企业资金获得能力。截至2019年12月末，嘉峪关市直接融资余额34.16亿元，76户企业在省股交中心挂牌并实现融资14.76亿元，2家证券营业部证券交易额251.31亿元，较年初增长21.63%。

（八）重点领域金融风险得到有效化解

强化与金融监管部门协调沟通，落实金融机构风险防范责任，发挥银行业协会、保险业协会等金融行业自律组织的职能作用，督促金融企业健全完善金融风险自我管理、自我约束机制，密切关注实体经济风险向金融业传导，严控新增不良贷款。根据省委、省政府工作部署，印发了《嘉峪关市化解农村商业银行风险实施方案》，与嘉峪关农行、中国人民银行、嘉峪关市委政法委等部门召开专题会，现场协调解决问题，确保工作有序开展。积极协调法院加快金融债权诉讼案件处置进度。

（九）类金融机构经营行为有序规范

2019年底，5家融资担保公司注册资本4.11亿元，在保余额3.84亿元；

5家典当行注册资本1亿元，典当余额8127万元；11家小贷公司注册资本3.84亿元，贷款余额3.22亿元。在引导类金融机构助力普惠金融发展的同时，严格小贷公司、典当行、融资担保公司等类金融机构报批、重大事项变更审核，防控源头风险。结合现场检查、年审换证、主题教育等，全面推进"互联网＋政务服务"，开展证明事项清理工作，有针对性地对21家类金融机构的经营状况、风险隐患等开展专题调研、联合检查等，对调研发现的问题形成专题报告，为规范开展监管工作打下了坚实的基础。对3次检查发现的问题，通过悬挂行业警示牌、签订承诺书、约谈高管、下发整改通知书、召开监管会、政策解读培训会等方式，督促其进一步依法合规经营。及时梳理涉法涉诉情况，与公检法密切配合，建立类金融机构信息共享机制，促进类金融机构健康发展。

（十）防范非法集资暨金融领域扫黑除恶工作有序推进

认真履行涉及金融风险防控领导小组办公室的各项职责，通过召开市处非工作领导小组会、金融稳定会、分析会、e租宝案善后处置专责小组会，签订目标责任书，制定防范打击非法集资系列宣传、集中宣传、风险排查整治等方案，发布《嘉峪关市关于举报金融领域涉黑涉恶线索的通告》，修订完善《嘉峪关市非法集资举报奖励办法》，部门研判会商，对非法集资陈案、积案再次进行分类梳理等，持续开展非法集资、金融领域扫黑除恶等专项整治行动，有效防控金融风险，有力推动中央扫黑除恶第19督导组反馈问题整改落实。同时，深入开展非法集资集中宣传月和日常宣传活动，在金融机构、社区等场所建立了一批常态化的宣传阵地，公布举报电话，普及金融知识，切实维护金融安全。2019年，组织市处非领导小组成员单位对654家企业进行了4轮专项整治行动，对群众举报、广告监测、监管排查、上级预警等各种途径发现的6起非法金融线索进行了查处，开展以"携手筑网·同防共治"等为主题的防范打击非法集资和金融领域扫黑除恶大型集中宣传2次，社区集中宣传32次，"进社区、进机关"等集中宣讲34次，发放各类宣传资料、宣传产品等10万余份（个），受众人数达到10万余人次，群众的风险防范意识不断提升。

二 需关注的问题

（一）企业融资难问题长期存在

由于嘉峪关市产业行业集中度高，大部分民营和小微企业是酒钢的上下游企业，且多为劳动密集型企业，其产品结构单一、经营不稳定、核心技术缺乏、财务信息不透明、融资过度等诸多因素，加之全国民营企业范围内债务违约事件增多，导致银行业贷款不良率提高，资本市场对融资主体的风险偏好发生了非理性波动，在贷款审批中缺乏比较，民营和小微企业难以及时获得信贷支持。

（二）防范和化解金融风险任重道远

一是在嘉峪关市依法设立但不具备金融牌照的商贸公司、电子商务公司、洗车行等超范围经营金融业务所带来的非法经营风险，由于其风险隐患在没有达到立案条件时，受职责权限影响行业部门不能深入调查，认定难度较大，仅凭行政手段进行处置，不足以震慑不法分子，这些风险隐患在"空窗期"容易引起质的转变。二是输入性经营风险。以"互联网＋金融"名义产生的非法集资、现金贷、区块链、P2P 等现象迅速蔓延，由于"上网跨域"特点明显，受高息诱惑通过手机 App 参与者不乏其人，金融风险日益增加。

三 对策建议

（一）继续强化政策传导

协调金融监管机构继续加大支小再贷款、再贴现等政策性资金供给力度。引导和督促金融机构，用好用活省市围绕打赢新冠肺炎疫情防控阻击战促进经济持续健康发展分别出台的"55 条""48 条"，中国人民银行兰州中心支行联合省财政厅等四部门出台的专项贷款支持方案、金融支持防疫"20条"等措施，持续搭建形式多样的政金企担对接平台，全方位引导和推动金融机构，精准服务主导产业、先进制造业和高新技术企业、小微企业、民营企业等实体经济重点领域。

（二）全面深化金融服务

在广泛深入调研的基础上，瞄准当前经济金融运行中的突出矛盾和问题，制定和利用好切实管用的政策措施，引导和支持金融机构大力发展绿色金融、普惠金融、科技金融，强化对小微企业和涉农企业的融资担保，为实体经济发展提供有力、有效的金融支持；梳理项目融资需求，引导金融机构从"投贷债租证险"（投资、信贷、债券、租赁、证券、保险）六个维度全方位服务项目建设和企业。

（三）持续优化营商环境

支持敦促金融机构开通信贷审批"绿色通道"，积极推广在线申请、在线审批、在线放款的"不见面"贷款模式，提升金融服务水平。继续完善类金融机构政务服务事项权责清单，做好证明事项清理工作，推进审批工作"一网通办"。加强企业诚信建设，促进民营企业和小微企业融资便利化。

（四）积极推动多元化融资

用好企业挂牌及上市扶持奖励办法等新政策，推动企业在新三板、省股交中心挂牌融资，鼓励企业通过发行企业债券、引进风投、科技成果转化等方式实现融资。有效发挥考核激励作用，引导金融机构加大对民营企业和小微企业、制造业等实体领域的信贷支持。

（五）持续引导金融机构加强风险防范

协调推动金融监管机构加强对银行、保险、证券等机构的监管，协调落实各金融机构强化内控管理，强化住房信贷管理，把好源头防控关口，遏制不良贷款。盯紧法人机构农村商业银行，持续监测经营及风险状况，加强现金清收、批量转让和核销等方式应用，提高抗风险能力。

（六）严厉打击非法集资

持续深入开展严厉打击非法集资暨金融领域扫黑除恶风险排查、监测预警和处置活动，加大对非法集资、金融领域涉黑涉恶等违法违规行为的打击力度。做好非法集资陈案、积案三年攻坚和信访维稳工作，营造和谐稳定的社会环境。

（七）持续常态化宣传引导

持续组织市处非领导小组成员单位充分发挥各自行业的优势，综合运用传统媒体、新兴媒体、移动终端和各种宣传媒介，深入解读金融法律政策，普及金融知识，开展风险警示，全力做好舆论引导，不断提升群众的风险防范和风险自担意识。

（八）强化类金融机构监管

加深对政策文件、监管要求、合规经营等内容解读，积极推进类金融机构在政策支持体系、行业监管体系、合规运营体系和风险防范体系等方面的建设；通过严把准入、严把变更审核事项、风险预警、联合约谈、分类管理、引导退出等方式开展风险应对工作，实现有效监管、深度监管。探索开展守信激励和失信惩戒工作，创优信用环境。

B.4

2019年嘉峪关市非公经济发展现状分析及工作对策

朱万佳　王雪锋*

摘　要： 非公经济是我国现阶段除公有制经济形式以外的所有经济结构形式，是社会主义市场经济的重要组成部分。本报告着重对2019年嘉峪关市非公经济发展的现状、特点等进行了提炼和分析，指出了非公经济发展中存在的规模偏小、产业结构失衡、人才队伍建设滞后、经营成本高、融资难等问题，在分析比较的基础上，科学研判了2020年全市非公经济发展基本趋势，有针对性地提出了实行更加开放的准入政策、持续为企业减费降负、着力优化营商环境等若干对策建议。

关键词： 民间投资　市场准入　嘉峪关市非公经济

党的十八大以来，习近平总书记毫不动摇鼓励、支持、引导非公经济发展，对促进非公经济健康发展和非公经济人士健康成长、构建亲清新型政商关系等做出了一系列重要论述，强调非公经济在我国经济社会发展中的地位和作用没有变，毫不动摇鼓励、支持、引导非公经济发展的方针政策没有变，为非公经济发展营造良好环境和提供更多机会的方针政策没有变。他还

* 朱万佳，历史学学士，嘉峪关市委政策研究室发展改革科科长，主要研究方向为经济社会发展；王雪锋，法学学士，嘉峪关市市场监督管理局登记注册与行政许可科科长，主要研究方向为非公经济市场准入机制。

指出要"鼓励民营企业依法进入更多领域，引入非国有资本参与国有企业改革，更好激发非公有制经济活力和创造力"[①]，等等。非公经济是稳定经济的重要基础，是经济持续健康发展的重要力量，嘉峪关市高度重视非公经济的改革与发展，始终把支持发展非公经济作为经济工作的重中之重，推动全市非公经济市场主体稳健高效发展。

一　发展现状分析

（一）发展规模进一步壮大

截至 2019 年 12 月底，嘉峪关市非公有制市场主体 24870 户，注册资本 494.55 亿元，从业人员 83647 人，同比分别增长 8.45%、10.73%、7.29%。非公有制市场主体中，私营企业 7885 户，注册资本 478.28 亿元，同比分别增长 10.84%、10.76%；个体工商户 16985 户，注册资本 16.27 亿元，同比分别增长 7.38%、9.94%。2019 年，全市非公经济完成税收共计 90913.74 万元，占全部税收收入的 27.8%。[②]

截至 2019 年 12 月底，嘉峪关市共有规模以上非公企业 181 户，其中工业企业 27 户、服务业企业 26 户、批零住餐企业 55 户、建筑业企业 38 户、房地产企业 35 户；共备案、核准非公经济项目 60 个，总投资 40.8 亿元。总体来看，嘉峪关市非公经济发展呈现规模以上工业发展增势强劲、主导行业发展拉动有力、民营企业发展后劲充足的特点。

（二）发展领域进一步石宽

在"非禁即入"的社会经济大环境下，嘉峪关市为非公企业坚决松绑除障，

---

①　《习近平：在民营企业座谈会上的讲话》，新华网，http://www.xinhuanet.com/politics/2018-11/01/c_1123649488.htm。

②　本篇数据来自《2019 年嘉峪关市国民经济和社会发展统计公报》、嘉峪关市市场监督管理局统计汇总。

按照权利平等、机会平等、规则平等原则，全面落实市场准入负面清单和嘉峪关市"1+19"非公经济发展系列扶持政策，对非公经济放宽市场准入条件，扩大非公企业参与权，凡是国家法律法规没有明令禁止的行业和领域均向民间资本开放，大力支持和鼓励非公企业积极参与全市基础设施、生态环境、教育、医疗卫生、文化体育等领域项目建设，促使非公经济的发展领域不断扩大。

（三）发展质量进一步提升

随着对非公经济市场准入条件的放宽，非公经济的规模逐步扩大，创新能力持续增强，生存能力逐步提高，企业内涵不断提升，资源不断得到补充，非公经济在工业经济、文化旅游等方面的业绩逐步突出。总投资约31亿元的嘉峪关方特二期丝路神画正式开园运营，带动2019年全市旅游人数1317万人次，旅游收入96.4亿元。一批特色优势产业走向市场，由小到大、由弱到强，为嘉峪关市非公经济健康持续发展打好了基础，也使得非公经济的发展质量有了新的提升。

（四）投资信心进一步增强

为了鼓励更多的民间资本加入社会主义经济建设大潮，嘉峪关市先后出台了《嘉峪关市深入推进大众创业万众创新实施方案》《嘉峪关市进一步激发民间有效投资活力促进经济持续健康发展的实施方案》等一系列扶持政策，还出台了《嘉峪关市实体经济奖励办法（试行）》《嘉峪关市非公经济奖励办法》等一系列奖励办法。2019年为24户非公经济组织兑现奖励扶持资金144.1万元，为10户实体经济企业兑现奖励资金392.5万元，进一步掀起了"大众创业、万众创新"的热潮，有效地激发了民间投资的热情。

二 需关注的问题

（一）非公经济组织数量大但规模偏小

全市拥有各类非公经济组织24870个，70%左右的非公经济组织徘徊在从业人员 8 人以下的个体工商户阶段，已入统的 181 户规模以上非公企业仅占非公企业总户数的 2.3%。

（二）产业门类齐全但产业结构失衡，产品品种单一

从嘉峪关市非公经济发展现状看，第二产业发展相对较早，在 181 户规模以上企业中，第二产业占 35.91%，第三产业占 64.09%。产业结构调整进展缓慢，竞争力不强。全市非公经济中，第三产业虽然起步较晚，但发展势头较猛，现全市拥有从事批发、零售、餐饮等服务类非公经济组织达 21000 余户，占全市非公经济组织的 85.1%，第三产业虽初具群体规模但产出规模还很低。全市现有的产品品种相对较少，涉及行业单一，缺乏一定规模的高档次产品、深加工产品、高技术和高附加值产品，产品基本上拥挤在技术水平低、附加值低的产业上，仍然停留在传统、粗放型阶段，新产品开发意识不强，没有规模，市场占有率低。

（三）民营企业人才队伍建设滞后

人才总量短缺，非公经济组织拥有中专以上学历人才的比例较低；人才结构失衡，全市中低级人才比例较大，高学历、高级别的创造型人才稀少，特别是高新技术、高级经营管理者匮乏。专业技术人员高、中、初比例约为 1.0：4.5：4.5，全市评选的 88 名领军人才中，70% 以上分布在公共服务行业，分布在产业发展领域的不足 30%，且绝大部分在国有企业，分布在非公经济领域的更是少之又少，高层次人才奇缺。人才流动较大，一些企业的管理、技术人员的跳槽也影响企业的正常生产经营。企业管理人员能力素质提升的途径也不够畅通，在外出学习考察、技术培训、参与行业交流、形成产业联盟等方面缺乏有效渠道。必须加快对接外地相关行业资源，联系相关产业、行业协会，搭建企业间互助互利、协同共赢的桥梁，更好地带动企业、行业交流发展，孵育本地相关市场，促使企业的边际成本降低，从而有效降低企业的运营成本。

（四）企业自身管理与市场发展需求存在脱节

越来越多的企业主意识到科学管理的重大作用，但在具体操作过程中仍不同程度地存在很多制约问题。虽然90%以上的企业建立了公司制，也有章程，但在实际运作中，真正建立现代企业制度，并照章运作的仅占极少数，绝大多数企业沿用家族式、"一言堂"管理模式，决策行为随意性、盲目性较大，缺少科学论证的过程。部分企业创新意识薄弱，外向型、科技型产品发展不足，普遍存在企业规模小、品牌小、名牌少的问题；企业主长远意识、忧患意识较差，现代管理理念有待进一步提升。

（五）经营成本上升较快，投资回报率较低

非公企业创业初期资金投入量大，流动资金较为紧张，生产经营所需的设备、技术、人才等对接资源匮乏，产业上下游配套服务不齐全，导致边际成本增加。人力成本逐年上升、原材料价格逐年上涨、部分行业产能过剩等问题在相当长一段时期内存在，导致嘉峪关市非公企业面临生产成本持续增高的压力。高投资、低回报致使企业市场竞争力锐减，最终导致一些非公企业资金周转不灵而负债累累，有些支撑不下去便快速转入破产清算，需要引起高度重视。

（六）融资难仍是民营经济发展的瓶颈

一方面，受金融政策调整的影响，金融机构加强了投资风险的控制，银根收缩，金融市场不活跃；另一方面，融资渠道不宽，担保体系不健全。虽然政府性金融担保机构已经成立，但担保规模小、资本金不充足、担保产品不灵活等问题依然未破解，资金问题严重制约非公企业的发展。此外，民营企业对政府扶持政策理解不清、把握不准的问题也客观存在。例如，全市统一编订了"1＋19"非公经济发展系列扶持政策手册，但是现在大家热衷于用QQ、微信、微博等热门电子通信软件进行日常交流、

新闻浏览、政策查阅等，导致非公企业对一些惠企政策知晓率不高，理解不深不透，这也在一定程度上抑制了创业者及非公企业分享政策红利的机遇。

（七）地区发展大环境制约本地非公经济发展

嘉峪关市地处西北内陆，处在全国经济发展相对落后的区域，人口少，环境脆弱，经济基础单薄，人才匮乏，远离消费市场，非公企业上下游配套服务及相关资源欠缺，导致企业生产所需的边际成本较高，且容易遇到瓶颈而陷入困境，这样的经济大环境不利于非公企业发展。企业实力弱人才就留不住，非公企业中年轻人居多，他们在创业过程中思维敏捷、思路清晰、想法先进，但是在创新创业氛围缺失的大环境中发挥的作用有限，很多先进理念和创业想法不能在本地区实现，进一步制约了非公经济健康发展。

三　发展环境分析

（一）稳定的政治环境保障了稳健发展

习近平总书记在民营企业座谈会上再次明确和肯定了民营经济的地位及作用，他强调"公有制经济、非公有制经济应该相辅相成、相得益彰，而不是相互排斥、相互抵消"。[①] 党的十九届四中全会明确提出，"要毫不动摇巩固和发展公有制经济，毫不动摇鼓励、支持、引导非公有制经济发展，坚持按劳分配为主体、多种分配方式并存，加快完善社会主义市场经济体制，完善科技创新体制机制，建设更高水平开放型经济新体制"。非公经济作为社会主义市场经济的重要组成部分，已经成为当代中国经济发展的一支重要力量，成为宏观经济运行的重要基础之一，在中国经济迈向高质

---

① 习近平：《毫不动摇坚持我国基本经济制度 推动各种所有制经济健康发展》，中国新闻网，https：//www. chinanews. com/gn/2016/03－09/7789310. shtml。

量发展的新的历史进程中，非公经济必将扮演更加重要的角色、发挥更加重要的作用。

（二）优越的政策环境拓宽了发展渠道

国家制定的一系列方针政策，尤其是国务院《关于营造更好发展环境支持民营企业改革发展的意见》《优化营商环境条例》等，为民营经济提供了更广阔的发展空间。嘉峪关市在此精神指导下，构建了"1＋19"非公经济发展系列扶持政策体系，细化实化推进举措，形成促进非公经济发展的长效机制，极大地激发了广大非公经济组织抢抓机遇、趋势而上、全力推进发展的意识和热情。

（三）良好的社会环境营造了浓厚氛围

近年来，嘉峪关市高度重视非公经济发展，把发展民营经济纳入经济工作重点，把扶持民营经济发展作为衡量各部门的重要工作，广大群众把参与发展民营经济作为择业、致富的重要途径，民营经济有了更肥沃的成长土壤。综合来看，全市非公经济面临的营商环境进一步优化，竞争环境更趋全面公平，政府对非公经济的金融支持将不断加强，融资渠道不断拓宽，民间金融发展将获得较大的政策支持，非公经济产业发展水平将会进一步提升，逐步由"企业集聚"向"产业集群"转变。

四　对策建议

（一）实行更加开放的准入政策

坚持把推进非公经济发展作为实现经济社会高质量转型发展的重要抓手，加强组织领导，落实扶持政策，放宽准入条件，除涉及国家安全及必须由国家垄断的行业外，其他领域都允许民营投资进入。全面落实《市场准入负面清单（2019年版）》，允许国有资本和外资进入的领域，都允许民间资本进入；凡国家法律、法规不限制非公经济生产经营的行业和商品，不得以任何理由加以限制或实行行业垄断。鼓励民间资本参与工业、贸易、交通、高新技术产业、社会服务业、水利、电力、通信、城市公共交通、供水、燃气、集中供热、垃圾处理、污水处理、园林绿化、环境卫生、医疗机构、教育、农业资源开发和农业产业化经营等领域的投资经营。进一步简化市场主体登记注册手续，为广大从业人员投身于非公经济发展创造最便利的条件。

（二）全面落实支持非公经济发展的扶持政策

非公经济是发展社会主义市场经济的重要力量，为提振非公企业信心，激发非公经济活力，近年来国家、省上和地方每年都会出台一系列相关扶持政策，要不折不扣地落实好这些政策措施，并对落实情况进行梳理评估，特别要推动涉及非公企业市场准入、融资贷款、生产用地、税费收缴等优惠政策落地见效，对没有落实的政策要查找原因，明确责任单位和责任人，制定落实时间表，打通政策落实的"最后一公里"。严格落实政府招商引资的各项承诺，保持政策连续性，定了的要办，说了的要算，不能"新官不理旧账"。进一步完善落实政策督查制度，及时发现和解决在落实政策中遇到的新情况、新问题，确保政策发挥应有的作用。

（三）持续为企业减费降负

在当前国内外经济形势错综复杂的情况下，进一步激发市场主体活力，一个关键举措就是要加大简政减税降费力度。要不折不扣地执行好非公经济税收优惠措施，应免尽免、优化服务，减轻非公经济税收负担。实行动态管理，清理和降低涉企收费，取消行政事业性不合理收费，持续减费降负，从政策层面为企业降低经营成本。稳定社会保险费缴费方式，严禁对历史欠费进行集中清缴，确保企业社保缴费实际负担有实质性下降，对符合条件的参保企业给予社会保险补贴、稳岗补贴等，积极降低用工成本。落实有关降低非居民用气价格政策，实行差别化工业电价政策，降低用能成本。凡符合用地政策的非公企业投资项目，费用一律就低不就高，降低用地成本。发挥嘉峪关市综合交通枢纽优势，降低物流成本。

（四）拓宽民营经济发展的资金渠道

金融机构要加强对民营经济的信贷支持，各商业银行每年用于支持非公经济组织的新增贷款所占新增贷款总量的比例与非公经济占全市生产总值的比例相匹配，建立对中小企业的财政支持体系。落实中小企业发展专项资金和信用担保资金，政府出资的信用担保机构要实行政企分开和市场化运作。建立和完善担保机构的市场准入、资金注入、风险资金补偿、损失分担等各项制度，鼓励民营资本进入信用担保、典当、创业投资公司等领域投资，通过完善信用担保体系，切实解决非公经济贷款难的问题。

（五）着力优化营商环境

认真贯彻落实《优化营商环境条例》，深入开展"放管服"改革，坚持企业办事"只进一扇门"，深化"一窗办、一网办、简化办、马上办"改革，全面实行"一窗受理、集成服务"，有效破解手续烦琐、效率低下、办事难、多头跑等问题，真正打通服务企业的"最后一公里"，推进"互联网＋政务服务"，有效缩短办结时限，提高办事效率。贯彻落实《嘉峪关市"一业一策、一企一策、一事一议"工作方案》，针对不同企业存在的困难和问题，贴心制定不同政策，坚持实行市级领导联系帮扶企业制度，主动当好非公企业的"店小二"，竭尽全力为非公企业搞好服务，严守政商交往底线，建立"亲""清"政商关系。注重解决非公企业的实际困难，向非公企业及时提供惠企政策、市场需求、产业导向、人才资源等信息，帮助和引导非公企业稳步健康发展。

（六）提升非公企业竞争力

注重市场主体培育，强化政策集成，整合扶持资金，鼓励社会创新，促进"大众创业、万众创新"，加快推进"创生个、个升限（限额以上个体工商户）、个转企、小升规、规改股、股上市"，培育成千上万个"小老板"，构造良好的企业梯度培育成长"蓄水池"。对符合条件的初期创业者按规定给予一次性创业补贴。建立创业服务联盟，建设一批低成本、开放式众创空间，让创业者低成本或无成本进驻。支持非公企业"专精特新"发展，加快落实科技创新奖励政策，鼓励民营企业申请专利，对获得发明、实用新型、外观设计等专利权的企业给予奖励。支持非公企业拓展市场，鼓励非公企业实施"走出去"战略，根据年度出口额，按照一定比例给予奖励，对参加统一组织的境内外重点展会展位费按规定标准给予补贴。

（七）强化非公经济管理人才培养

实施非公经济管理人才素质提升工程，发挥好政府的桥梁作用，采用对接外地相关资源、联系行业协会、举办培训班等多种形式，为民营企业提供更多、更灵活的学习交流机会，带动非公企业冲破发展瓶颈、健康有序发展。制定全市非公企业家队伍建设规划，联合高等院校、科研院所、党校、行政学院开展精准化培训，定期举办非公企业高级经营管理人员能力提升培训班。建立全市非公企业家信息库，定期组织非公企业家外出招商和赴沿海发达地区考察学习，培训费、招商费、考察费等公共活动费用由政府承担。支持非公企业建立高技能培训基地、首席技能大师工作室、技师工作站，符合条件的每年分别给予经费支持。加强创业培训指导，免费面向社会创业意愿者提供多层次、全过程、阶梯式创业培训，对开展创业培训的机构给予培训补贴。

（八）加强对非公经济的引导和服务

积极引导非公经济组织树立新发展理念，强化国家、省、市各类政策、法规的宣传和引导，进一步明确发展的方向、支持的重点、开放的领域、禁止的项目、淘汰的工艺等，帮助企业及时掌握新技术、新产品，助力企业轻装上阵、聚力发展，形成竞争新优势。要持续优化营商环境，特别要在破解融资难、融资贵、失信惩戒、法律咨询、技术孵化、信息共享、市场培育、人才培养、难题攻关等方面持续用力，健全和完善服务体系。支持非公经济组织推进行业协会建设，积极吸纳不同所有制的企业、法人入会，支持个体工商户和私营企业建立同业公会、同业商会等行业自律组织，加强企业的内部管理、人才集聚和市场拓展能力。

B.5
2019年嘉峪关市生态产业发展情况分析及2020年预测

李燕生　张晓莺*

摘　要： 大力发展生态产业是支撑西部地区经济发展的战略选择。2019年，嘉峪关市强化政策支撑、全力谋划支撑项目、不断完善保障机制、持续优化营商环境、全力培育绿色产业、积极探索发展体系，加快发展生态产业，推动经济高质量发展。但需要关注实施生态产业带动性工程、构建梯次绿色生态产业体系、建立推动生态产业发展工作机制等方面的问题，建议持之以恒抓好项目推进、加强项目谋划储备和推进招商引资落地、全面落实项目包抓责任、继续强化服务保障、积极培育壮大新兴产业，推动生态产业比重增加、质量提高、贡献加大。

关键词： 带动性项目　招商引资　嘉峪关市生态产业

2019年，嘉峪关市坚持以习近平新时代中国特色社会主义思想和党的十九大精神为指导，持续深入贯彻习近平总书记视察甘肃重要讲话和指示精神，全面落实省委、省政府和市委、市政府绿色发展崛起战略部署，切实把十大生态产业①作为

---

* 李燕生，嘉峪关市委政策研究室党建科副科长，主要研究方向为社会改革；张晓莺，农学学士，嘉峪关市发展和改革委员会投资科科长，主要研究方向为项目统筹管理。
① 十大生态产业包括节能环保产业、清洁生产产业、清洁能源产业、循环农业产业、中医中药产业、文化旅游产业、通道物流产业、军民融合产业、数据信息产业、先进制造产业，即十大绿色生态产业。

转方式调结构、发展实体经济、培育新旧动能转换、建设现代化经济体系、推动经济高质量发展的重要抓手，不断创新思路，细化政策措施，扎实推进十大生态产业顺利发展。

一 取得的成效及主要做法

根据省统计局的核定，2019年嘉峪关市绿色生态产业完成增加值51.51亿元，占GDP的18.18%，占比提升8.31个百分点，全省排名第2位。① 嘉峪关市重点进行了以下几个方面的工作。

（一）强化政策支撑

充分利用嘉峪关市特有的文化旅游资源、交通区位优势，以及酒钢集团、中核四〇四有限公司等大中企业聚集、工业基础雄厚等优势，统筹产业链、创新链、人才链、资金链、政策链，围绕建链、延链、补链、强链的工作目标，研究制定了《嘉峪关市构建生态产业体系推动绿色发展崛起的实施意见》《关于构建生态产业体系推动绿色发展的实施方案》《关于加快推进高质量转型发展的实施意见》等20余个政策文件，为发展生态产业提供政策和资金支持，初步构建起生态产业发展的政策支持体系。

（二）全力谋划支撑项目

扎实开展"项目建设攻坚年"活动，紧盯十大生态产业，统筹推进节能环保、文化旅游、军民融合、通道物流等领域的发展，谋划增量、优化存量，对项目库进行补充、更新和完善，形成共计224个项目、总投资1117亿元的绿色生态产业项目库，按照"拟建项目抓前期、在建项目抓进度、续建项目抓竣工"的工作机制，切实加大协调力度，着力推动项目

---

① 本篇数据由嘉峪关市发展和改革委员会汇总整理。

建设，2019 年累计完成投资量 48.44 亿元，有力带动了嘉峪关市固定资产投资量的增长。

（三）不断完善保障机制

认真落实领导包抓项目责任制，建立了"一个项目一个推进方案、一名市级领导包抓、一个部门牵头负责、多个部门联动配合"的工作机制。定期组织召开建设项目调度会，对嘉峪关市机场改扩建、讨赖河嘉峪关安远沟至嘉酒分界线段水系生态环境综合治理工程等 50 个生态产业重点前期项目切实抓好跟踪服务，督促各责任单位加快前期手续办理。深入开展"企业服务年"活动，召开地企联席会、政银企对接会、民营企业家座谈会，切实解决企业发展困难，通过争取支持、发行债券、担保融资等方式，促进民营经济健康发展的扶持政策体系已形成。

（四）持续优化营商环境

深入开展"转变作风改善发展环境建设年"活动，印发《嘉峪关市深化"放管服"改革打造"四优"① 营商环境工作方案》。持续开展"五减一优"②，建立"前台统一受理、后台分类审批、统一窗口出件"的政务服务新模式，切实提高了办事效率。

（五）全力培育绿色产业

坚持把生产要素和资源集中配置到优势产业上，促进产业链与创新链、资金链、生态链紧密连接，积极推进"产业生态绿色化、生态绿色产业化"发展之路。先进制造产业：加快天成彩铝绿色短流程铸轧铝深加工、东兴铝业 45 万吨生产线电解槽优化改造、装配式建筑智能制造产业基地等项目建设进度。文化旅游产业：丝绸之路文化博览园、世界文化遗产保护与展示工

---

① 四优：政务服务审批流程更优、效率更优、服务更优、执行更优。
② 五减一优：减事项、减层级、减材料、减环节、减时限，优化再造流程。

程、峪泉古街一期等项目建成投运，"一馆两中心"建设项目完成了前期手续办理，草湖国家湿地公园、世界文化遗产保护与展示工程的配套服务设施等项目积极推进。节能环保产业：铝业固废无害化及综合利用、索通公司焙烧炉节能改造等项目基本完成，酒钢7号高炉优化改造、宏晟电热3号机组超低排放改造等项目进展顺利。清洁生产产业：酒钢焦化厂酚氰废水达标处理回用、东兴铝业45万吨生产线电解槽优化改造二期等项目开工建设，酒钢集团宏兴钢铁股份有限公司粉矿悬浮磁化焙烧技改、酒钢集团烧结机脱硫技术改造等项目通过环保"三同时"竣工验收。清洁能源产业：嘉峪关市分布式光伏发电累计总装机规模30.8兆瓦，清洁能源取暖工程全面推进，"电代煤""气代煤"基本实现，嘉北高端铝制品加工产业园被国家发展改革委、国家能源局确定为第三批增量配电业务改革试点。通道物流产业：西部天地物流配送中心、金翼城乡电商快递物流集散中心、恒基物流仓储配套中心等项目加快建设，特别是金翼城乡电商快递物流集散中心目前已入驻企业14家，其中顺丰、京东、德邦、苏宁等7家公司已布局为辐射张掖、哈密、酒泉等周边地区的区域性分拨中心；酒钢多式联运物流园、国际空港物流园、煤炭交易中心等项目前期工作有序推进。军民融合产业：英雄广场青年大厦A座现已完成主体工程建设任务，B座现已完成施工手续的办理，力争2020年4月全面开工建设。数据信息产业："雪亮工程"、云数据中心等项目开工建设。循环农业产业：酒钢宏丰戈壁农业示范区、天兆宏源猪业有限公司60万头生猪养殖基地等项目开工建设。中医中药产业：主要为枸杞、甘草等中药材的种植。

（六）积极探索发展体系

按照唐仁健省长多次指出的发展十大生态产业不能简单拼凑，追求贪大求全和"上下一般粗"的指示要求，嘉峪关市立足自身比较优势，突出发展重点，有选择地抓实产业发展，体现差异性和错位发展的导向，初步谋划了"做强先进制造、文化旅游、通道物流、军民融合4个优势产业，做大节能环保、清洁生产、数据信息3个基础条件较好产业，做足清洁能源、循环农业、中医中药 3 个成长型产业"的"433"梯次绿色生态产业体系，并完成了《嘉峪关市分类推进十大绿色生态产业发展"433"工作实施方案》的起草工作。

二 2020年工作重点

嘉峪关市将围绕强龙头、补链条、聚集群，加快改造传统产业，大力培育新兴产业，推动创新要素汇集，激发实体经济活力，形成更具竞争力的产业格局，以十大生态产业为统领，以工业转型、文化旅游、通道物流为支柱，以军民融合为支撑，以改革创新为动力，统筹城乡协调发展，全面提高经济发展质量和效益。

（一）持之以恒抓好项目推进

全面落实省委、省政府十大生态产业的决策部署，充分用好嘉峪关市的禀赋优势和发展特点，因地制宜，突出特色，对有基础、有优势、有前景的先进制造、文化旅游、通道物流、军民融合、数据信息、清洁生产、节能环保七类产业，集中力量、重点推进；对不具备优势的清洁能源、循环农业、中医中药三类产业，尽力而为、量力而行，寻求突破。在先进制造产业方面，发挥工业基础较好、生产要素富集等优势，按照强龙头、补链条、聚集群的要求，持之以恒推进装备制造、新材料工业经济转型升级。全力支持酒钢集团开展"三化"改造，做优做强钢铁、铝业、电力能源、装备制造等产业板块，提高企业核心竞争力。围绕钢、铝、核相关产业上下游，引进培育先进装备制造、新材料、装配式建筑等产业。积极发展现代煤化工产业，发挥嘉峪关市资源优势，依托酒钢煤化工产业园，促进产业纵向延伸和与冶金、电力、能源等产业横向融合，提高煤炭利用附加值，构筑煤化工循环经济产业发展模式，延伸发展煤制燃料、煤制精细化工产品等产业链。在文化旅游产业方面，充分利用嘉峪关市丝路文化与长城文化交汇点、中原文化与边塞文化融合处等独特资源优势，打响"天下第一雄关——嘉峪关"文化旅游品牌和提升"万里长城丝绸路，欢乐旅游嘉峪关"的知名度、美誉度及影响力。加强长城文化保护与传承，加快长城国家文化公园建设，以关城为核心、以长城为"线"，串联起长城第一墩、戈壁大峡谷、悬臂长城、黑山岩画、魏晋墓等境内资源，建立长城历史文化保护展示中心和遗产监测平台，全面推进长城价值及保护管理研究。提升旅游服务品质，发挥方特欢乐世界、丝路神画、花博园、峪泉古街等带动性工程的联动优势，持续放大旅游综合效应。培育发展自驾、低空、户外、运动体验、房车露营等新型旅游业态，加快补齐"一日游""过境游"短板。推动文化旅游融合发展，发挥民俗文化博物馆作用，把民俗文化与现代创意相结合、与专业合作社相对接。办好各类节会赛事，加大旅游品牌宣传推介力度。在通道物流产业方面，大力挖掘通道经济、物流经济、口岸经济、枢纽经济等领域潜力，着力打造全省综合交通枢纽、物流集散中心和加工贸易基地。加快建成S06酒嘉绕城高速公路，实施嘉峪关市机场改扩建、嘉峪关市国际航空口岸、兰新线客车分流等项目，推进G312线嘉酒城区过境段改造、嘉策铁路扩能改造等项目前期工作。实施煤炭集散中心储煤料场建设，谋划建设大宗矿产品仓储交易中心，做实做活煤炭、钢铝制品等大宗产品交易、加工、分运业务。推进物流业与加工业深度融合，培育面向西北地区和中亚、西亚的五金机电生产集散基地，吸引现代物流企业落户，发展第三方物流。实施金翼城乡电商快递物流集散中心、恒基物流仓储配套中心等项目，支持建立农村物流服务平台，加快城市末端快递综合配送和智慧快递建设。在军民融合产业方面，以国家核基地综合保障区建设为契机，加强与中核四〇四有限公司深度合作，夯实产城融合发展基础。全力推动项目落地实施，推动科研实验设施建设，提升核技术研发创新能力。启动嘉东军民融合产业园建设，引导围绕中核四〇四有限公司配套生产企业入园，积极发展民用核技术、核非标设备、核装备制造等产业。在数据信息产业方面，抓住未来产业和经济发展的趋势，加快推进信息技术与制造业深度融合，依托电信、移动、联通三家云服务平台，组织"企业上云"行动，推动企业依托工业互联网平台实施网络化、数字化改造。积极发展智能装备制造业，加快西部重工3D打印智能铸造工厂建设、铁塔公司5G基站建设等项目的进度。落实好与中国移动甘肃公司签署的"5G＋智慧城市"战略合作协议，积极做好5G网络试点及推广工作，带动智慧政务、智慧交通、智慧旅游等领域全面发展。实施好智慧城市及大数据平台、智慧化社会治理、智能交通管理信息系统、智慧医疗与全民健康信息平台等重点信息项目。在节能环保和清洁生产产业方面，围绕低碳节能、污染防治、资源综合利用等重点领域，不断提高资源利用效率，构建节能环保产业体系。加强节能提标改造，鼓励重点用能、排放单位依托自身技术优势，实施电机系统节能、能量系统优化、余热余压利用、锅炉（窑炉）改造、节约和替代石油等重点用能单位综合能效提升项目，建成宏晟电热2×125兆瓦机组超低排放改造、2×350兆瓦热电联产机组乏汽余热回收以及焦化厂3号、4号焦炉烟气脱硫脱硝等重点项目。完成城市生活垃圾分类试点，全面构成垃圾收运处理产业链，形成资源综合利用发展构架。推广绿色建筑应用，依托甘肃润源、桑德科技等节能环保企业，促进资源综合利用装备研发推广，全力推进筑友装配式建筑智能制造产业基地建设，推动企业循环式生产、加快园区循环式发展、促进产业循环式组合。以工业园区低碳试点和循环化改造为突破口，推进工业企业向园区聚集发展，集中有效处理园区内废污，降低工业生产过程中的资源、能源消耗和污染物产生量，建设绿色工业园区。对化工、有色、建材等行业新增产能实行能耗等量或减量置换。实施余热余压回收、中水回用、废渣和不锈钢除尘灰资源化等绿色改造工程，实现节能降耗、减污增效。

（二）加强项目谋划储备和推进招商引资落地

紧盯已谋划的224个项目、总投资1117亿元的绿色生态产业项目库，加强分类指导服务，加大推进落实力度，确保项目顺利实施和落地见效。围绕各类产业发展的前沿区域，深入谋划、重点突破，做实各项前期工作，抓紧谋划储备一批新的十大生态产业项目，挖掘更多符合标准的生态产业项目纳入省级项目库。切实提高招商引资成效，围绕十大生态产业开展精准招商、联合招商、以商招商，积极开展"云招商、云签约"活动，办好第一届网络招商推介会，切实提高项目落地率和资金到位率。

（三）全面落实项目包抓责任

充分发挥市级领导包抓重大项目对"促投资、稳增长"的关键作用，切实推进生态产业发展，确保重大项目落地生根、落实见效。按照"市级领导包抓、责任部门牵头、多个部门协调联动"的工作机制，形成点面结合、条块结合的责任体系，全面构建生态产业发展推进机制。带领市政府班子成员按照各自分管范围，每月听取包抓产业和重大带动性项目推进情况，及时研究解决新情况、新问题。指导各牵头部门和配合部门密切协作、无缝对接，加大推进力度，确保生态产业发展各项决策部署落实见效。

（四）继续强化服务保障

坚持在优化营商环境上下更大的功夫，持续深化"放管服"改革，对十大生态产业项目开通"绿色通道"，最大限度压缩审批时间和办事流程。全面实行"网上办事""不见面审批"，引导企业通过甘肃政务服务网（甘肃投资项目在线审批监管平台和嘉峪关市工程建设项目审批管理系统）申报项目，积极做好全过程指导服务。开辟招标采购"绿色通道"，大力简化招标采购程序。积极推广电子评标和远程异地评标，实现招标采购全流程电子化。

（五）积极培育壮大新兴产业

推动国家核基地综合保障区、核装备制造产业园、国际空港等领域重点项目前期工作，确保取得实质性进展，并具备开工条件。指导新组建的市属九大企业集团加紧谋划实施一批新项目，创新业务模式、扩大增量。协调督促酒钢集团、中核四〇四有限公司及市属国有企业在建项目尽快建成投运。放宽新兴产业企业名称登记和经营范围的限制，放宽住所（经营场所）条件，助力新业态企业发展，加快经营类事业单位社会化、专业化、市场化步伐，稳步推进经营类事业单位转企改制工作，进一步扩大市场主体。

B.6
2019年嘉峪关市财政运行
态势及对策建议

颜盼霞　伊继坤*

摘　要： 财政是支持地方经济社会发展的重要保障。2019年，嘉峪关市统筹推进稳增长、促改革、调结构、惠民生、防风险各项工作，一般公共预算、政府性基金预算、国有资本经营预算等执行情况总体平稳，实现了财政收支平稳运行，但需要注意收支矛盾特别突出、民生投入仍有缺口、偿债压力进一步加大等问题，建议持续强化收入组织、确保精准征收，坚持过"紧日子"、降低运行成本，主动向上对接、全力争资争策，兜牢"三保"底线、完成清欠目标，积极防范化解地方政府隐性债务风险，推进依法理财、法治财政建设。

关键词： 减税降费　收支平衡　债务风险　嘉峪关市财政

2019年，嘉峪关市委、市政府充分发挥财政职能作用，积极组织财政收入，全力保障民生等各类刚性支出需求，在收支矛盾突出的情况下，财政收支总体平稳，财税工作稳步开展。

---

* 颜盼霞，哲学硕士，嘉峪关市委政策研究室财经科科员，主要研究方向为地方财政统计与分析；伊继坤，经济学学士，嘉峪关市财政局预算国库科副主任，主要研究方向为地方财政管理。

一 2019年财政预算执行情况及主要特点

2019年，财政部门进一步深化财政改革，全面贯彻落实国家各项财政政策。预算编制的科学性、透明度进一步提高，财政资金的支出结构进一步优化，财政预算执行的规范化程度进一步提高。

（一）执行情况

1. 一般公共预算执行情况

2019年，嘉峪关市一般公共预算收入累计完成19.49亿元，占年预算的93.4%，同比下降1%，同口径增长8.1%，其中：税收收入累计完成15.19亿元，占年预算的89.9%，同比下降5.3%；非税收入累计完成4.3亿元，占年预算的108.3%，同比增长18.2%。一般公共预算支出累计完成31.86亿元，占变动预算的100%。①

2. 政府性基金预算执行情况

2019年，嘉峪关市政府性基金预算收入累计完成3.77亿元，占年预算的147.7%，同比增长60.7%；政府性基金预算支出累计完成8.96亿元，占变动预算的100%，同比增长46.1%。

3. 国有资本经营预算执行情况

2019年，嘉峪关市国有资本经营预算收入完成3296万元，占调整预算的100%，同比增长88.6%；国有资本经营预算支出完成3296万元，占变动预算的100%，同比增长88.6%。

4. 社会保险基金预算执行情况

2019年，嘉峪关市社会保险基金预算收入完成17.4亿元，社会保险基金预算支出完成19.65亿元，当年结余 -1.57亿元，滚存结余23.55亿元。

---

① 本篇数据由嘉峪关市财政局汇总整理。

（二）主要特点

1. 财政收入预算执行特点

（1）一般公共预算收入。2019年4月1日起，国家实施大规模减税降费政策，对以制造业为主的工矿型城市税收影响巨大，嘉峪关市全口径税收减收6.2亿元，影响市本级税收减收2.4亿元，导致年初既定的一般公共预算收入20.86亿元、增长6%的目标无法完成。在全面贯彻落实国家减税降费政策的同时，财税部门主动作为，积极采取有效措施，加强非税收入征缴、清欠工作，加大税收征管、税收潜力挖掘力度，坚持做到精准征收并增收，努力将减收影响降至最低，全年实现一般公共预算收入19.49亿元，完成了调整后的目标任务。

（2）政府性基金预算收入。2019年，随着棚户区改造项目区内形成的商品用房和配套建设的商业用房进入销售高峰期，同时加大了土地出让金征管和清欠工作力度，土地出让金收入较上年大幅度增长，全年入库市级收入2.98亿元，有效拉动了政府性基金整体增收。

（3）国有资本经营预算收入。2019年，嘉峪关市政府国资委在国资国企改革过程中，进一步加强国有企业监管，上调了国有资本经营收益上缴比例后，国有资本经营收入较上年大幅增加，提前完成了年初预算目标任务，并再创历史新高。

（4）社会保险基金预算收入。随着国家减税降费政策的实施，企业职工基本养老保险、失业保险政策性降费持续落实以及部分灵活就业参保断缴、停保人员增多，社会保险基金收入大幅减少。企业职工基本养老保险、失业保险、工伤保险享受待遇人数持续增加，基本养老保险、失业保险补贴政策进一步落实到位，导致待遇支出刚性增长较快。收支相抵后，收不抵支的赤字进一步扩大，达到历史最高。

2. 财政支出预算执行特点

（1）全力保障"三保"支出需求。科学合理安排财政资金，在保证工资发放的基础上，确保全市行政事业单位正常运转，保障基本民生项目需求，努力克服地方财力紧张、收支矛盾突出的局面。

（2）全力保障民生。2019年，民生项目和社会事业发展累计支出25.3亿元，占一般公共预算支出的比例达到79.4%，充分落实了市委把人民群众利益放在首位，全心全意为人民群众服务的工作宗旨，将"取之于民、用之于民"的民生财政落到实处。

（3）全力保证重点支出。2019年，着力有效保障包括一般公共服务、公共安全、教育、科学技术、节能环保、就业、医疗卫生、城乡社区事务等公共管理行业"八项"支出23.7亿元，同比增长10.1%。

（4）全力保证项目资金。2019年，及时向省财政厅争取到地方政府一般债券2亿元，专项债券4.9亿元，并积极争取地方政府债券资金支持，按规定重点落实基础设施、污染防治、棚户区改造等中共中央、国务院重大决策部署，用于推进生态环保、城乡基础设施建设等重大公益性基础设施建设项目，全面保证重点项目资金需求。

二　主要举措

2019年，受经济下行压力以及国家减税降费政策影响，财政收入增长放缓，支撑财政收入增长的动力略显不足。财政部门认真分析财政预算收支执行中出现的新问题和面临的新形势、新任务，进一步完善工作目标落实机制和措施，全力以赴抓落实。

（一）深入贯彻减税降费政策，强化精准征收

全面贯彻落实减税降费政策，做到应减尽减，将国家给予实体经济的政策红利真正落到实处。同时做到精准征收，加强依法征管，加大税收稽查力度，实施综合治税、挖潜增收、查漏补缺，确保减收后的收入高质量完成。严格执行国家关于取消和暂停有关行政事业性收费的政策规定，坚持做到应停尽停，坚决不越红线，强化非税征管，依规征收，力争做到以费补税，努力缩小为落实减税降费政策形成的财力缺口。

（二）积极落实过"紧日子"要求，保障民生支出

坚决贯彻落实中央、省、市关于厉行勤俭节约、反对铺张浪费、过"紧日子"的要求，政府机关带头过"苦日子"，让老百姓过上"好日子"，大力压减一般性支出、"三公"经费开支，将节约资金统筹用于弥补一般公共预算支出缺口。

（三）全面深化全口径预算管理体系建设

依法编制以一般公共预算、政府性基金预算、国有资本经营预算、社会保险基金预算为主要内容的全口径预算。严格执行"二上二下"的部门预算编制程序；加强政府性基金征管，收入达到3.72亿元；市属国有企业整合重组、公司制改革有序推进，国有资本经营预算收入首次突破3000万元；减税降费政策后社会保险基金预算运行平稳，全口径预算管理体系建设全面深化。

（四）严格执行预算，有效实施预算绩效管理

严格执行市人大常委会批准的预算，强化预算约束，无预算不支出，坚决纠正部门随意要求追加预算，确有规定需要新增安排支出的，严格按程序审核、论证、报批。将所有预算收支全部纳入绩效管理，全面开展绩效自评，对重大政策和项目开展重点绩效评价。强化绩效评价结果应用，逐步将评价结果作为政策调整、预算安排和改进管理的重要依据。

（五）深入推进法治财政建设

大力推进法治财政建设，严格执行国库集中支付、政府采购和公务卡制度，全面彻底盘活用好财政存量资金，积极推进财政预决算信息公开，在市政府网站公开了2018年市级财政决算和2019年市级财政预算，并督促214家预算单位公开本部门预决算和"三公经费"，公开率100%。国有资产管理、会计管理、政府投资项目评审等各项工作依法依规有序开展。自觉接受

市人大常委会的监督，自觉将市财政局的政务和事务活动置于群众和社会的监督之下，重点针对年初预算安排、年中预算执行、政府债务等工作情况及时向市人大常委会做专题汇报。

三　存在的问题

2019年，嘉峪关市的财政工作取得了一些积极成效，但也存在一定的问题，主要表现在以下方面。一是全面实施减税降费政策、经济下行影响和税源结构单一多重因素叠加，财政收入增长乏力，而刚性支出持续增长，收支矛盾特别突出。二是民生投入仍有缺口，雪中送炭的重点民生工作还有缺位，需要把更多的财力用到距离老百姓更近的地方。三是过"紧日子"的要求还未完全认识到位、落实到位，压减非重点、非刚性支出任务艰巨。四是偿债压力进一步加大，地方政府债务风险不容忽视。五是向上争取资金和政策支持没有形成合力，与项目资金需求及工作要求还存在较大差距。六是个别部门和单位资金管理使用不够规范，违反财经纪律的现象时有发生，等等。

四　对策建议

2020年，随着国家减税降费政策的深入实施，减税降费政策执行期将由2019年的9个月增加到全年，税收减少的幅度还将进一步加大，经济下行压力还会持续，将影响财政收入和财力的有效增长。但随着国家"一带一路"建设的纵深发展，国家经济结构进一步调整优化，重点税源企业酒钢集团产能释放，国家核基地综合保障区的落地建设，嘉峪关市经济发展的利好因素客观存在。

（一）强化收入组织、确保精准征收

紧盯重点税源企业的税收变化情况，科学研判财政收入形势，及时掌握

税源、税收、非税收入动态变化，实现动态管控机制利益最大化。不断细化征管措施，落实收入月通报、月督促制度，强化沟通协商，确保应收尽收。加大对征管部门的监督力度，加强部门之间的分工协作，形成工作合力，确保收入均衡入库。

（二）坚持过"紧日子"、降低运行成本

按照习近平总书记、李克强总理"带头过'紧日子'、让百姓过'好日子'"的有关要求，牢固树立过"紧日子"意识，认真贯彻落实市委、市政府关于开源节流的有关规定，对各部门、各单位的一般支出（公用经费）一律按照规定比例统一进行压减，坚持精打细算、勤俭节约，严禁铺张浪费，对不该开支、不必开支、不切实际的支出一律不开支。

（三）主动向上对接、全力争资争策

主动研究中央、省上的宏观政策导向，准确把握国家投资信息，牢固树立全市"一盘棋"的思想，充分发挥"中间人"作用，积极配合各部门加强与省级对口部门的沟通、衔接，抓好项目申报工作，形成争取资金工作合力。建立争资工作奖惩机制，推进形成奖优罚劣的工作导向，激励部门积极主动向上争资，并力争取得更大突破。

（四）兜牢"三保"底线、完成清欠目标

"三保"关系基层政府履职尽责和人民群众的切身利益，要持续完善基本财力保障机制，增强保工资、保运转和保基本民生的能力，坚决不让基本民生保障出现问题。按照"边界清晰、突出重点、源头治理、循序渐进"的原则，明确清欠工作重点、目标任务和责任分工，督促各欠款部门制定偿还计划、措施和期限，履职尽责、狠抓落实，确保完成清欠工作。

（五）积极防范化解地方政府隐性债务风险

坚决把打好防范化解重大风险攻坚战、坚持防范化解地方政府隐性债务

风险作为重要政治任务来抓，严格贯彻落实中央、省、市有关防范化解地方政府隐性债务风险的工作部署及要求，紧盯目标，强化措施，严控债务规模和风险等级，坚决守住不发生区域性、系统性财政金融风险的底线。

（六）推进依法理财、法治财政建设

牢固树立法治理念，大力推进依法理财、法治财政建设。依法开展预算编制、执行、监督、绩效等工作，依法依规有序开展国库集中支付、政府采购、公务卡管理、预决算信息公开、清理盘活存量资金、国有资产管理、会计管理、政府投资项目评审等各项工作，确保财政各项工作于法有据、有章可循。严肃财经纪律，强化财政监督管理，维护好财经秩序，全面落实审计整改问题，自觉将市财政局的政务和事务活动置于群众和社会的监督之下。

B.7
2019年嘉峪关市税费收入
形势及工作对策

颜盼霞　郭　玲　付小燕*

摘　要：　嘉峪关市税务工作坚持把组织收入作为"一号工程"，依法依规征税收费，深入推进减税降费政策落地实施。2019年，税费收入、非税收入、社保基金收入完成预期目标，但应关注项目建设转化为现实税收进程较长、第三产业发展过于缓慢、税收过分依赖重点企业和行业的问题，建议继续严格落实依法组收、打造优质纳税服务、加强税收征管措施、加大项目推进力度，持续为地方经济社会发展做出积极贡献。

关键词：　减税降费　纳税征管　嘉峪关市税费收入

一　税费收入完成情况

2019年，嘉峪关市实现税收收入32.71亿元，同比下降11.18%。其中：中央级收入完成13.36亿元，同比下降15.06%；地方级收入完成19.35亿元，同比下降8.28%。

---

* 颜盼霞，哲学硕士，嘉峪关市委政策研究室财经科科员，主要研究方向为地方财政统计与分析；郭玲，国家税务总局嘉峪关市税务局党委委员、副局长，主要研究方向为税收与国民经济；付小燕，嘉峪关市税务局收入核算科副科长，主要研究方向为地方税务核算。

（一）税收收入运行特点

1. 各级次同时减收

受2019年减税降费、个人所得税改革以及一次性减税因素的影响，税收收入规模总体同比下降11.18%。中央级、省级、地市级分别入库133564万元、41613万元、151852万元，减收幅度分别为15.06%、17.66%、5.33%，[①] 地方降幅总体低于中央。

2. 14个税种的收入"减多增少"

受政策因素影响，与减税政策直接相关的税种收入呈负增长，2019年国内增值税下降3.39%，较上年回落11个百分点；个人所得税下降54.75%，较上年回落54个百分点；"六税两费"下降3.79%，回落了12个百分点。受经济下行因素影响，支柱税源企业酒钢集团宏兴钢铁股份有限公司（简称"酒钢宏兴"）处在亏损弥补期，2019年7月办理退还以前年度多缴企业所得税1.24亿元，导致企业所得税下降98.76%，回落了87个百分点。消费税、契税、环境保护税、车船税4个税种保持小幅增长。

3. 第二、第三产业税收均下降

2019年，受采矿业、电力生产供应业、非金属矿物制品业、金属冶炼和压延加工业、建筑业等行业税收收入同比下降的影响，第二产业税收同比下降14.25%；受批发零售业、金融业、房地产业等主要行业税收收入大幅下降的影响，第三产业税收同比下降5.2%，其中房地产业入库减收超5000万元，降幅达15.9%。

4. 民营经济税收收入占比下降明显

2019年，大规模减税降费政策的落地见效，减轻了民营企业税收负担，包括民营企业和个人经济在内的民营经济纳税人新增减税1.89亿元，占新增减税总额的26.26%，导致嘉峪关市民营经济税收同比下降12.38%，税收占比同比下降0.38个百分点。

---

① 本篇数据由嘉峪关市税务局汇总整理。

5. 重点税源企业税收收入减少明显

2019 年，嘉峪关市纳税规模前 30 名企业入库税收 22.68 亿元，同比下降 8%，占全市税收收入的 69.34%。其中，嘉峪关市支柱税源企业酒钢宏兴，也是全省纳税规模前 20 名的企业，其入库税收 8.6 亿元，剔除缓税因素，同比下降 13.68%；最大的民营企业索通公司，由于预焙阳极产品价格持续下降到 2840 元/吨，进一步压缩了产品利润，侵蚀了增值税和企业所得税的税基，索通三户企业全年共入库 4852 万元，税收下降的另一个原因是嘉峪关市索通预焙阳极有限公司停产半年进行了技能改造，也造成销售收入大幅下降；受铝产品价格持续下降的影响，铝产品企业经营困难，税收收入降幅很大，东兴铝业全年入库 4.05 亿元，同比下降 8%。

（二）影响税收收入的因素

增收因素主要有以下两方面。

1. 经济因素

2019 年，农业经济继续保持稳中向好增长态势，农林牧渔业税收收入同比增长 3.67%，占税收收入的比重略有增长；受电商影响，2019 年交通运输、仓储和邮政业税收收入同比增长 26.47%，增收 2452 万元；国家出台的稳增长、调结构政策逐步取得成效，新兴服务业税收呈现亮点，商务服务业税收同比增长 54.07%。总体来看，产业结构持续优化，2019 年第三产业税收占全部税收的 36.15%，较上年提高 2.28 个百分点（见图 1）。

2. 征管因素

2019 年，税务部门积极应对减收压力，不断细化税源管理措施，提高信息管税水平，加大风险防控力度，共对 255 户纳税人展开风险应对调查，入库税款 1573 万元；通过深入推进扫黑除恶专项斗争和打虚打骗工作，严厉打击虚开虚抵涉税违法犯罪行为，入库查补税款 885 万元。

减收因素主要有以下两方面。

1. 新增减税政策措施效果明显

实施更大规模减税降费是党中央、国务院做出的重大决策部署。税务部

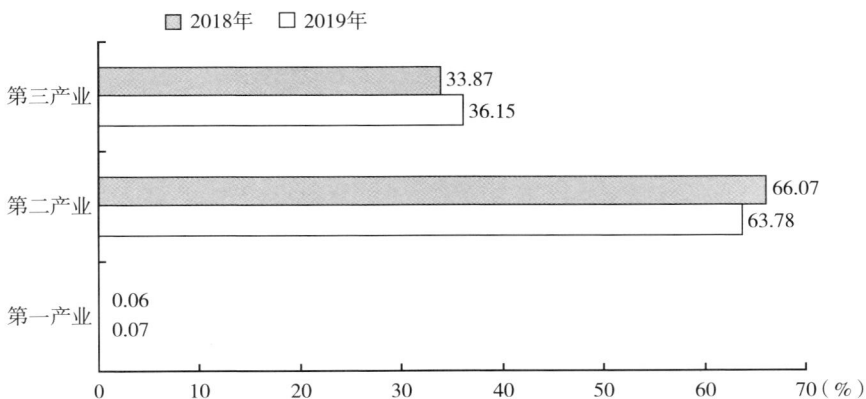

图1 2018～2019年三次产业税收结构对比

门认真贯彻党中央、国务院决策部署，确保减税降费政策措施落地生根。征管系统数据显示，2019年新增减税降费8.96亿元，其中减税7.2亿元，影响市级收入2.8亿元，减税规模占全年入库税收的22.02%，是税收收入下降的直接原因。

2. 部分经济指标持续下行反映税收增长动力不足

统计部门数据显示，2019年，规模以上工业企业利润总额同比下降0.7%，主要工业产品铝材产量同比下降2.1%，工业发电量同比下降6.3%，钢材、铝材等主要工业产品价格持续下降，经济稳增长压力仍存，税收持续增长动力不足。

二 非税收入完成情况

2019年，嘉峪关市非税收入完成13740万元，与上年相比下降0.32%，减收44万元。受深化增值税改革及减半征收"六税两费"政策影响，教育费附加、地方教育附加同比分别下降2.41%、2.24%。残疾人就业保证金完成2114万元，同比增长4.55%；文化事业建设费72万元，同比下降20.88%；新划转至税务部门征收的公路路产损坏赔偿费完成184万元。

三 社保基金收入完成情况

2019 年，嘉峪关市社保基金收入完成 168040 万元，与上年相比增长 3.42%。分项目看，基本养老保险基金 97480 万元，同比降低 2.76%；失业保险 4332 万元，同比增长 4.87%；职工医疗保险 42084 万元，同比增长 7.2%；工伤保险基金 5500 万元，同比增长 16.13%；生育保险基金 2263 万元，同比增长 6.69%；城乡居民基本养老保险基金 1869 万元，同比增长 5.41%；机关事业养老保险基金 11717 万元，同比增长 50.97%；城乡居民医疗保险 2795 万元，同比增长 13.53%。2019 年，工会经费完成 8562 万元，同比增长 8.31%；职业年金完成 2076 万元，同比增长 109.27%。

四 存在的问题

（一）项目建设转化为现实税收进程较长

近年来，嘉峪关市不断加大重点项目建设力度，千方百计扩大有效投资，但项目建设总体进度较慢，新建项目部分处于筹建阶段，各式产销未形成规模，已建成并投入生产的项目因购进固定资产较多，形成大量的增值税进项税额留抵，2～3 年内无法产生税收收入，能形成的有效投资还不多，稳增长、促投资的拉动作用与预期仍有差距。

（二）第三产业发展过于缓慢

嘉峪关市第三产业取得了一定的发展，但从第三产业税收占全部税收的比重看，其税收贡献度仍然较低。嘉峪关市房地产行业税收占第三产业的比重较大，在三次产业的主要行业中仅次于批发零售业，对房地产依赖度较高，而住宿餐饮、信息技术、科技服务、金融保险等辐射面广、带动力强、聚集效应大、地方税收"含金量"高的现代服务业相对滞后。

（三）税收过分依赖重点企业和行业

从近年税收数据看，嘉峪关市 70% 的规模以上工业企业围绕酒钢搞配套，纳税前 10 位的企业均为制造业企业，占税收收入的比重较大，"一钢独大"的结构从根本上没有改变，一旦企业出现异常，税收必将面临很大风险，不利于经济税收的长期稳定发展。

五　对策建议

受经济增长新动力不足与旧动力减弱的结构性矛盾依然突出、国家出台的税收优惠政策效应持续显现、经济下行压力有所加大等多重因素的影响，预计 2020 年税收收入形势异常严峻，组织收入工作面临巨大的压力。嘉峪关市税务工作将持续以深入贯彻落实省委、省政府和省税务局部署为主线，以税收收入为目标，加强收入形势预判、细化举措、精准施策，确保经济社会持续健康发展。

（一）继续严格落实依法组收

坚持依法依规征税收费，持续巩固和拓展减税降费成果，加速推进落实疫情防控各项税收优惠政策，有效减轻企业税费负担，增强纳税人、缴费人获得感。

（二）继续打造优质纳税服务

立足"春风行动"基准点，进一步以纳税人的满意指数为衡量标准，全面落实上级税务机关推出的各项优化纳税服务举措，助力企业有序复工复产。

（三）继续加强税收征管措施

进一步加强重点税源动态监控，及时了解和掌握税源变化情况，牢牢掌握组织收入工作的主动权。不断夯实税收征管基础，加强分税种精细化管理，强化信息管税，加大税收风险核查应对和税务稽查力度，坚决堵塞征管漏洞，确保做到应收尽收。

（四）继续加大项目推进力度

建议全市以"一盘棋"的思路，持续强化项目调度管理，确保重大项目按计划有序开复工，对冲消费大幅下滑对经济增长的负面影响，发挥投资对经济税收增长的关键作用。

B.8
2019年嘉峪关市农业产业
发展情况及对策建议

杨平刚　温礼号*

摘　要： 农业是基础产业。2019年嘉峪关市农业产业规模持续扩大，农业产业化水平持续提升，农业农村新业态蓬勃发展，主要得益于"双促双增"精准帮扶行动、人居环境整治、农业扶持政策、农业合作发展、农村综合改革等举措。但仍需特别关注农村"空心化"问题严重、农业产业短板依然突出、农业产业发展投入不足、城乡公共基础设施建设仍不平衡等问题，建议持续推进生态循环农业、打牢现代农业发展基础、促进农民收入持续增长、实施人居环境整治、完善乡村治理体系等，进一步夯实农业发展基础。

关键词： 城乡公共基础设施　农业产业化　生态循环　乡村治理　嘉峪关市农业

2019年，嘉峪关市农业紧紧围绕中央和省委1号文件精神，以乡村振兴战略为抓手，以发展现代农业为着力点，以优化供给、提质增效、农民增收为目标，以项目建设为支撑，大力优化产业结构，积极培育新型农业经营主体，深化农村集体产权制度改革，促进农村三次产业融合

---

* 杨平刚，嘉峪关市委办公室副秘书长、主任，主要研究方向为农村经济发展；温礼号，嘉峪关市农业农村局农林科科长，主要研究方向为农业农村改革发展。

发展。2019 年嘉峪关市实现农业增加值 3.98 亿元，同比增长 5.2%；农村居民可支配收入 21027 元，同比增长 9%。农业农村经济继续保持平稳增长。

一 农业发展态势

（一）农业产业规模持续扩大

2019 年，以嘉酒农业协同发展为抓手，科学规划瓜菜种植结构，调整种植模式，大力发展以"三品一标"① 农产品为主的高原夏菜、以设施大棚为主的时令果蔬和露地生产的各类瓜菜制种，新规划建设戈壁农业园区 1000 亩，发展以"三品一标"农产品为主的露地瓜菜生产基地 7 个共 1.6 万亩，落实制种类瓜菜种植面积 1.2 万亩，优质瓜菜生产规模持续扩大，全市瓜菜面积达到 3.2 万亩，较上年增加 0.8 万亩，增长 33%；特色林果基地提质增效，以枸杞、新西兰红梨为主的经济林果种植稳定在 2 万亩；天兆宏源猪业有限公司 60 万头生猪养殖基地一期改造工程建设、祁牧乳业万头牛场扩建顺利开展，畜牧业产业规模迅速扩增，以精细蔬菜、经济林果、优良畜禽等为主的现代都市农业发展壮大。

（二）农业产业化水平持续提升

2019 年，开展农民专业合作社"空壳社"清理工作，狠抓合作社规范建设，全市 72% 的农民专业合作社规范运营，总数达到 273 家，其中，国家级示范社 6 家，省级示范社 21 家，市级示范社 38 家；强化龙头企业扶持运营，认定市级以上农业龙头企业 7 家，年销售收入达到 3.62 亿元，较上年增长 8.2%；推进农业机械化，全市农机总动力达到 11.71 万千瓦，农作物综合机械化水平达到 78%；加强农产品"三品一标"建设，新认证绿色

---

① "三品一标"即无公害农产品、绿色农产品、有机农产品和农产品地理标志。

农产品3个，累计认证"三品一标"农产品10个，农业产业化经营规模进一步扩大、产品质量显著提升。

（三）农业农村新业态蓬勃发展

2019年，坚持以"三生同步""三产融合""三位一体"① 为发展指向，加大乡村旅游示范点建设，培育农业观光、生态采摘等乡村旅游新业态，新建农家乐、家庭旅馆等经营主体25个，累计建成农业观光采摘园（基地）10个，生态休闲农家乐101个，家庭旅馆54个，全年举办乡村旅游文化节会13场次，休闲农业从业人数823人，较上年增长13%，乡村旅游人数达到68.13万人次，乡村旅游收入在人均可支配收入的10%以上。加大"五小"产业②培育，发展"五小"产业经营户140余家，挖掘了北沟烧原浆酒、姐妹烧壳子、晓春手工醋等一大批有影响的农产品品牌，三次产业融合发展。

二　主要做法

（一）深化"双促双增"③精准帮扶行动，助推产业增效升级

优化帮扶力量，组织开展"爱心企业帮扶农村"行动，2019年从全市筛选了45家经营状况良好，信用好、口碑好的"爱心企业"围绕"整村发展、一户一策、环境整治"三大任务，推进帮扶工作。开展农产品对接销售，探索推动帮扶单位统一认购帮扶村组农产品，有效解决农产品销售难问题，加快订单农业发展，促进包装、配送、加工等配套产业衍生，实现农民

---

① "三生同步"即农业生产、生活、生态同步；"三产融合"即农村中第一、第二、第三产业融合发展；"三位一体"即农业、文化、旅游融为一体。

② "五小"产业即小庭院、小家禽、小手工、小买卖、小作坊等"短平快"增收小产业，参见《甘肃省人民政府办公厅关于支持贫困户发展"五小"产业的指导意见》。

③ "双促双增"即促进农业提质增效、促进农民持续增收。

持续增收，2019年认购农产品突破600万元，户均增收1000元。加大项目谋划和帮办实事力度，帮扶单立和帮扶队2019年共谋划农业产业项目150余个，帮办实事970余件，有力推动了农民持续增收。

（二）推进人居环境整治，优化农村发展环境

扎实推进农村人居环境整治，牵头制定了农村人居环境整治"1+9"[①]实施意见和方案，先后召开协调会15次，推进农村污水治理、户厕改造等12个重点项目。组织开展"三清三拆三创建"[②]行动，以"清洁村庄"的标准，对各村村庄院落及周边环境进行了全面清理整治，90.5%的农户庭院通过了验收，将17个行政村均打造成"清洁村庄"。在2018年农村公厕全覆盖的基础上，在农村景点和农业园区新建农村公厕8座，结合农村污水管网改造工程，完成水冲式无害化卫生厕所改造1389户，提高了村民生活质量。加强考核评比，每月对各村人居环境整治情况进行现场考评，对考评排名前10位的行政村予以表彰，评选表彰50户"洁净庭院"示范户，2019年兑现各类奖励扶持资金430万元，助力人居环境改善。

（三）强化农业扶持政策，筑牢产业发展之基

坚持以高质量绿色发展为导向，完善农业扶持保护政策，争取和发放中央耕地地力保护、农机具购置和草原生态保护奖励补助资金348.57万元，

---

① "1+9"：1是指《嘉峪关市深入学习浙江"千万工程"经验全面扎实推进2019年农村人居环境整治工作实施方案》；9是指《嘉峪关市农村"厕所革命"行动方案》《嘉峪关市农村"垃圾革命"行动方案》《嘉峪关市农村"风貌革命"行动方案》《嘉峪关市农村生活污水治理行动方案》《嘉峪关市废旧农膜回收利用与尾菜处理利用行动方案》《嘉峪关市畜禽养殖废弃物及秸秆资源化利用行动方案》《嘉峪关市村庄规划编制实施方案》《嘉峪关市推进"四好农村路"高质量发展实施方案》《嘉峪关市深入推进农村村级公益性设施共管共享工作实施方案》等9个配套方案。

② "三清三拆三创建"："三清"是指清理庭院内外、房前屋后、屋上屋下的陈年垃圾、杂草杂物、秸秆草垛、垃圾粪便，清理公路沿线、乡村道路、村庄巷道的陈年垃圾、农业生产废弃物、建筑材料，清理河道、沟渠的淤泥、漂浮物和障碍物；"三拆"是指拆除残垣断壁、废弃危房、废弃圈舍、废弃温室、露天旱厕，拆除乱搭乱建棚舍、违章建筑，拆除非法违规广告、招牌等；"三创建"是指创建"美丽庭院"、创建"美丽村庄"、创建"美丽田园"。

新增农机具 82 台（套）。出台农业"以奖代补"政策，从推进农业规模化经营、设施农业建设、农业机械化生产水平提升、优势产业培育、标准化生产、环境治理 6 个方面给予资金奖励，申报奖励资金 309 万元。持续探索保险机构创新和拓展农业保险业务，办理农业保险 9 类 10 个品种共计 261.65 万元，增强了农业抗御市场和自然风险的能力。争取国家级、省级合作社奖补资金 130 万元，规范建设专业合作社 8 个。加强农民技能和新型职业农民培训，先后举办各类培训班 65 期，培训人员 5400 余人次。强化金融服务工作，设立农村金融服务室 17 个、服务站 3 个，提供"兴陇合作贷""特色产业贷"等金融服务，夯实产业发展基础。

（四）精准定位都市需求，发展壮大新优产业

大力实施休闲农业和乡村旅游精品工程，培育观光农业、生态采摘等优势产业，打造瓜菜种植 3.2 万亩，较 2018 年增长 33%；落实高原夏菜、高效制种等订单 1.2 万亩；实施草食畜牧业提升工程，积极开展肉羊胚胎移植技术应用和新优品种引进推广；全面启动 6 个特色乡村旅游示范点和田园综合体建设，打造农村三次产业融合新业态，举办各类乡村旅游文化节会，推动乡村旅游产业提档升级。实施"小块变大块、多处变一处"的节水型高标准农田 1.8 万亩，建设戈壁设施农业园区 4 个，建成高效戈壁日光温室 406 座，推进现代高效农业发展。

（五）内联外拓全面合作，促进农业合作发展

以嘉酒农业协同发展为契机，借助酒泉大农业平台，在农产品生产、销售、流通、品牌建设等方面全面合作，形成具有较强竞争力的现代农业发展体系和特色优势产业集群，实现两市农业协同发展，采用"合作社＋农户""村集体＋合作社＋农户"模式，发展瓜菜基地 5 个，落实瓜菜订单 1.2 万亩。加强与省农科院、兰州交大的校地合作，加快推进农业科技成果转化和农业绿色高质量发展，引进示范推广新品种 22 个、新技术 7 项，推进生物农药应用，完成农作物病虫害绿色防控和统防统治面积 5.6 万亩。加大农业

招商引资力度，祁牧乳业与四川天兆合作，注册成立嘉峪关天兆宏源猪业有限公司，建设 60 万头生猪养殖基地；与伊利集团合作，打造 3 万头奶牛产业新旗舰，推进丝路寒旱农业发展。

（六）深化农村综合改革，助推产业全面振兴

巩固完善农村基本经营制度，推进集体产权制度改革和农村"三变"改革，完善集体资产财务规范化管理长效机制。推进农村集体经营性资产股份合作制改革，指导各村开展六项股份权能改革①，完成清产核资、成员身份界定和股份经济合作社组建、颁证挂牌、登记赋码工作，指导成立村集体股份经济合作社 17 个。探索建立"景区＋企业＋农户＋市场"的发展模式，引导农户以闲置农房、土地、资金、劳动力等多种形式盘活农村资金、资源、资产，形成"三变＋戈壁农业""三变＋土地流转""三变＋乡村旅游"等多种经营模式；推进农村土地承包经营权"三权"分置，鼓励引导土地流转，2019 年土地流转面积 17502 亩，流转率达到 25％，有效推进农业规模化经营。

（七）加强农业综合执法，保障农业生产安全

加大农业投入品监管力度，将全市农产品生产经营主体纳入监管名录和"黑名单"诚信档案；扎实开展屠宰监管、农产品质量安全监管和农资打假等 6 项专项行动，对全市 24 家兽药、农药、种子、农资经营企业，动物诊所，规模养殖场，种养殖企业等场所开展监督检查，2019 年办理案件 10 件。强化农产品质量安全检测，2019 年完成监测 4102 个样品 8912 项次，合格率在 99％以上。加强重大动物疫病防控工作，强制免疫病种的群体免疫密度达到 92.61％，应免畜禽免疫密度达到 100％，免疫抗体合格率在 89％以上。全力做好非洲猪瘟疫情防控工作，坚持"日排查、日报告、周

---

① 六项股份权能改革即赋予农民对集体资产股份的占有、收益、有偿退出及抵押、担保、继承权等六项权能。

报告"制度,指导督促养殖场户落实各项防控措施,有效防控非洲猪瘟疫情。开展草地贪夜蛾防控工作,未发生草地贪夜蛾危害。全面推进"大棚房"问题专项清理整治行动,问题全部完成整改,全年无反弹。

三　需要关注的问题

(一)农村"空心化"问题严重

由于种植业内部增收空间小,外出务工仍是农民增收的主要渠道,农村大部分青壮年外出务工,农村科技文化水平较低,年龄较大的劳动力多,青壮年劳动力严重短缺,新型职业农民培育不足,农业产业发展后劲乏力。

(二)农业产业短板依然突出

受体量小的限制,嘉峪关市设施农业规模不大、结构单一、产业链短、附加值低、品牌知名度低等问题比较明显,农产品向高效农业、无公害农业方向转变力度不足,缺乏市场竞争力。虽然立足区位优势,培育引进了一批龙头企业、农民专业合作社等经营主体,但总体呈现规模小、抗风险能力差、运行不规范的特点。

(三)农业产业发展投入不足

近年来,特别是脱贫攻坚行动开展以来,国家级、省级农业产业项目向贫困地区倾斜,嘉峪关市获得的农业扶持资金减少。同时,农业用地均为划拨用地,不能抵押担保,企业自身有效资产不足,未来建成资产预抵押政策执行困难,造成企业融资困难,影响企业投资的积极性。

(四)城乡公共基础设施建设仍不平衡

改善农村人居环境,建设美丽宜居乡村,是实施乡村振兴战略的一项重要任务，但嘉峪关市在推进农村生活垃圾治理、农村生活污水治理、"厕所革命"、农业生产废弃物资源亿利用等重点方面还存在明显短板，全面建成小康社会还存在巨大压力。

四　对策建议

（一）实施生态循环农业扩面增量行动，促进种养循环农业发展

依托草食畜龙头企业，采用"公司＋合作社＋农户"的订单模式和以养代种的方式，实施草食畜牧业提升工程，加快推进"粮改饲"行动，引导种植业由"粮经"二元结构向"粮经饲"三元结构调整，建设"粮改饲"及优质牧草种植基地面积达到3万亩。依靠现代农业新技术，加快推进酒钢宏丰戈壁农业示范区、嘉峪关戈壁农业示范园、新城镇新城村戈壁日光温室基地建设，大力推广新型水蓄热双膜内保温装配式日光温室样板，引领设施农业装备新方向。全力推进农作物秸秆综合利用、畜禽粪污处理、化肥与农药减量增效、农业废弃物资源化利用、农业水资源高效利用五大循环农业带动性工程，彻底改善农业生产环境，夯实循环农业支撑体系。

（二）实施特色现代农业夯基提质行动，打牢现代农业发展基础

抢抓创建第一批省级现代农业产业园的政策机遇，聚集资源要素，集成示范推广农业新品种、新技术和新模式，统筹推进农产品生产、试验示范等发展要素，延长产业链条，打造城乡融合、产业融合、产村融合、园村一体发展的现代都市农业产业园；加强资金统筹，建立多元筹资机制，加强高标准农田建设，新建高标准农田1万亩，完成2019年高标准农田1.2万亩。落实主体功能区规划要求，加强粮食生产功能区管护和政策配套。加强企业与科研单位、高等院校的技术创新对接，搭建院地、院企对接平台，加大加工技术、工艺和先进装备研发应用，推进产业化。加强农产品贮藏、保鲜、加工能力建设，提升农产品加工水平，增加农产品附加值。

（三）实施"双促双增"帮扶机制完善行动，促进农民收入持续增长

强化驻村帮扶工作队的危机感和责任感，优化完善驻村帮扶工作队队伍，协调各村帮扶单位和爱心企业围绕"整村发展、一户一策、环境整治"三大任务持续推进帮扶工作。深入推进农产品对接销售，破解农产品销售难问题。扎实开展农村重点实用人才和新型职业农民技能培训，促进农村劳动力多渠道就业。加快推进文殊镇河口村，新城镇横沟村、泥沟村、新城村，峪泉镇黄草营村等乡村振兴示范点建设和"五小"产业培育，促进乡村旅游提档升级，打造文化、旅游、生态、传统工艺等乡村特色产业，提升乡村民宿和农家乐经营管理水平，鼓励农民融入旅游创业、依靠旅游增收。完善农村承包地"三权"分置制度，持续深入推进农村集体产权制度改革和"三变"改革，进一步激活农村发展活力。对由于生活困难、因学因病致贫返贫等特殊原因，无能力发展产业、增加收入的家庭，通过低保、五保供养、社会救济和结对帮扶等手段予以兜底保障，保障农民收入持续增长。

（四）实施人居环境整治普惠改善行动，切实提升乡村人居环境水平

推行乡村建设规划许可证制度和政府组织领导、村委会发挥主体、技术单位指导的村庄规划编制机制，推动村庄建设规划、土地利用规划等多规合一。有条件的村组探索集中居住模式，开展农村人居环境综合整治。将"三清一改"扩充为"三清两改一绿一提升"①，持续开展"清洁村庄"行动，将嘉峪关市17个行政村全部创建为"清洁村庄"。持续推进农村户用厕所无害化改造，新建和改建农村户用卫生厕所2500座。推动农业农村绿

---

① "三清一改"即清理农村生活垃圾、清洁农村水源水体、清理畜禽养殖粪污等农业生产废弃物，改造农村户用厕所；"三清两改一绿一提升"即清理农村生活垃圾、清洁农村水源水体、清理畜禽养殖粪污等农业生产废弃物，改造农村户用厕所、改变影响农村人居环境的不良习惯，开展村庄绿化，不断提升村容村貌。

色发展，加大农业面源污染治理力度，发展生态循环农业。完善农村公共基础设施长效管护机制，将农村垃圾收集清运、农村公共厕所等公共设施的管护经费纳入财政预算，不断壮大管护基金，增加公益性岗位，进一步巩固农村人居环境整治成果。

（五）实施乡村治理体系健全推进行动，构建和谐美丽新农村

建立乡村治理协调发展的机制。强化基层文化建设，加强平安乡村建设。完善乡村治理组织体系，加强村党组织的全面领导，健全村级组织运转经费保障制度。强化自治、法治、德治路径，健全党组织领导的村民自治机制，完善村民代表会议制度，推进民主实践。完善乡村基层治理方式，加强群团组织建设，充分发挥其组织群众参与民主管理和民主监督的作用。健全村级权力监管机制，完善党务、村务、财务"三公开"制度，实现公开经常化、制度化和规范化。创新现代乡村治理手段，探索建立"互联网＋网格管理"服务管理模式，强化乡村信息资源互联互通机制。

（六）实施农业干部能力提升行动，助力乡村振兴发展

建立"三农"干部队伍培养、配备、管理、使用机制，引导各类人才投身乡村振兴。加强干部能力培训，加大干部培训规模，把干部教育培训质量摆在更加突出位置，使广大农业干部的理想信念更加坚定，科学文化素质和业务素质明显提高。实施新型职业农民培育工程，把农业发展方式转到依靠科技进步和提高劳动者素质上来，加快培养一批综合素质好、生产技能强、经营水平高的新型职业农民，助力乡村振兴。

文化产业篇

Cultural Industry

B.9

2019年嘉峪关市重点节会活动
现状及对策建议

韩耀伟 殷婷茹*

摘　要： 节会活动具有独特的文化魅力和区域经济带动作用，是城市文化旅游的重要组成部分，也是城市营销的重要方法。近年来，嘉峪关市以打造国际旅游目的地城市为目标，以全域旅游为抓手，深度挖掘文化旅游资源，创新文化旅游发展模式，涵盖文化传承、休闲体验、商贸发展、体育赛事、乡村旅游等内容的节会活动不断丰富，运作更加成熟，影响持续扩大。但在资金投入、人才支撑、形式创新等方面还存在不足，建议在市场化运营、规范化培育、外向型提升上持续用力，打

---

* 韩耀伟，文学学士，嘉峪关市委政策研究室综合科科长，主要研究方向为长城旅游文化发展；
殷婷茹，管理学学士，嘉峪关市旅游宣传推广中心科员，主要研究方向为区域旅游与文化发展。

造特色更鲜明、形式更多样、品牌更彰显的城市节会活动。

关键词： 文化旅游 节会创新 城市品牌 嘉峪关市重点节会活动

一 2019年举办重点节会情况

2019年，嘉峪关市紧紧围绕服务国家"一带一路"倡议，立足文化旅游融合发展趋势，充分利用丰富的旅游资源，举办了各类文化旅游节会赛事活动，培育文化旅游新业态，进一步促进了文化、旅游、商贸、体育等产业的深度融合，有力强化了区域旅游交流与合作，全面提升了城市知名度和品牌影响力。

1. 2019年"嘉峪关"笼式足球国际邀请赛

该赛事由世界笼式足球联合会（中国大陆区）授权举办，首次落户西北地区，于2019年6月27日~7月5日举办，来自瑞典、澳大利亚、俄罗斯、泰国、中国香港、中国四川的6支U16职业足球代表队参赛。此次赛事通过推广普及笼式足球这一全新的足球运动发展模式，充分发挥体育品牌赛事在促进文旅商体融合发展中的积极作用，不断提升嘉峪关市在国内外的影响力和美誉度。

2. 2019年嘉峪关铁人三项亚洲杯赛暨"一带一路"铁人三项赛

该赛事由中国铁人三项运动协会、甘肃省体育局、嘉峪关市人民政府于2019年7月6日共同主办，是该年重点打造的、具有嘉峪关市地域文化特色的品牌赛事。此次赛事共有来自哈萨克斯坦、澳大利亚、卢森堡、新西兰、奥地利、日本、韩国、中国台北、中国香港、乌克兰10个国家和地区的32名外籍运动员和425名国内运动员。[1]

---

[1] 本篇数据由嘉峪关市文化和旅游局汇总整理。

3. "嘉峪关·神通杯"第三届全国机器人运动大赛

该大赛于 2019 年 8 月 9 日至 12 日举办，来自北京、河北、黑龙江、江苏、山东、河南、湖北、广东、陕西、甘肃等省市的 11 个代表团，中国人民解放军陆军装甲兵学院、哈尔滨工程大学、武汉体育学院等 160 个代表队近千名运动员，为荣誉而战，展现我国机器人运动事业专业人才的风采，对推动我国科技创新、教育改革、体育产业发展具有十分重要的意义。

4. 第四届丝绸之路（嘉峪关）国际房车博览会

2019 年 8 月 23 日上午在嘉峪关市南湖文化生态园开幕。本届博览会以"天下雄关丝路情、房车旅游甘肃行"为主题，旨在通过展示国内外主流房车品牌，搭建房车企业交流合作平台，加快丝绸之路房车露营与旅游产业深度融合，把甘肃省打造成为全国极具影响力的房车旅游胜地，促进共建"一带一路"国家房车及旅游产业发展。金冠奔驰、德国海姆、澳洲帝盛、菲尔特等 30 余家国内外品牌房车生产、运营、销售企业和 100 余辆房车、20 余家房车相关产品生产企业参展本届博览会。

5. "2019长城户外文化旅游季"活动

此次活动于 2019 年 8 月 24 日至 25 日举行，包括 2019 长城（嘉峪关）马拉松、第二届烽火连城·黑山夜跑（嘉峪关）越野赛、户外音乐会、西北美食会等，活动历时 2 天，取得了圆满成功。此次"2019 长城户外文化旅游季"活动是一个将城市景观、戈壁、旅游景区、越野夜跑、露营、户外音乐、美食等元素多合一的户外主题活动，是户外最具娱乐性、多元性、文化性的休闲运动盛会之一，更是特色旅游文化结合体育发展与户外休闲的完美融合，集休闲锻炼、时尚体验、竞技感受于一体，让参与者奔走在城市、景区、山谷戈壁间，感受"万里长城丝绸路，欢乐旅游嘉峪关"的独特魅力和厚重的历史气息。

6. 第四届嘉峪关美食文化节暨"一带一路"旅游商品展

该展会于 2019 年 8 月 16 日~9 月 2 日在嘉峪关市大剧院广场举办。本届美食节参展商共 189 家，其中：国内外美食参展商 80 家、国内外土特产参展商 64 家、文创产品参展商 45 家。现场不仅有本地烤肉等特色美食，还设立了全国各地名优特产食品展区和"一带一路"国际旅游商品展区。在美食节活动期间，还开展了雄关特色美食、雄关烧烤名店评选工作。

除此之外，还先后举办了 2019 年全国 U21 青年女子篮球锦标赛、2019 嘉峪关丝绸之路热气球嘉年华、第四届嘉峪关美食文化节、2019 年甘肃青少年五人制足球锦标赛、2019 第二届华夏华服文化旅游节暨首届千人古筝世界纪录挑战赛、新城镇第六届西瓜文化旅游节、峪泉镇嘉峪关村首届乡村文化旅游节、文殊镇河口村"庆祝新中国成立 70 周年"乡村旅游节等节会赛事活动，2019 年举办的节会赛事活动更加注重国际性、合作性、开放性和权威性，进一步促进了文化、旅游、商贸、体育等产业的深度融合。

二 主要成效

2015～2019 年，嘉峪关市依托丰富的旅游资源、异彩纷呈的地方特色文化和独特的区位优势，以节兴游，高水平、高标准举办了 2 届敦煌行·丝绸之路国际旅游节开幕式、4 届中国（嘉峪关）国际短片电影展、4 届中国嘉峪关航空滑翔节、4 届中国·嘉峪关国际铁人三项赛、3 届嘉峪关国际房车博览会、2 届烽火连城·黑山夜跑（嘉峪关）越野赛、长城（嘉峪关）马拉松、2 届热气球嘉年华、首届长城戈壁马拉松赛、乡村旅游节等各类节会和国际赛事活动，进一步促进了文化、旅游、商贸、体育等产业的深度融合，全面提升了城市知名度和品牌影响力。

（一）持续带动了旅游经济的增长

通过举办一系列具有一定影响力的地方特色品牌节会赛事，为文化旅游事业发展搭建多层次、宽领域、全方位对外合作与交流的有效平台，在拉动旅游经济增长、促进文化旅游基础设施改善、带动旅游项目建设等方面发挥着不可替代的作用。近年来，嘉峪关市旅游接待人次和旅游收入呈持续性增长。以敦煌行·丝绸之路国际旅游节为例，节会举办的一个月期间，2015

年嘉峪关市接待游客为 85.29 万人次、旅游收入达 56034.17 万元；2016 年嘉峪关市接待游客为 87.95 万人次、旅游收入达 61443.37 万元；2017 年嘉峪关市接待游客为 105.67 万人次、旅游收入达 69809.3 万元；2018 年嘉峪关市接待游客为 125.16 万人次、旅游收入达 85472.52 万元。节会期间，嘉峪关市接待游客人数和旅游收入基本保持两位数的同比增长，指标增速居全省前列。

（二）有力提升了文化旅游深度融合发展的能力

通过举办节会开幕式及相关活动，嘉峪关市整合多方资源，发挥聚集效应，在办会实践中找到了文化、旅游、体育融合发展的突破口，充分挖掘了嘉峪关市文化旅游资源，推出了独具特色的文化旅游产品，全面展示了长城文化、丝路文化、边塞文化、工业文明和军工科技等特色，大大提升了文化、旅游、体育等产业深度融合发展的能力。以第二届烽火连城·黑山夜跑（嘉峪关）越野赛为例，本届赛事活动是国内第一个在夜晚将戈壁、旅游景观、越野夜跑、露营、文化旅游活动五合一的户外主题赛事活动，是户外最具娱乐性、多元性、文化性的休闲运动盛会之一，更是特色文化结合体育发展与户外休闲的完美融合。

（三）不断扩大了城市知名度和对外影响力

各项赛事活动均邀请国内外主流媒体，利用电视、网络、新媒体、户外、平面、广播等六大媒体介质，对嘉峪关市文化旅游开展了高层次、高密度、全景式的深度宣传报道，向世人宣传、推介了嘉峪关市，再次叫响了"万里长城丝绸路，欢乐旅游嘉峪关"的口号，充分展示了嘉峪关市近年来取得的经济、社会、文化发展成就，极大提升了嘉峪关市文化旅游品牌的影响力。以第六届中国（嘉峪关）国际短片电影展为例，有 20 多个国家、地区的嘉宾参展，全国 100 余家重要媒体对活动进行宣传报道，全国各省市宣传文化、广播影视系统，以及影视制作单位相关负责人参加活动。与《百家讲坛》深度融合，举办的国际顶级文化学者大讲堂活动，邀请了蒙曼、毛佩琦、王子今三位传统文化专家，展开专题演讲，3 场讲座，场场爆满，市民参与人数在万人以上。电影展增设"嘉峪关故事"征集单元，积极打造了属于中国（嘉峪关）国际短片电影展的推优品牌，也打造了展示嘉峪关市经济社会发展、文化底蕴魅力、人民追梦筑梦圆梦历程的崭新平台。

（四）有效提升了嘉峪关市办会的能力

各类节会赛事的成功举办培养和锻炼了一批"想干事、能干事、干成事"的干部，锤炼了扎实苦干、雷厉风行的工作作风，提升了广大干部统筹考虑、前瞻谋划的工作能力。经过历次节会的锻炼，所有抽调的干部职工都能独当一面，在最短的时间内，以最高的标准、最严的要求，全方位做好各项筹备工作，牢固树立"一盘棋"的思想，心往一处想，劲往一处使，从全考虑，从细着手，落细、落小、落实各个环节，以扎实的工作作风、高水平的服务能力和高质量的服务保障，赢得了一致好评。

（五）有效增强了干部群众的凝聚力和自豪感

历次节会的成功举办极大地增强了广大干部群众干事创业、加快发展的信心和决心。每逢节会前后，节民们关注最多、谈论最多的就是各类节会赛事，大家都为节会的成功举办而倍感自豪，进一步凝聚了嘉峪关市推动率先转型跨越发展的强大合力，上下奋发有为、争创一流、敢为人先的氛围空前浓厚。

三　存在的问题

虽然主题鲜明、形式多样的各类节会活动为塑造城市品牌、扩大城市影响力发挥了重要作用，但与推动文化旅游深度融合发展的新要求相比，节会活动在谋划提升方面还存在一些问题。

（一）旅游基础设施和专业服务水平有待提高

嘉峪关市虽已具备办会办节条件，但旅游基础设施重硬件、轻软件，服务产品质量、节会专业管理、总体服务质量有待进一步提升。目前，嘉峪关市高档次星级饭店尚未形成规模，至今还没有1家五星级饭店，接待大规模和高规格节会赛事活动存在困难，旅游服务设施功能还需继续完善。

（二）专业节会人才缺失

因节会赛事活动规模大，接待任务重，目前嘉峪关市还没有专业的节会服务团队。在以往举办节会赛事的过程中，为确保节会的顺利开展，填补人力不足，需向学校借调大批志愿者，在有限的培训时间内，志愿者的能力提升较慢，因而在工作过程中也未能完全发挥其能力。专业节会人才缺失的问题，也是举办节会中面临的瓶颈问题。

（三）宣传形式创新性不够

虽然在节会赛事活动期间各项宣传工作在不断地进行，积极地采取各种方式、借助各种平台，宣传嘉峪关市文化旅游资源也起到了非常好的作用，但宣传模式还是比较单一，主要是借助传统媒体进行宣传，创新性不够，尚未形成矩阵式宣传影响力。

（四）节会资金筹措方式单一

在举办的各类节会赛事活动中，大部分采取政府主导的模式，少数活动也采取了政府主导，运营方市场化运作的模式。但企业参与度不够，市场化程度不高，节会赛事活动产业链尚未形成，特别是节会的持续性作用发挥不充分，市场化程度还需进一步提升。

四　对策建议

针对存在的问题和不足，本报告建议深入做好提炼主题、规范运行、放大影响方面的工作，继续高标准、高层次、高水平办好各类节会活动。

（一）突出节会主题，打造节会品牌

立于本地文化和旅游资源，挖掘特色，量体裁衣，发掘长城文化资源的核心，注重区域协调发展，积极探索节会合办模式，丰富文化内涵，厚植特色优势，结合嘉峪关市当地文化旅游特色，整合围绕嘉峪关关城已成功举办的赛事等活动（长城马拉松、黑山夜跑、音乐节），探索举办中国（嘉峪关）长城文化旅游节系列活动，通过举办较长周期的大型节会活动，能够更有效地扩大嘉峪关市的知名度，对实现招商引资、增加居民收入、促进基础设施建设等诸多目的都具有深远影响，将节会活动举办为发展的盛会、务实的盛会、利民的盛会。

（二）扩大节会宣传影响，在宣传造势上下功夫

找准宣传推广点和兴奋点，形成吸引力。利用线上、线下矩阵式传播宣传模式，敢博眼球、有创意，打造一两个特别点。充分利用"人人皆媒"的宣传形式，提高节会赛事活动影响力，提升嘉峪关市城市文化品位，塑造城市形象，增强城市凝聚力。唱响"万里长城丝绸路，欢乐旅游嘉峪关"宣传口号，讲好"雄关故事"，提高城市的知名度和综合竞争实力，促进地区经济持续发展。

（三）强化节会的市场化运营，开拓节会赛事活动产业市场运作，实现新的经济增长点

把节会赛事活动纳入市场经济的轨道，形成节会赛事活动产业链，加大投入与注重产出并重、节省成本与提高收益并重、经济回报与社会效益并重。促进地区商贸、旅游、文化交流和经济发展，并带动各相关产业。注重市场化运营，采取市场主导和政府培育相结合的管理模式，把节会交由有一定实力的企业主办，扩大企业参与度，提高企业赞助比例，让企业成为举办展会的主体。政府不直接参与展会的组织和管理，只起到监管作用，做好配套设施建设，落实好优惠政策，减轻政府办会压力，提升展会市场化效能。

（四）善用"外脑"，有效利用外部智慧

人才、技术、资金等多个方面均是节会发展和产生节会持续带动效应的瓶颈问题，仅依靠有关政府部门很难完成大型的旅游节事活动的策划和执行工作，针对举办活动的短板引入"外脑"，有效利用外部智慧，引进人才、技术、资金等，利用有能力、有经验的专业人士进行具体的组织策划等工作。

B.10
2019年嘉峪关市文化旅游产业发展现状及对策建议

韩耀伟　殷学春*

摘　要：　文化旅游产业是经济增长新的动力引擎。2019年，嘉峪关市以创建全域旅游示范区为抓手，通过政策引导、资金支持狠抓项目建设，完善基础设施，开发文旅产品，发展乡村旅游，提升服务水平，强化市场营销，促进文化旅游深度融合发展。当前，在国家大力推动形成"双循环"新发展格局的背景下，嘉峪关市文化旅游产业发展机遇和挑战并存。本报告建议利用独特的文化遗产和自然遗产优势，进一步加快长城国家文化公园项目实施进度，强化文旅重大项目带动，深化品牌宣传营销战略，注重特色文旅产品打造，促进乡村旅游精品培育，推动文化旅游提质增效。

关键词：　文旅产品　国家全域旅游示范区　文旅营销　嘉峪关市文化旅游

一　文化旅游产业发展现状

（一）文化旅游产业稳步发展

2019年，嘉峪关市旅游接待人数达到1317.4万人次，同比增长26%；

＊　韩耀伟，文学学士，嘉峪关市委政策研究室综合科科长，主要研究方向为长城旅游文化发展；殷学春，管理学学士，嘉峪关市文化和旅游局政策法规科科长，主要研究方向为旅游经济发展。

旅游综合收入达到96.4亿元，同比增长30.46%；旅游从业人员10116人，同比增长9.2%。强势带动了住宿、餐饮和交通运输等第三产业的快速发展，有效激发了周边旅游市场活力。截至2019年底，嘉峪关市规模以上文化旅游企业9家，A级景区7家，其中5A级景区1家、4A级景区4家、3A级景区2家①，星级农家乐85家、星级乡村民宿46家、星级饭店10家，旅行社27家，歌舞娱乐场所64家、电玩城7家、网吧19家，非国有博物馆4家，旅游汽车公司3家。②

（二）全域旅游③创建扎实推进

按照国家全域旅游示范区创建验收标准，围绕两大目标，对照8项指标和28个具体任务，全面推进各项工作。高起点、高质量编制完成《嘉峪关市全域旅游发展规划》，制定《文化旅游产业高质量发展专项行动计划》。扎实开展国家全域旅游示范区创建初评验收工作，参加文旅部组织的认定创建电视电话会议并进行了现场陈述，赴文旅部汇报创建工作，召开创建国家全域旅游示范区工作推进会，邀请省、市专家开展全域旅游创建工作专题培训，实现创建小组成员单位负责人、A级旅游景区、星级饭店、旅行社等旅游企事业单位相关负责人全覆盖。在旅游旺季恢复烟台—银川—嘉峪关、长沙—西安—嘉峪关航线航班，加密兰州至嘉峪关的航班，共开通了连接12个城市的10条航线，累计完成旅客吞吐量53.57万人次。全面落实兑现2018年推动全域旅游发展奖补资金266.7万元，组织持证导游参加"云课堂"培训，建成嘉峪关智慧旅游大数据分析中心，完善了"一部手机游甘肃（嘉峪关）"线上旅游信息。

---

① 5A级景区为嘉峪关关城景区，4A级景区为方特欢乐世界、紫轩葡萄酒庄园、孔雀苑景区、东湖生态旅游景区，3A级景区为城市博物馆、讨赖河景区。
② 本篇数据由嘉峪关市统计局汇总整理。
③ 全域旅游指在一定区域内，以旅游业为优势产业，通过对区域内经济社会资源，尤其是旅游资源、相关产业、生态环境、公共服务、体制机制、政策法规、文明素质等进行全方位、系统化的优化提升，实现区域资源有机整合、产业融合发展、社会共建共享，以旅游业带动和促进经济社会协调发展的一种新的区域协调发展理念和模式。

深化跨区域旅游融合发展，与酒泉市签订《嘉峪关市与酒泉市加快推进协同发展战略合作框架协议》。

（三）体制改革进程有序加快

落实《嘉峪关市机构改革方案》，全面完成嘉峪关市文化和旅游局的挂牌、内设机构设立和文化、旅游、文物三局人、财、物整合等机构改革各项任务。按照《重新明确和调整机构改革中部分涉改部门所属事业单位隶属关系的通知》，将隶属原市文化广播影视新闻出版局管理的文化市场综合行政执法队、图书馆、少儿图书馆、文化馆、扫黄打非工作办公室、美术馆和隶属原市旅游发展委员会管理的旅游执法大队、旅游宣传推广中心共8个事业单位的隶属关系重新明确为由市文化和旅游局管理；按照《关于调整嘉峪关城市博物馆隶属关系的通知》，将嘉峪关城市博物馆隶属关系由市自然资源局管理调整为由市文化和旅游局管理。依照《嘉峪关市关于深化文化市场综合行政执法改革的实施方案》，组建嘉峪关市文化市场综合行政执法队，设立3个执法大队。持续推进"放管服"改革，严格按照法律法规内容梳理出行政审批事项38项，严格落实"双告知""多证合一"事项，推行"一窗办、一网办、简化办、马上办"和"最多跑一次"改革，共受理行政许可事项49项，其中文化47项、旅游2项。

（四）长城国家文化公园项目积极谋划

认真贯彻落实习近平总书记视察嘉峪关关城时的重要政治嘱托，按照《长城、大运河、长征国家文化公园建设方案》的总体部署，重点谋划建设集长城文物保护、展示、融合、利用为一体的长城国家文化公园。将《万里长城–嘉峪关文物保护规划（2020—2030）》和《长城国家文化公园（嘉峪关段）详细规划》编制项目合并进行，加快推进。围绕长城文化挖掘与民族精神活化传承，策划以长城为主题的一系列研学产品，推出"我到嘉峪关修长城"、长城徒步、冰雪长城温泉游等新产品。加强对项目建设的组织保障和政策咨询，筹备成立嘉峪关长城国家文化公园建设工作领导小组和嘉峪关长城国家文化公园建设专家咨询组。通过主动与国家文物局沟通，赴秦皇岛等地开展实地调研，扎实做好项目的前期论证，嘉峪关长城国家文化公园建设保护规划编写等相关工作有序推进。

（五）文旅项目建设持续加强

争取到位国拨省补资金721.9万元，完成固定资产投资6000万元。重点文旅项目方特丝路神画主题公园正式开园，嘉峪关世界文化遗产保护与展示工程停车场项目投入使用。低空观光飞行项目开始运营，白鹿仓峪泉古街项目基本建成，嘉峪关露云娜美主题酒店项目完成规划选址，目前正在开展前期工作。图书馆"互联网＋"项目、文殊镇冯家沟村文化大院项目先后建成。与陕西白鹿仓投资控股集团合作的大型边塞史诗歌舞剧《天下雄关》演出正式签约；与读者集团在读者小站、研学和文创合作等方面达成初步意向。六个乡村旅游示范点项目全面开工建设，其中河口村双泉农家山庄已建成并投入运营。借助南市区新建成的交通枢纽中心规划建设河西走廊游客集散中心二期工程，与河西走廊游客集散中心一期功能互为补充，打造集房车营地、交通集散、休闲度假、参与体验等功能于一体的前沿旅游综合体，目前正在进行规划设计，"雄关驿"自驾车露营地建成并投入运营。

（六）乡村旅游服务全面提升

鼓励扶持发展农家乐、乡村民宿，持续完善河口村、嘉峪关村2个省级乡村旅游示范村基础建设，升级6个乡村旅游示范点改建和117个村民小组村容村貌改造。打造了"双泉农家山庄""关下人家风情一条街"等多种业态的现代综合体乡村旅游产品。峪泉镇获得中国美丽休闲乡村、嘉峪关文化旅游特色小镇等称号。充分挖掘农村自然禀赋、民俗风情和文化特性，培育具有浓郁地方特色的乡村旅游产品，做到"一镇一品牌"，分别以西瓜、锅盔等地方特色美食及霸王鞭、地蹦子等非遗项目为依托，助力"五小"产业发展，打造了"文化赶集"等特色乡村文化旅游活动。

（七）旅游新兴业态多点发力

在旅游产品方面推陈出新，培育形成"关城夜游"产品，推出嘉峪关文物景区、紫轩葡萄酒庄园景区门票"三日制"和嘉峪关主要景区面向嘉酒市民免费开放政策，以及嘉峪关文物景区对旅行社组团购票"10 免 2"优惠政策。开发关城至悬臂长城徒步线路，以及天鹅湖之旅、黑山十八里沟之旅等 10 条原生态户外旅游线路，推出"你有温度我有酒""冬日里小城故事"品美酒、泡温泉等十大特色旅游产品和八大优惠政策等一系列淡季市场营销举措，持续打造低空飞行、冰雪温泉、民俗体育、极限挑战、徒步越野、高山攀登、沙漠穿越等精品户外旅游活动。联合博盟百家旅行社、台湾康桥国际学校和玉门铁人干部学院等校企合作推出研学新产品，依托东湖生态旅游景区、图书馆、文化馆等场所，丰富休闲、娱乐、科普、健身、养生、研学等城市旅游业态。

（八）文创（旅游）商品创新研发

举办非遗文创作品展，编制完成文创、旅游商品目录，启用河西走廊游客集散中心，设置本地旅游商品和文创产品专柜，组织文创（旅游）企业参加中国特色旅游商品大赛及旅游商品展。邀请江南大学、南京艺术学院专家、教授来嘉峪关开展文创（旅游）商品品牌打造和品质提升培训会，培育开发"魏晋古韵""嘉峪晴烟"等六个特色文创系列产品。截至 2019 年，共开发培育 11 个类别共 47 种文创商品；经营销售旅游（文创）产品企业 15 家，特色旅游商品店 20 家（含线上淘宝）。

（九）文旅服务能力不断强化

持续开通"嘉峪关号""嘉峪关方特号"等旅游专列，每天对开和经停列车达 45 趟；累计投入航线补贴资金 5255.4 万元，先后开通北京、上海、广州、西安、成都、杭州、烟台、南京、昆明、重庆、深圳等 16 个重要城市的 14 条航线，逐步形成"依托枢纽、打造基地、东上西进、连接中原"的交通大格局。修建42.48公里的2条二级旅游公路，开通13条城市公交线路、5条旅游专线公交线路。建成嘉峪关河西走廊游客集散中心，在车站、机场、景区等人流密集区设置旅游咨询服务点9个，在各景区、旅游集散中心、旅游公路等显著位置，新增全域全景图、道路指引牌、旅游标识700多个。培育形成大唐美食街、恒基美居水晶街、远东华府美食街、建设路市场、镜铁市场、富强市场等特色美食街区及东方百盛、名嘉汇、水立方等商业综合体。旅游接待规模持续扩大，2019年具备一定接待规模的宾馆231家，客房数10881间，床位数19247张。2017～2019年新建和改建旅游厕所40多座，2019年旅游厕所共192座，各临街单位厕所全部免费对外开放。建成智慧旅游专项大数据综合监管系统及"一部手机游甘肃（嘉峪关）"线上旅游平台，4A级及以上旅游景区应急指挥调度平台和Wi-Fi实现全覆盖，3A级及以上景区全部配置视频实时监控，智慧旅游初显规模。

（十）品牌营销战略精准实施

实施全民营销战略，积极鼓励引导全社会参与旅游营销宣传，根据《嘉峪关市旅游全民宣传行动实施方案》，分年度制定旅游宣传营销方案，组织各相关部门开展宣传营销工作。通过举办西北五省非遗宣传展示、陕西宝鸡非遗交流展演、文化和自然遗产日专场晚会等活动，推动非遗文化融入旅游节、文博会、美食节等活动，不断打造"天下第一雄关——嘉峪关"金字招牌，大力推广"万里长城丝绸路，欢乐旅游嘉峪关"城市旅游品牌形象。在央视、甘肃卫视、《中国旅游报》和《读者》杂志等媒体和首都机场、中川机场、兰州火车站等平台认购广告资源，举办"敦煌行·丝绸之路国际旅游节""中国（嘉峪关）国际短片电影展""国际铁人三项赛""烽火连城·黑山夜跑（嘉峪关）越野赛"等具有影响力的国家级、省级节会赛事活动，国际旅游目的地品牌形象和知名度进一步提升。主动打造"互联网+"宣传推介模式，完善嘉峪关文化和旅游公众号、嘉峪关旅游抖音号等线上营销平台，高频度推送旅游宣传短视频，增强嘉峪关旅游对更多年轻人的吸引力。在西安、银川、西宁等西北各省会城市设立嘉峪关旅游营销中心，邀请甘肃省其他市州旅游局、旅游企业、各类考察团以及国内知名媒体、摄制组、节目组等前来拍摄，进行考察踩线，嘉峪关旅游品牌得到大力推广。

（十一）旅游市场治理成效显著

建立领导带队、全员上阵、多部门联动、覆盖全市的综合监管机制，制定《文化旅游市场综合整治行动实施方案》《文化旅游市场专项检查行动实施方案》等各类工作方案，构建了文化旅游市场监督执法的制度机制框架。积极落实"双随机、一公开"① 工作，依法对随机抽取的各文化旅游企业开展检查 103 次，并将检查结果分别报甘肃省部门协同平台及文化厅双随机移动执法办公系统公示。采用日常检查与联合检查、突击检查与错时检查、双随机检查与例行检查相结合的方式加强日常监管，共开展日常检查 815 次，联合检查 12 次，出动检查人员 1923 人次，下发整改通知书 9 份，立案 9 起，已全部办结。

（十二）人才培训力度不断加大

建立了嘉峪关市人民政府专家决策咨询委员会，开展旅游行业服务技能大赛和全域旅游人才培训，依托嘉峪关市职业教育中心和甘肃钢铁职业技术学院，设立文化旅游人才培训基地，与西北师范大学合作成立西北师范大学产学研基地。实施"文化旅游菁英工程"和文化旅游人才素养提升工程，2017～2019 年共举办各类培训班 30 余次，培训全域旅游工作人员、旅游管理人员、文化和旅游从业人员 20000 余人次。邀请中国人民大学、景域集团等重点大学及大型企业专家队伍，为文化和旅游企事业单位开展全方位培训，同时组织景区、旅行社、乡村旅游骨干力量"走出去"，学习其他地区先进经验，为文化和旅游产业发展奠定了基础。

---

① "双随机、一公开"即在监管过程中随机抽取检查对象，随机选派执法检查人员，抽查情况及查处结果及时向社会公开。"双随机、一公开"是 2015 年 8 月发布的《国务院办公厅关于推广随机抽查规范事中事后监管的通知》中要求在全国全面推行的一种监管方式。

二 对策建议

（一）加快长城国家文化公园项目实施进度

依照国家、甘肃省《长城国家文化公园（嘉峪关段）详细规划》要求，做好《万里长城－嘉峪关文物保护规划（2020—2030）》的修编和建设内容的对接实施。深入贯彻落实习近平总书记"做好长城文化价值发掘和文物遗产传承保护工作"等重要指示，加强与国家级、省级相关部门的汇报沟通，积极争取政策、资金和项目。按照国家全域旅游示范区认定总体要求、验收细则和整改要求，对标对表，查漏补缺，细化目标任务，抓好贯彻落实。全力做好迎检评估各项准备工作，确保成功创建。

（二）强化文旅重大项目带动

积极融入"大敦煌文化旅游经济圈"，强化河西走廊游客集散中心运营，实现游客集散、奖补兑现、景区运营监管等功能。积极谋划利用南市区新建成的交通枢纽，建设河西走廊游客集散中心二期工程，与河西走廊游客集散中心一期项目相结合，打造集房车营地、交通集散、休闲度假、参与体验等功能于一体的前沿旅游综合体。推进游客服务中心、遗产监测中心、长城博物馆新馆建设和峪泉古街建成运营，加快推动露云娜美主题酒店、房车露营等项目的落地实施。持续深化与知名旅游企业的合作，加快推进《天下雄关》等剧目上演，全面完成魏晋墓安防二期工程项目。依托智慧城市建设，指导旅游企业建立智慧宣传、营销和统计等平台，加快推进智慧旅游建设。

（三）深化品牌宣传营销战略

积极加强与央视、腾讯、手机百度等知名媒体和企业的合作，形成营销矩阵，借助多种营销平台和资源，开展宣传推广活动。在贯彻落实嘉峪关与酒泉协同发展的基础上，继续加大与周边区域和长城关联城市的联合营销力度。强化"精准营销"战略，重点在客源地市场和航线开通城市进行旅游推介活动。组织文旅企业参加交易会、博览会及"一节一会"①等重点节会宣传推广活动，扩大与共建"一带一路"国家、港澳台地区文化旅游交流与合作。创新旅游营销模式，放大歌曲《梦回嘉峪关》的宣传效应，进一步加大价值挖掘和营销力度，持续巩固和提升旅游城市品牌影响力。统筹推进烽火连城·黑山夜跑（嘉峪关）越野赛、长城马拉松等活动，探索举办中国（嘉峪关）长城文化旅游节，打造长城文化学术研究高地和旅行研学基地。加大微信、微博、网站和手机 App 客户端的信息发布力度，形成共同讲好嘉峪关故事的浓厚氛围。

（四）注重特色文旅产品打造

坚持"文旅＋"产业发展导向，培育体育游、户外游、自驾游、低空游、冰雪游、康养游等旅游新业态。大力发展假日经济和夜间经济，激发文化旅游消费活力；借助讨赖河大峡谷、草湖国家湿地公园开发，积极探索通过轻资产运营模式，与国内知名企业合作，开发户外徒步、户外团建、素质拓展等户外旅游产品。深挖长城文化价值，培育打造"我到嘉峪关修长城"等特色研学产品和长城系列户外文化节、长城徒步节等赛事产品。加大"雄关礼物"和"嘉有好礼"等独具特色的系列文创产品的研发力度，尽快实现文创产品的升级换代。加强与山海关等长城沿线城市的良好互动关系，通过文化艺术交流和旅游市场扩展合作，以嫁接 3D 动漫或游戏等方式，探索开发数字文创及衍生产品，联手打造长城两端的文化旅游新产品。组合世界文化遗产公园（花博园）、峪泉古街、丝路神画等新建项目，打造精品旅游线路产品，持续放大旅游综合效应。

---

① "一节一会"指敦煌行·丝绸之路国际旅游节、丝绸之路（敦煌）国际文化博览会。

（五）促进乡村旅游精品培育

加快乡村旅游管理规范化、服务标准化、经营特色化，促进精品民宿和星级农家乐提档升级。全面完成横沟旅游度假村、安远沟旅游度假村、黄草营村"石关峡休闲农园"、河口村双泉旅游一条街等乡村旅游示范点项目的建设。突出地域文化特色，打造主题旅游度假村，结合"五小"产业和农村"三变"改革的发展，做好景村一体化、集体经济培育和创业扶持等三大旅游富民工程，做精做强独具特色的嘉峪关乡村旅游。

（六）推动文化旅游提质增效

开展"文化旅游提质年"活动，指导关城等景区以提高效益和品质为重点，完善停车场、旅游标识、景观标志等基础设施，提升公共服务水平。全面落实为民办实事，加快推进"厕所革命"，完成本年度新建和改建8座旅游厕所任务并进行等级评定。不断加大航线航班开发和培育力度，持续改善旅游交通环境，积极推进景区直通车项目，确保打通城市之间、景区之间的"最后一公里"。举办文化和旅游行业服务技能大赛，不断提升A级景区、星级饭店、旅行社、农家乐、乡村民宿、博物馆、图书馆服务人员、讲解员、导游等从业人员的综合素质、服务意识和业务能力。发挥行业协会自律作用，指导协会建立健全沟通协调机制，更好地为社会团体和企业做好服务工作。持续加强行业监督管理，按照A级景区、星级饭店、农家乐、乡村民宿的评定标准，对各旅游单位开展日常监管、质量等级复核、星级评定等工作。加大文化旅游市场综合执法力度，健全旅游投诉和服务质量监督机制，完善行业管理标准和自律机制，严肃查处损害消费者权益、扰乱文化旅游市场秩序的违法违规行为，不断夯实文化旅游市场监管基础。强化落实安全生产和消防安全责任制，严把人员密集场所、文博单位、旅游景区、星级饭店等重点领域的安全，营造安全文明的旅游环境。

B.11
2019年嘉峪关市文化事业
发展现状及对策建议

颜盼霞 厚 婧*

摘 要： 发展和繁荣文化事业是提升城市品质的重要抓手。2019 年，嘉峪关市公共文化服务水平稳步提升，文化领域重点改革持续推进，文化惠民活动扎实开展，非遗保护传承工作成效显著，文化交流合作进一步扩大。但需要注意专项活动经费申请落实难、文化专业人才较少、扶持政策和激励机制不健全、品牌文化活动缺乏的问题，本报告建议持续完善公共文化服务体系基础设施建设、拓宽公共文化资金投入渠道、重视文化人才培养和培训、打造品牌文化服务活动等，从而提升城市形象，构建现代公共文化服务体系新格局。

关键词： 品牌文化活动 公共文化 嘉峪关市文化事业

一 文化事业发展情况

2019 年，嘉峪关市把发展和繁荣文化事业作为提升城市品牌的重要抓手，通过完善公益性文化场馆建设，推进文化领域重点任务改革，扎实开展

---

* 颜盼霞，哲学硕士，嘉峪关市委政策研究室财经科科员，主要研究方向为地方财政统计与分析；厚婧，教育学硕士，嘉峪关市文化和旅游局文化科科员，主要研究方向为旅游文化传播。

文化惠民活动，传承和保护非物质文化遗产等措施，挖掘地域文化内涵，提升城市形象，着力构建现代公共文化服务体系新格局。

（一）公共文化服务水平稳步提升

公共文化服务是一项润物无声的文化事业，也是一个地方的文化名片。近年来，嘉峪关市充分发挥文化引导人、鼓舞人的重要作用，通过各种渠道和形式，全面提升公共文化服务水平。一是进一步完善公共文化服务工作制度。根据《中华人民共和国公共文化服务保障法》《中央补助地方美术馆 公共图书馆 文化馆（站）免费开放专项资金管理暂行办法》，制定了公共文化场馆免费开放资金使用监督管理制度，规范和加强了公共文化场馆免费开放专项资金的监督和管理。二是扎实开展政策法规宣传。将《关于加快构建现代公共文化服务体系的实施意见》《中华人民共和国公共文化服务保障法》《中华人民共和国公共图书馆法》《中华人民共和国非物质文化遗产法》等文化领域政策法规作为文旅系统干部职工日常学习的重要内容纳入单位及个人学习计划，通过学习让干部职工深刻领会、掌握其精神实质和主要内容，切实提高全系统干部职工的学法、用法意识和水平。同时，通过印制、发放宣传材料，悬挂宣传横幅，设置宣传栏，LED 屏滚动播放以及微信公众平台发布等形式，加大相关法律法规的宣传力度。三是深入推进公共文化场馆免费开放。市图书馆新开放了少儿阅读体验区、数字体验区、创客中心 3 个服务窗口，使对外开放服务窗口达到 8 个。与市民宗委合作在馆内设立民族民俗文献专馆，收集、整理、保存民族民俗类特色文献书籍2000 余册，积极搭建起民族民俗交流平台。全年共编目上架图书 6170 册，图书、报刊总流通借阅量 99586 本（册），年接待读者近 13 万人次。市少儿图书馆开放服务窗口 10 个，图书总流通借阅量 9.16 万册，全年共接待读者 8.9 万人次，在各媒体网站发布各类工作消息 327 条，在馆内、馆外、线上、线下开展文化活动 120 余场次。① 市文化馆依托"雄关大舞台、雄关大

① 本篇数据由嘉峪关市文化和旅游局汇总整理。

讲堂、雄关大展厅"文化品牌，积极开展市民艺术普及、培训活动。市美术馆通过组织开展笔会、讲座、巡展等，加强对外文化艺术交流。城市博物馆全年接待参观团队 362 个，游客 7.89 万人次，面向社会公众开展义务讲解 298 场次。开展了"金猪贺岁""变废为宝""古法造纸"等主题社交活动 17 场次，开展流动展览活动 27 场次。近年来，市图书馆先后被文旅部评定为"国家一级图书馆"，国家级、省级"全民阅读基地"，全省民族团结进步示范单位，"2015—2019 年度甘肃省图书馆学会优秀单位会员"等荣誉称号；在 2019 年全国全民阅读活动中，嘉峪关市少儿图书馆"点灯人"志愿服务团队被评为"2018 年阅读推广优秀项目"，在 2018～2019 年甘肃省全民阅读活动中，嘉峪关市少儿图书馆被授予"全民阅读基地"称号；市文化馆"黑山印记"系列文创商品荣获甘肃旅游商品大赛铜奖。

（二）文化领域重点改革持续推进

文化体制改革对进一步提升公共文化服务效能意义重大。近年来，根据中央、省、市关于开展公共文化领域重点改革的相关要求，立足实际，拓展思路，深入推进公共文化领域重点改革任务，取得了实效。一是完成图书馆总分馆建设。建成了以嘉峪关市图书馆为总馆、城镇 14 个分馆和 7 个智能书屋，实现纸质图书通借通还，61 个服务网点实现数字图书资源全覆盖。为保障总分馆体系建设的顺利开展和运行，嘉峪关市图书馆与社区分馆签订了总分馆服务协议，明确了总分馆工作职责。2019 年 4 月，在全民阅读月启动仪式上完成了总分馆授牌。同时，按照"政府主导、统筹规划、统一采编、馆际流通、分级管理、资源共享"的原则，依托"互联网＋"项目建设，对 61 个服务网点进行了数字化升级改造，构建起嘉峪关市图书资源共享、协同采编、统一检索、一卡通用、覆盖城乡的公共图书馆服务体系。二是积极推进法人治理结构改革工作。制定法人治理机构改革实施方案、章程等，并上报相关部门审核备案。根据全省事业单位法人治理结构建设相关精神，深入推进图书馆、文化馆、美术馆、城市博物馆等法人治理结构改革。三是完成乡镇综合文化站专项治理工作。针对全省乡镇综合文化站专项治理工作中嘉峪关市督查出的问题，三镇综合文化站通过进一步丰富群众文化服务活动，合理设置划分文化站各功能室，加大了对村级业余文艺团队和群众自办文化培训指导等措施的整改力度。2019年初，三镇综合文化站全面完成了整改任务，确保了文化站各项服务功能的充分发挥。

（三）文化惠民活动扎实开展

深入实施文化惠民工程，开展丰富多彩的文化惠民活动，是满足人民群众精神文化生活的重要抓手，也是构建现代公共文化服务体系的重要内容。2019年，嘉峪关市坚持"文化育民、文化惠民、文化乐民"的原则，全面深入开展各种文化惠民活动150余场次，惠及群众超过30万人次。围绕元旦、春节等重大节庆，组织开展以文化、科技、卫生"三下乡"，迎新春社火展演比赛，庆祝中华人民共和国成立70周年歌咏比赛，文艺"轻骑兵"进乡村、进景区，文化赶大集"戏曲进校园、进社区、进农村"等为内容的文化惠民活动70余场次，惠及群众达25万人次。举办了"文化·创意·生活"——文创作品展、丝路墨韵·大美雄关——嘉峪关市中国画油画精品展暨第26届迎春美术作品展、王秀章油画作品邀请展等各类展览30余场次，展出作品千余幅。依托世界读书日、全民阅读月，开展以"亲子阅读体验""弘扬传统文化——诵读　分享　践行《弟子规》""科普读书会"等为内容的系列阅读活动38场次，受众1.2万人次。积极参与各种文化赛事活动，在第二届全民健身健康大会开幕式上组织业余文艺团队创排了600人的锅庄舞，参加了开幕式展演，得到了市民的一致好评。在第二届烽火连城·黑山夜跑（嘉峪关）越野赛开幕式组织开展了文艺演出。扎实开展群众文化培训工作，开展大美雄关美术创作工程培训，从省内外分期分批邀请了6名中国美术家协会会员来嘉峪关市，以实地写生示范授课和室内理论及技法讲授的方式，辅导嘉峪关市及周边城市的美协会员、书画爱好者进行美术创作。承办2019年全省文化馆系统舞蹈、声乐专业人员培训班，面向三区各乡镇及周边城市群众开展免费培训，培训参与人数为500余人。不定期开展群众文化辅导活动，组织文化志愿者下乡镇辅导30余次，进社区辅导

20 余次，进校园辅导 20 余次，辅导人数约 3 万人次。坚持"从群众中来，到群众中去"的创作原则，不断深入生活，扎根基层，开展接地气、群众广泛参与的文艺创作活动，以《梦回嘉峪关》新歌发布为契机，市文化馆积极发挥基层文化艺术人才的优势，创作编排了《梦回嘉峪关》广场舞，并在全市范围内开展培训活动，让厚重灿烂的嘉峪关文化历史得到了有效传承。认真开展文化拥军工作，援建 68207 部队、武警支队图书室，分别捐赠图书 200 册。同时组织文艺团体到炮团开展了"八一"慰问演出。

（四）非遗保护传承工作成效显著

嘉峪关市采取一系列有效措施，争取省级非遗保护专项经费，扎实推进非遗传承保护工作。一是举办"非遗保护·中国实践"——2019 年"文化和自然遗产日"专场晚会。嘉峪关民间小调、嘉峪宝卷、嘉峪关故事传说 3 个省级非遗项目和 1 个市级项目登台展演。二是开展非遗项目展览展示活动。组织参加在敦煌举办的丝路记忆·西北五省 2019 年"文化和自然遗产日"非物质文化遗产宣传展示活动，3 个省级非遗项目、7 个市级非遗项目共 115 件作品参与了宣传展示。同时，将非遗项目和文创产品相结合，在嘉峪关市文化馆开展了为期 15 天的文创作品展，2000 余名群众进行了参观。三是开展"嘉峪关茇茇草编扎工艺"专项保护工作。一方面，通过开展"嘉峪关茇茇草编扎工艺"进社区、进校园活动，加深市民、学生对该项目历史渊源的了解和对传统文化的认知，增强大家对非物质文化遗产的保护意识。另一方面，进一步宣传推广茇茇草编扎工艺，提高项目知名度，培养传承人队伍。开展"嘉峪关茇茇草编扎工艺"进社区 5 次、进校园 5 次，1500 余名社区居民和 4500 余名师生通过听介绍、看展板、观摩编扎技艺演示以及参观编扎作品参与其中。开展专题培训班 3 期共 15 天，培训学员 30 人。四是开展"嘉峪关故事传说"专项保护工作。深度挖掘"嘉峪关故事传说"，2019 年 4 月至 6 月组织专家学者、非遗传承人对"嘉峪关故事传说"项目资料进行了整理汇编。同时，采用集中授课讲解、名家讲故事、学员交流、学员讲故事训练等多种方式，开展了"嘉峪关故事传说"专题培训班 4 期，培训学员 120 名。此外，还通过举办"嘉峪关故事传说"大赛进校园、进社区等活动，让全市人民了解并传播嘉峪关市非遗项目。"嘉峪关故事传说"2019年被列入省级非物质文化遗产保护专项支持项目。截至 2019 年底，嘉峪关市有省级非遗项目 7 个，代表性传承人 5 人，市级非遗项目 24 个，代表性传承人 48 人，传习所 11 个，生产性保护示范基地 8 个。

（五）文化交流合作进一步扩大

不断加强对外公共文化交流学习，先后与金塔县文广局、玉门市文广局、酒泉市图书馆、敦煌市图书馆等单位开展互动交流学习。赴敦煌、金昌、武威、白银等地组织开展了"雄关风——2019 嘉峪关市油画创作精品展"省内巡展。与咸宁市美术馆联合举办了"巍巍雄关·灵秀咸宁"艺术交流写生展览，为嘉峪关和咸宁两地开展更深层次的文化艺术交流合作搭建了平台。联合酒泉市文化馆、紫轩社区举办了"我们的中国梦"——文化进万家文化惠民演出。先后在高台中国工农红军西路军纪念馆、金川区博物馆、镍都开拓者纪念馆开展了"荣耀与辉煌"馆藏勋章交流展，在加强馆际协作的同时，促进了博物馆之间事业的共同发展，为提升嘉峪关市博物馆免费开放水平及今后工作的开展提供了新思路、新经验。2019 年 6 月，嘉峪关市开展了由中共甘肃省委宣传部、甘肃省文化和旅游厅主办的"春绿陇原"文艺展演活动，为文艺爱好者提供了交流学习的机会。2019 年 7 月 9 日至 17 日，嘉峪关、宝鸡两地文化和旅游志愿者以"大展台""大讲台""大舞台"为形式，为群众献上一系列丰富多彩的文化盛宴，此次活动是嘉峪关、宝鸡两地搭建友谊桥梁、积极开展文化交流的良好开端，也是加强两地文化旅游深度合作，建立两地文化旅游交流平台的生动实践。

二 存在的问题

嘉峪关市文化事业发展坚持以人民为中心的工作导向，以统筹城乡一体化发展、推进城乡公共文化服务均等化、保障人民群众基本文化权益为目标，强化政府公共文化服务职能，切实加强公共文化服务体系建设，公共文化服务体系建设实现了新发展、迈上了新台阶。但依然存在一些问题和不足。一是公共文化服务基础设施建设经费投入不足，专项活动经费申请落实难。二是文化单位和文化团体专业人才较少，年龄结构老龄化。基层文化工作队伍业务技能普遍较低，缺乏应有的专业水平和管理经验，特别是村级文化骨干人才缺乏的问题比较突出。三是由于缺少相关的扶持政策和激励机制，文化艺术创作氛围不浓、层次不高、典型引领作用不强，严重影响了整体文化品位的提升。四是缺乏具有代表性、质量高、认可度高的嘉峪关品牌文化活动。

三　对策建议

2020年是构建现代公共文化服务体系建设的收尾之年，嘉峪关市将全面推进基本公共文化服务标准化、均等化建设，进一步提升公共文化服务水平，让百姓尽享文化福利。

（一）完善公共文化服务体系基础设施建设

根据国家对公共文化场馆评估定级标准，逐步充实图书馆、少儿图书馆纸质图书馆藏量。在图书馆总分馆建设完成的基础上，进一步完善管理运行机制，合理配备各分馆图书资源，满足基层群众对阅读的需求。在已建成的基层文化活动场所配备相关设备、器材和现代传媒、网络等硬件设施，逐步改变文化场地闲置的状况，满足村民文化活动的基本需求。加大对已有文化设施老旧损坏的管护、维修力度，确保基层公共文化服务设施作用充分发挥，进一步满足群众基本文化需求。

（二）丰富群众文化惠民活动

广泛开展文艺会演、书画展览、文创产品展、文化科技卫生"三下乡"、"戏曲进校园、进乡村、进社区"（"戏曲进乡村"以"文化赶集"的形式进行，为各个村镇的集市增添文艺色彩）、全民阅读、非遗传承保护、文艺精品创作等内容丰富、形式多样的活动，开展群众乐于参与、喜闻乐见的文化惠民活动。

（三）做好公益文化场馆免费开放工作

深入开展图书借阅、公益培训、展览展示、全民艺术普及、文化惠民活动等免费开放工作，进一步提高场馆利用率，切实为人民群众提供更加优质的文化服务。三镇综合文化站充分发挥自身职能，动员群众广泛参与节庆等各种文化活动，发挥基层群众已有的自乐班、艺术团队的作用，调动广大文艺团体的积极性和创造性。同时，利用农闲时节，组织开展舞蹈、书画等培训班，提高农民文艺演出水平，扩大文艺骨干队伍。

（四）拓宽公共文化资金投入渠道

积极探索建立稳定增长的公共文化投入机制，逐步提高文化事业投入占财政总支出的比例。拓宽投入渠道，着力构建多元化的公共文化和服务投入保障机制，探索市场化运作方式，鼓励社会力量参与公益性文化事业建设，引导社会力量提供公共文化产品和服务。积极推进以图书文献资料、群众文化活动、城乡文化艺术人才培训、公益演出、基层群众文化辅导等为内容的政府购买公共文化服务工作，提高公共文化服务的质量和水平。

（五）重视文化人才培养和培训

实施分级分类培训，建立政府、公共文化机构共同参与的公共文化服务人才培训机制。整合文化人才资源，完善文化志愿者服务队，定期深入社区、农村开展群众文化辅导活动，进一步壮大基层文艺人才队伍，繁荣基层文化事业。完善文化工作者表彰激励机制，对文化工作认真负责且文化活动开展丰富的单位及个人进行表彰，使文化工作者及单位得到精神、物质双重激励，激发工作的积极性。

（六）打造品牌文化服务活动

以春节、元宵节、端午节、中秋节等传统节日为背景，以各公益场馆以及"雄关大舞台、雄关大讲堂、雄关大展厅"为载体，结合嘉峪关市独特的非物质文化遗产项目，深入挖掘节庆文化内涵，举办既具文化内涵又具娱乐性和参与性的节庆品牌文化活动。大力实施乡土文化品牌战略，根据各镇特色，开发剪纸、绘画、刺绣、编织等民间工艺项目和戏曲、舞狮、花灯等民间艺术、民俗表演项目，支持三镇发展"一村一品"特色文化。

社会事业篇

Social Undertaking

B.12
2019年嘉峪关市教育事业发展
现状及对策建议

颜盼霞　张晓伟*

摘　要： 百年大计，教育为本。2019年，嘉峪关市教育资源配置持续优化、教育发展内涵持续提升、教育领域综合改革持续推进、教师队伍建设持续加强、教育惠民政策有效落实，但需要关注教学一线师资紧张、公办学前教育资源总量不足、教育机构编制发展滞后等问题，本报告建议继续坚持党的领导、加强教育系统党的建设，坚持立德树人根本任务、促进学生全面健康成长，坚持加大资金投入、加快基础设施建设，创新完善体制机制、加强教师队伍建设，不断促进产教融合、提

* 颜盼霞，哲学硕士，嘉峪关市委政策研究室财经科科员，主要研究方向为地方财政统计与分析；张晓伟，中共嘉峪关市教育工作委员会书记，嘉峪关市教育局党组书记、局长，主要研究方向为教育管理。

升职业教育水平，坚持深化教育改革、激发教育发展活力，推动教育事业高质量发展。

关键词： 产教融合 师德师风 嘉峪关市教育资源

习近平总书记在全国教育大会上强调，要坚持把优先发展教育事业作为推动党和国家各项事业发展的重要先手棋，不断使教育同党和国家事业发展要求相适应、同人民群众期待相契合、同我国综合国力和国际地位相匹配。2019年，嘉峪关市委、市政府坚持以人民满意为目标，主动回应人民群众关切，统筹推动教育资源优化、教育综合改革、教师队伍建设等各项工作，取得了可喜的发展成果。

一 教育发展基本情况

嘉峪关市共有各级各类学校84所，其中幼儿园48所（民办36所、公办12所）、小学19所、九年一贯制学校2所、独立初中6所、完全中学1所、普通高中2所、特教学校1所、中等职业学校3所（即嘉峪关市职教中心、嘉峪关市体育运动学校、甘肃省冶金高级技术学院）、高等学校2所（甘肃钢铁职业技术学院、甘肃广播电视大学嘉峪关分校）。共有学生46903人，其中幼儿园10699人、小学17050人、初中8604人、高中6143人、特教53人、中职1678人、高职2676人。在职教师2567人，其中嘉峪关市教育局局属单位2223人、嘉峪关市体育运动学校49人、甘肃钢铁职业技术学院295人。[①] 按照隶属关系，嘉峪关市体育运动学校由市体育局监管，甘肃省冶金高级技术学院由省教育厅监管，甘肃钢铁职业技术学院由酒钢集团监管。

---

① 本篇数据由嘉峪关市教育局汇总整理。

嘉峪关市义务教育入学率达到100%，巩固率达到99.77%；高中阶段毛入学率达到95.56%；"三残"儿童、少年入学率达到87.6%；学前三年毛入学率达到98.2%；青壮年扫盲巩固率达到98%；高考总录取率达到93.03%，本科录取率达到68.1%。衡量教育发展的主要指标位于全省前列。

二　主要做法及取得的成效

（一）教育资源配置持续优化

2019年完成固定资产投资近9000万元，加大教育基础设施建设和设备配套力度，各级各类学校办学条件进一步改善。一是持续扩大优质学前教育资源。新开办福民街、建林街、花雨路3个幼儿园，新增公办学前教育学位1440个，公办优质学前教育资源进一步扩大。落实专项资金583.09万元，积极扶持民办学前教育发展，普惠性幼儿园达到43所，占嘉峪关市幼儿园总数的89.6%。二是优化基础教育资源配置。完成南湖小学、师范附校初中部综合教学楼等7个新建、改扩建项目，实验中学改扩建项目、市一中学生食堂及学生公寓建设项目已完成主体工程，市二中综合教学楼项目完成可行性研究编制及审批，南市区中学建设项目正在进行方案设计。三是推进教育装备现代化。投入资金近400万元，建成云计算机教室7间、科学实验室3间、录播教室1间、生物实验室1间、创客教室5间，义务教育阶段学校录播教室配备率达到95%，云计算机教室和科学实验室覆盖率达到50%，教育装备对教育现代化、数字化的支撑作用进一步凸显。

（二）教育发展内涵持续提升

坚持立德树人根本任务，以学生全面健康发展为中心，实施全员育人、全程育人、全方位育人，不断丰富素质教育内涵，进一步提升教育质量。一是强化素质教育导向。充分发挥素质教育目标责任书考核的导向作用，引导各学校着力构建基于全面发展素质教育的学校管理与教育评价制度，更新教学观念、转变教学方式，素质教育思想日益深入人心。二是重视思想政治教育。加强和改进思想政治课教学，注意在各学科教学中渗透思想政治教育内容，深入开展"八礼四仪""我们的节日"等一系列主题教育活动，把思想政治工作贯穿教育教学全过程，引导青少年开展丰富的道德实践和体验活动，自觉践行社会主义核心价值观，形成了良好的道德观念和行为习惯。三是加强体育美育教育。开齐开足体育、艺术及劳动课程，持续开展文明校园、特色校园创建活动，全面实施阳光体育运动，大力推广校园足球运动，鼓励开展研学旅行活动，成功举办嘉峪关市中小学生合唱展演活动和田径运动会，承办甘肃省首届学生合唱艺术节并取得圆满成功，体育美育教育取得长足进步。

（三）教育领域综合改革持续推进

嘉峪关市始终坚持全面深化教育领域综合改革，着力破除体制机制障碍，主动回应人民群众关切，推进教育治理体系和治理能力现代化。一是加强党对教育工作的领导。深入贯彻落实《关于加强中小学校党的建设工作的实施办法》，进一步明确党组织在中小学管理中的政治核心作用，为部分小学配备了党支部副书记，夯实基层党建工作力量，党对教育工作的领导得到加强。二是强化制度保障。深入落实《嘉峪关市深化教育体制机制改革的实施方案》，先后印发《嘉峪关市关于全面深化新时代教师队伍建设改革的实施方案》《嘉峪关市城镇小区配套幼儿园治理工作方案》等一系列制度措施，修订完善了《嘉峪关市教育局权责清单》，紧紧围绕人民群众关心、关注的热点、难点问题，统筹规划和推动教育领域综合改革向纵深发展。三是推动招生考试改革。着手制定《嘉峪关市关于进一步推进高中阶段学校考试招生制度改革试点工作实施方案》，积极推动初中学业水平考试、综合素质评价和高中阶段学校考试招生制度改革，着力构建基于初中学业水平考试成绩、结合初中学生综合素质评价的高中阶段学校考试招生录取模式。对《嘉峪关市义务教育阶段学校招生办法》进行修改完善，合理划分学校招生区域，采用"网上报名＋现场确认＋调配入学"分批次招生办法，在保障学生就近入学的前提下，确保学校容量与生源状况相适应，大班额比例下降至1.65%。四是深化发展模式改革。推行幼儿园"划片帮扶、抱团发展"模式，公办幼儿园对片区内的民办幼儿园进行对口指导、帮扶，抱团发展，优质学前教育资源总量不断扩大。深化学校发展联盟工程，推动联盟内学校开展教育教学交流、共建共享教学资源，协同发展。推进高中课程设置改革，鼓励高中学校立足自身实际，完善校本课程体系，努力满足不同学生的发展需要，特色多元发展。积极推进"2＋2＋1""3＋2"等中高职一体化培养模式，加强与酒钢集团、西部商贸集团、方特欢乐世界等驻地企业的合作，积极探索校企合作办学模式，按照市场需求优化专业设置，职业教育服务地方经济的能力进一步提升。五是提升依法治教水平。成立市教育局依法行政、依法治教工作领导小组，与学校签订《嘉峪关市教育局学校法治工作目标责任书》，指导各学校聘请政法干警、律师担任法治副校长和法律顾问，协助学校开展法制教育，并为学校重要决策和突发情况处理提供法律援助，有效提升了依法治校水平。通过课堂教学、模拟法庭、主题班（团、队）会、专题辅导等多种形式，大力开展法制宣传教育，组织60多名教师参加了嘉峪关市法治骨干培训，广大师生的法治观念进一步提升。

（四）教师队伍建设持续加强

嘉峪关市始终把教师队伍建设作为基础工作来抓，成效显著。一是重视教师职业理想和职业道德教育，在"不忘初心、牢记使命"主题教育中深入开展师德师风专项整治工作，切实加强教师思想政治教育和师德师风教育，严禁教师有偿补课和到社会办学机构中兼职取酬，严禁教师在学生入学入园阶段及节日收受礼品、礼金，广大教师从教行为进一步规范。二是多措并举促教师专业成长。师能培训促提升，2019年组织国家级、省级、市级培训14项共4105人次，其中国家级培训2项共170人次、省级培训6项共3025人次、市级培训6项共910人次。教学活动促提升，组织开展了嘉峪关市中小学教师"一师一优课、一课一名师"晒课活动、第九届初中教师教学技能大赛等多项竞赛交流活动。课题研究促提升，2019 年共申报国家级课题 14 项、省教育科学规划办"十三五"课题 263 项。三是多渠道引进教师。2019 年共招聘录用公费师范院校毕业生 20 名，在西北师范大学秋季招聘会期间公开招聘教师 30 名，调整、调入教师 20 名，教师队伍得到有效补充，队伍结构进一步优化。四是全力保障教师待遇。2019 年有 290 名教师晋升高一级岗位，320 名教师评审高一级职称。班主任津贴标准、中小学高级教师占比、乡村教师生活补助标准均处于全省前列。2 名教师被评为"全国优秀教师"、1 名教师被评为"全国模范教师"，教师职业幸福感持续增强。

（五）教育惠民政策有效落实

严格执行各类教育惠民政策，全力保障每位学生公平接受教育的权利。严格落实外来务工人员子女与本市户籍学生就学"同城"待遇，凡是外来务工人员随迁子女，只要有居住证，即可与本市户籍学生享受完全相同的就学、升学政策待遇，不收取任何借读费、学杂费。建立动态监测机制，实现全市范围内学生流动和转学情况的实时监控与管理，督促符合义务教育入学条件的学生及时办理入学手续。2019 年落实"两免一补"资金 310.2 万元，惠及学生 52194 人次。严格落实国家各项资助政策，发放各类助学金 1552 万余元，惠及学生 2.2 万余人次。全力保障校车工程安全实施，全年校车运行 684 车次，接送学生 19988 人次。全面实施农村义务教育学生营养改善计划，支出专项资金 108.1 万元，为 3 所中学、8 所小学及市特殊教育学校的 1006 名学生提供了营养餐。

三　主要问题分析

（一）教学一线师资紧张

按照师生比配备标准，嘉峪关市共需配备中小学、幼儿园、职业教育教师 2420 名，现实有编制 2211 名，实有教师 2210 名，缺额 210 名。今后 3 年内（2020～2022 年）和 5 年内（2020～2024 年）将分别退休教师 190 人和 378 人，随着二孩政策持续实施，教师缺额问题将更加突出。长期以来，各学校、幼儿园通过临时聘用教师、扩大班额的方法解决教师缺额问题，但同时导致各学校、幼儿园出现办学经费紧张、大班额较多、教师队伍管理难度增大等一系列问题。师资紧张已成为教育高质量发展的瓶颈问题。在国家要求扩大公办学前教育规模、消除义务教育大班额的背景下，解决师资紧张的问题已是教育发展的当务之急。

（二）公办学前教育资源总量不足

《中共中央 国务院关于学前教育深化改革规范发展的若干意见》提出，"逐步提高公办园在园幼儿占比，到 2020 年全国原则上达到 50%"。近年来，嘉峪关市通过扶持普惠性民办幼儿园发展等方式，有效解决了学前教育资源不足的问题。2019 年，通过依托现有优质公办园办分园模式，新开办了建林街、福民街、花雨路 3 个幼儿园，新增公办学前教育学位 1440 个，公办优质学前教育资源进一步扩大。但公办幼儿园在园人数仅占在园幼儿总数的 28.9%，与公办幼儿园在园幼儿占比 50% 的目标仍然有非常大的距离。扩大公办学前教育资源的任务非常艰巨。

（三）教育机构编制发展滞后

目前，嘉峪关市招生办除负责招生考试外，还承担了中考、高中学业水平考试、教师资格考试等一系列国家考试的组织工作，为适应考试招生制度改革的需要，应成立教育考试院。明珠学校初中部 2016 年开始招生，现已发展为九年一贯制学校，但学校的编制问题一直没有解决，给学校管理造成困难。因受编制限制，建林街、福民街、花雨路 3 个幼儿园均分别挂靠市一幼、市二幼、市六幼，以分园形式运行，增加了管理难度，3 所幼儿园的编制问题亟待解决。教育督导机制不健全，无专职督学，工作力量薄弱，工作的独立性不够强，作用发挥有待提高。

（四）家长的素质教育观念有待提高

家庭是孩子的第一所学校，父母是孩子的第一任老师，家长的教育观念和价值取向直接影响家长对子女的期望、培养目标和教育内容。受各方面因素影响，很多家长仍然把上大学作为孩子成才的唯一评判标准，在家庭教育中出现了重智育、轻德育、轻技能的现象，甚至有些家长认为，只要孩子学习好，其他方面有所欠缺也无所谓。有些孩子中考成绩不理想，家长不愿让孩子去读中职学校，想尽各种办法也要把他们送进普通高中，在一定程度上说明家长的素质教育观念还有待提高，这也限制了职业教育的发展。

四 对嘉峪关市教育事业发展的建议

（一）坚持党的领导、加强教育系统党的建设

坚决贯彻落实全国、全省教育大会精神，切实加强党对教育工作的领导，准确把握"培养什么人、怎样培养人、为谁培养人"的教育工作理念，落实好立德树人根本任务，确保把党的教育方针全面贯彻到教育工作的各个方面。正确处理党的建设和教育事业发展工作的关系，切实把党的建设融入教育事业发展的具体工作中，以党的建设为教育事业发展提供强有力的政治保障。积极推进党支部建设标准化工作，规范基层党组织日常管理，不断提升党组织服务保障教育教学中心工作的能力。加强执纪监督问责，坚持不懈纠正"四风"，进一步营造风清气正的教育发展环境。

（二）坚持立德树人根本任务、促进学生全面健康成长

加强中小学思想政治课建设，深化学生理想信念和道德法制教育，加强中华优秀传统文化教育。突出学生创新意识和实践能力培养，强化体育艺术工作和美育教育，促进青少年身心健康、体魄强健，引导学生全面、

个性发展。加强与家长的沟通，引导广大家长树立正确的人才观念、育人观念，掌握科学的育人方法，优化家庭教育环境，完善家校合作的育人机制。

（三）坚持加大资金投入、加快基础设施建设

进一步加大资金保障力度，推动教育布局调整，继续实施义务教育薄弱环节改善与能力提升工程，持续扩大学前教育资源总量。随着南市区入住人口的持续增加，教育资源相对匮乏的问题也将凸显，要尽快完成南市区中学新建项目。对教学设施设备相对老旧的市二中、迎宾路小学等进行改扩建，持续改善各级各类学校办学条件。要结合城市发展规划，通过新建、收购小区配建幼儿园等各种措施，持续扩大公办学前教育资源总量，力争2020年底完成公办幼儿园在园幼儿占比50%的国家目标。

（四）创新完善体制机制、加强教师队伍建设

教师队伍建设始终是教育发展的基础工作，要进一步创新完善教师培养、补充、激励机制，保障教师队伍可持续发展。重点是要按照《甘肃省公办幼儿园编制标准（试行）》和《甘肃省中等职业技术学校机构编制标准（试行）》相关规定，完成幼儿园、中职学校编制核定工作，补齐教师缺额。要落实好嘉峪关市人才工作实施意见，优化人才生态环境，确保高层次教育人才引得进，更要留得住。

（五）不断促进产教融合、提升职业教育水平

深入开展校企合作、产教融合改革，鼓励职业学校主动适应企业和社会人才需求，以市场和就业为导向，构建"订单式"人才培养模式。立足本地，根据地方经济结构、产业结构和重点项目建设，加大与地方企业合作力度，进一步加大专业结构调整力度，打造骨干专业、品牌专业，推进教育教学改革，提高职业学校自身竞争力，主动服务社会经济发展。鼓励职业学校

主动与东部发达地区企业和职业院校开展合作办学，主动开拓市场，保证毕业生的就业率和就业质量。加大职业教育宣传和政策扶持力度，积极营造良好的职业教育发展环境。

（六）坚持深化教育改革、激发教育发展活力

全面贯彻落实中共中央、国务院《关于全面深化新时代教师队伍建设改革的意见》《关于深化教育教学改革全面提高义务教育质量的意见》等政策措施，深入推进教育教学改革，坚持依法治教、依法治校，加强学校监督管理，进一步减轻教师负担，营造关心服务教育教学、持续提高教育质量的良好氛围。积极推进高中阶段学校考试招生制度改革试点工作，完善初中学业水平考试制度，建立健全初中学生综合素质评价制度，改革招生录取办法，初步形成基于初中学业水平考试成绩、结合初中学生综合素质评价的高中阶段学校考试招生录取模式。

B.13
2019年嘉峪关市医疗卫生事业
发展情况分析及工作建议

安　奇　孙健洲*

摘　要： 医疗卫生事业关系人民健康，是一个重大的民生问题。2019
年，嘉峪关市认真贯彻党中央、国务院决策部署，深入实施
健康中国战略，坚持医疗、医保、医药"三医"联动，加强
卫生健康基础设施建设，调动医务人员积极性，全市医疗卫
生事业发展取得新成效。但需要关注制约全市医疗卫生事业
发展的难点、堵点和群众就医需求的热点、痛点等问题，本
报告建议继续夯实基础设施建设，加强人才队伍建设，加快
信息化建设，加大财政投入力度，提升基层医疗机构服务能
力，为维护人民群众身体健康做出新的贡献。

关键词： 公立医院　人才机制　医疗保障　嘉峪关市医疗卫生

一　主要举措及成效

（一）重点项目建设日新月异

为认真贯彻落实习近平总书记关于健康中国的重要论述精神，实施

---

* 安奇，法学学士，中共嘉峪关市委政策研究室（改革办）科员，主要研究方向为地方治理改
革；孙健洲，医学学士，嘉峪关市卫生健康委医疗和医保监管服务中心副主任，主要研究方
向为公共卫生。

"健康嘉峪关2030"战略，嘉峪关市卫生健康委以项目建设为突破，结合经济社会发展和医疗卫生事业发展现状，在市委、市政府的大力支持下，积极与市发展改革委、市财政局等部门沟通协调，通过争取申请国家专项资金、市财政投入、单位自筹等方式多渠道筹措资金，2019年完成建设项目投资21099万元，完成了南市区医院医疗附属配套工程、市中医院信息智能管理系统和门急诊楼维修改造建设项目、酒钢医院危旧门诊综合楼改扩建项目、市疾病预防控制中心实验楼建设项目、"最后一公里，生命三分钟"配置12辆救护车等。制定了《南市区医院建设项目缺口资金解决方案》，力争2020年6月完成全部建设任务并投入使用。为加快推动医疗卫生事业可持续发展，市卫生健康委积极争取市委、市政府的大力支持，取得3个重点项目。一是在市第一人民医院内科住院部原址拆除重建地上十四层、地下一层的业务楼一栋，总面积约27850平方米，设置床位360张，对外科住院部楼、口腔门诊楼装修改造，项目总投资1.5亿元，建设期限为2020～2022年；二是划拨市妇幼保健计划生育服务中心相邻的土地，新建面积约4000平方米的四层业务楼一栋，总投资1700万元，建设工期为2020～2021年；三是峪泉镇卫生院于2017年拆除搬离原址后，因选址问题而一直未进行还建，2019年经多方协调，在峪泉镇峪新路西侧进行还建，占地面积约3000平方米，总投资997万元，并于2020年完成建设并投入使用。①

（二）人才培养体系高速发展

1. 强化激励机制，引进专业人才

坚持"盘活存量、扩大增量、改善结构、提升质量"的人才工作总体思路，建立人才引进"绿色通道"，对高级专业技术人才和急需紧缺人才采取"一事一议、特事特办"的方法处理。出台《关于深化人才发展体制机制改革的若干意见》，联合人社部门赴省内外高校招聘医疗卫生专业大学毕业生，2019年召开的春秋两季招聘会招录医疗卫生专业毕业生55名，其中

---

① 本篇数据由嘉峪关市卫生健康委员会汇总整理。

"双一流"大学毕业生 11 名，研究生 6 名，面向社会公开招聘执业助理医师和执业医师 9 名。

2. 保障培养资源，留住现有人才

加强人才梯队建设，市第一人民医院与中国科学技术大学附属第一医院（安徽省立医院）建立了医联体暨人才培养计划，开展"手把手""一帮一、师带徒"教学，选派青年骨干赴中国科学技术大学附属第一医院培训学习。组织 695 名卫生专业技术人员参加职称资格考试。引进副高级以上专业技术人才 5 人，评审副高级以上职称 24 人。为 2 名国家重点院校本科毕业生和硕士研究生向市委人才办申请报销全额学费 4.9 万元，为 5 名新引进的重点院校本科毕业生和硕士研究生安排入住人才公寓，为全市 67 名在嘉峪关市无住房的医务工作者安排了就近住房。实施医疗卫生"双名工程"，评选表彰"雄关名医生"25 名、"雄关名护士"10 名、领军人才 17 名，开展雄关人才扶持项目 10 项、重点人才项目 5 项、"陇原之光"人才培养项目 1 项、省级重点人才项目 1 项，落实人才奖励扶持资金 165 万元，有效促进医疗人才队伍不断壮大，为健康嘉峪关建设提供了有力的人才与智力支撑。

3. 优化干部结构，强化党风廉政

2019 年，市卫生健康委共提拔调整处级干部 18 名、科级干部 93 名，配齐了市第一人民医院、市中医院、市妇幼保健计划生育服务中心领导班子。修订完善了《市卫生健康委党组"三重一大"实施细则》等 40 余项制度。

（三）医改重点工作持续深入推进

1. 加强组织领导，分解重点工作任务

申请调整了市医改领导小组人员构成，对医改工作的顺利推进提供了有力的组织保障。制定了《关于印发嘉峪关市深化医药卫生体制改革 2019 年重点工作任务分工的通知》（嘉卫健办发〔2019〕138 号），将深化医改工作纳入政府目标管理考核，将医改重点工作任务分解到相关单位、落实到相关科室，做到分工负责、各司其职。

2. 加强医联体建设，完善分级诊疗制度

全面夯实基础，认真贯彻落实国务院的指导意见和省政府的实施意见精神和要求，加强政策引领，完善制度方案，加快推进建设分级诊疗服务新体系。加强医联体建设，提升分级诊疗服务能力，建设以市级医院为龙头、基层医疗机构为基础、社会办医为补充的纵向合作、横向帮扶的分级诊疗服务体系。

3. 健全现代医院管理制度，积极推进省级试点工作

印发《关于进一步健全现代医院管理制度工作实施方案》（嘉卫健办发〔2019〕58号），全市二级以上医疗机构全部制定了医院章程，健全了医院决策机制，完善了财务管理制度，启动了公立医院薪酬制度改革等，稳步推进试点工作。完善公立医院管理体制，提高公立医院管理水平，建立规范高效运行机制，落实医疗质量安全管理制度，坚持取消药品加成。降低了大型设备检查检验项目价格，提高了诊查、手术、护理等体现医务人员技术劳务价值的医疗服务项目价格，设立了便民门诊。目前，全市公立医院药品费用占医疗费用的比例降到30%以下，百元医疗收入（不含药品收入）消耗的卫生材料降到20元以下。

4. 落实药政工作规范，建立有序的药品供应保障制度

执行药品零差率销售，实施"两票制"。拟定《关于印发〈嘉峪关市基层医疗卫生机构实施国家基本药物制度补助资金管理办法〉的通知》（嘉卫健发〔2019〕53号），逐步提高了各级公立医疗机构基本药物配备比例，开展了基本药物制度补助资金绩效自评，专项补助资金及时拨付到位。开展了公立医疗卫生机构药品备案使用情况在国家药品使用监测平台进行监测分析工作。目前，市属医疗机构网上采购药品比例在90%以上，处方合格率在95%以上。

5. 提高筹资水平，完善城乡居民基本医疗保险制度

印发了《关于调整城乡居民基本医疗保险普通门诊统筹的通知》（嘉医改办发〔2019〕1号），对城乡居民医保普通门诊统筹调整，提高了城乡居民医保筹资水平。配合市医保局开展医保支付方式改革，推进异地就医直接

结算，落实医保资金预付政策。开展了 2018 年度嘉峪关市城乡居民大病保险的考核工作。

6. 积极宣传十年医改成果，开展医改工作自评

医改十年成果宣传稿件被《甘肃日报》《雄关周末》《嘉峪关日报》等刊物和媒体引用发表，通过报刊、网络等方式宣传了医改十年成果。组织"医改好故事"视频征集活动，通过审核择优向省卫生健康委推荐 1 件优秀作品。

（四）医政医管工作成效显著

2019 年按照省卫生健康委重点工作要求，医政医管工作以"做优省市、做强县区、做活乡社、做稳村组"为手段，优化体系链条；以"强管理、重规范、优服务、抓细节、补漏洞、提质量"为手段，优化服务链条。围绕两个体系链条建设，立足全市实际，找差距、补短板。

1. 立足质量控制中心建设，有效提高医疗质量

强化医疗质量控制中心建设，2019 年共完成 16 个专业的市级医疗质量控制中心建设，开展了多个学术交流活动。依托质量控制中心，提高各专业的医疗质量同质化管理水平。配合省级医疗质量控制中心专家组，对两家三级医院进行了质量督查，通过整改落实有效提高了医院的医疗质量。

2. 开展综合考评，提高内涵建设

加强对医疗服务的监督管理，规范医疗机构和医务人员诊疗行为，保障医疗质量安全，有效控制医疗费用不合理增长，对全市公立医疗机构开展了综合考评（千分制考评），并进行排名通报。对二级以上医院的等级评审有效促进了医院整体医疗服务水平的提升，进一步强化医院的内涵建设，改善医疗服务，保障质量安全，实现"以评促建，以评促改"。2019 年已完成市中医院及中核四〇四医院的"二甲"等级评审。受省卫生健康委委托，组织相关专家对酒钢医院拟申请增加 91 项诊疗科目进行验收审核，并上报省卫生健康委医政处。

3. 依托专项行动，规范医疗秩序

联合市公安局、市医保局等五部门下发了《关于在全市开展医疗乱象专项整治工作的通知》，联合市卫生和计划生育综合监督执法支队和有关部门对 128 家医疗机构进行了两次医疗乱象监督检查，查处违法违规行为 44 起，其中警告 8 起，一般行政处罚案件 36 起。抽查了 5 家公立医院和 5 家民营医院，并对发现的问题整改落实情况进行了"回头看"。开展的"医疗机构综合监督风暴行动"，有力打击了各种侵害群众利益的医疗乱象，净化了医疗环境，规范了医疗秩序。

4. 推进重点专科建设，提高医院竞争力

2019 年共申报通过 4 个省级重点专科建设项目，评选了 10 个市级重点专科，有力提升了医院的综合竞争力。

5. 落实医疗人才健康帮扶，共同打赢脱贫攻坚战

2019 年嘉峪关市积极响应省卫生健康委关于三级医院对口帮扶贫困县县级医院的工作要求，由市第一人民医院、酒钢医院两家三级医院各派出 3 人（共计 6 人）对口帮扶武都区第一人民医院。组建一支 3 人"组团式"帮扶队，集中对武都区中医院进行医疗人才"组团式"帮扶。2019 年 7 月市中医院联合酒钢医院安排 3 名医师，对贫困县正宁县中医院集中进行帮扶建设，目前各项工作正在有序开展。

（五）智慧医疗信息化建设跨步前进

聚焦"智慧医疗"发展。建设市级全民健康信息平台，实现"六大"业务系统信息共享及应用，整合医疗卫生信息资源，实现数据互联互通，为行政监管部门提供可视化、多维度的医疗业务数据监管，为医疗机构提供健康档案、电子病历数据共享及业务协同，为辖区内居民提供预约挂号、诊间支付、智能导诊、检查检验报告在线查询等惠民便民服务，增强了群众看病就医获得感。开展居民电子健康卡及健康甘肃 App 创新应用，解决群众看病"一院一卡""重复发卡""互不通用"等堵点问题，推动实名制就医，提高就医体验和诊疗效率。启用双向转诊在线应用服务，推进远程医疗系统

全覆盖，将已建成的信息平台、远程医疗系统、医联体系统和单点的远程医疗站通过升级改造和异构系统等多种形式，全部接入甘肃省远程医学平台，实现省内外远程医疗资源共享和互联互通，让群众在自家门口就能够看得上病、看得好病，满足不同人群的医疗需求，实现双向转诊业务流程和服务监管的动态性、连续性和可追溯性，形成合理有序的转诊格局。生育登记服务实现了在线即时办理，出生医学证明实现了联网查询。城乡居民医保、城镇职工医保、铁路医保实现了即时报销，异地结算。

（六）基层医疗卫生服务能力稳步提升

基层医疗机构认真对照《社区卫生服务中心服务能力标准（2018 年版）》和《乡镇卫生院服务能力标准（2018 年版）》，查短板、找差距、促整改，制定有效整改措施，逐步推进医疗服务软硬件建设"齐步走"，强力高效推进基层医疗机构服务能力标准化建设，其中嘉峪关市建设社区卫生服务中心达到推荐标准。基本公共卫生服务质量进一步提升，人均补助标准提高至 60 元，全市建立居民电子健康档案 213837 份，电子健康档案建档率85.60%。老年人健康管理率 71.67%，高血压患者规范管理率 81.24%，糖尿病患者规范管理率 80.63%，孕产妇产后访视率 97.61%，新生儿访视率98.07%，0 ~ 6 岁儿童健康管理率 93.08%，肺结核患者规范服药率90.13%，严重精神障碍患者规范管理率 79.56%，老年人中医药健康管理服务率 75.12%，0 ~ 36 个月儿童中医药健康管理服务率 88.88%。全市基本公共卫生服务在组织管理、资金管理和项目执行等方面取得一定成效，可及性逐步增强，均等化水平稳步提升。

（七）疾病防控能力全面提升

1. 加强慢病防控与管理

印发了慢性"四病"防治实施方案，成立了高血压、结核病、糖尿病及精神病 4 个医疗质量控制中心，开展全市慢性"四病"全程管理综合评价督导 2 次。慢性"四病"患者家庭医生签约率在 75% 以上；结核病高危人群耐药筛查率 100%，病原学阳性患者密切接触者筛查率 100%；严重精神障碍患者报告率 2.01‰，服药率 65.99%，规律服药率 40.32%。

2. 推进职业病防治工作

10 部门联合印发了《嘉峪关市尘肺病防治攻坚行动实施方案》，开展重点职业病监测项目、医疗卫生机构医用辐射防护监测项目、职业性放射性疾病监测项目和非医疗机构放射性危害因素监测项目工作。职业病危害因素申报率 100%，监测机构放射诊疗设备合格率 100%，个人剂量监测率、体检率、建档率均为 100%，非医疗机构放射性危害因素监测网络直报及时率 100%，工作场所职业病危害因素监测现场调查覆盖率 100%、现场检测覆盖率 100%。

3. 提升免疫规划工作水平

组织市场监管、卫生监督、疾病控制等领域评审专家对全市辖区申报的 17 家预防接种单位进行现场等级评审考核验收，共有 15 家预防接种单位通过等级评审考核，其中嘉峪关市建设社区卫生服务中心被评审为 4A 级。

4. 深入推进项目工作

联合市教育局完成对中小学生常见病和健康影响因素的监测工作，监测学校 10 所，共计监测人数 3000 余人。深入开展艾滋病防治项目、饮用水水质监测项目、食品安全保障项目、重点地方病防治项目工作。持续做好流感哨点监测、手足口病监测、传染病报告管理及鼠疫防控等重点传染病防治工作。2019 年，市疾控中心传染病防控队获得甘肃省卫生应急综合演练先进集体三等奖，贾兴瑞等 5 人获得先进个人荣誉称号；获全国艾滋病检测实验室能力验证"三项全能"证书。

（八）中医药产业蓬勃发展

按照"发挥部门合力，推进甘肃省中医药产业发展"的工作方针，大力推动中医药产业发展。在中药材种植方面，通过以点带面、示范带动，种植黄芪、甘草面积达到 500 余亩，枸杞 2 万余亩，艾草 1600 余亩。大力推进中药向预防、康复、养生保健等方向延伸发展，鼓励社会力量形成规范的中医养生保健机构，支持养老机构规范开展疾病预防、中医调理养生等非诊疗行为的健康服务，允许中医医疗机构转型为中医养生保健机构。2019年，将明珠社区卫生服务中心和峪泉镇卫生院申报成为2020年中医馆建设项目实施单位，项目实施完毕后将达到公立基层医疗机构中医馆建设全覆盖。酒钢医院6种中药制剂获得批准，制剂总产值超过500万元，实物量超过30万盒。嘉峪关市中医药产业成果在第二届中国（甘肃）中医药产业博览会参展，取得了良好的效果。

（九）医疗卫生事业全面发展

1. 妇幼健康工作稳步发展

扎实推进落实妇幼健康服务项目，着力促进妇幼健康，2019年活产数4117人，未发生孕产妇死亡。市妇幼保健计划生育服务中心通过了妇幼保健机构等级评审，被认定为二级甲等妇幼保健院。成立了市级"危重孕产妇救治中心"和"危重新生儿救治中心"。市妇幼保健计划生育服务中心成功完成嘉峪关市首例"5G＋VR"远程医疗"宫颈癌根治手术"，标志着全市医疗系统践行"互联网＋医疗健康"的现实应用。完成省上下达农村妇女"两癌"检查任务数1150人，市区妇女病普查6130人。免费孕前优生检查完成省上下达任务数1063对；完成中国出生缺陷干预救助基金会遗传代谢病检测项目任务数1200例。联合市总工会、市人社局举办了以"产后出血应急演练"为主题的全市妇幼健康技能竞赛。举办了以产科医生、助产士、儿科医生、护士为主的"全市新生儿窒息复苏技术轮训班"。2019年，市妇幼保健计划生育服务中心检验科获得市级"巾帼文明岗"荣誉称号；妇产科获得甘肃省"2019年优秀医师团队"荣誉称号并在嘉峪关市妇幼健康技能大赛中获得"团体一等奖"。

2. 卫生健康宣传效果明显

设立健康科普专栏，在《嘉峪关日报》《雄关周末》以及嘉峪关广播电视台开办《健康雄关》栏目，《嘉峪关日报》《雄关周末》共刊登稿件53

篇，嘉峪关广播电视台播出《健康雄关》29期。电视台微信公众号、智慧雄关、嘉峪关综合广播、交通广播等媒体共发布卫生健康宣传信息128条。建立政府－医院－媒体－社区融合的大健康科普宣传模式，打造健康中国建设框架下权威的健康传播阵地，市卫生健康委新闻门户网站共发布宣传稿件60余篇，自行设计播出微视频2部，在全市筛选微视频、公益广告6部。组织开展2019年健康扶贫宣传及健康科普达人演讲比赛活动，选拔4名选手参加全省健康科普达人比赛活动，分别获得了一等奖、二等奖、三等奖及优秀奖的好成绩。

3. 依法行政和法治建设进一步深化

强化行业监管，出台了医疗卫生行业综合监管制度的实施方案，2019年立案查处61起案件，涉案金额17.43万元，立案件数及涉案金额是2018年总数的3倍以上，有效规范了执业行为。

4. 中国计划生育协会服务职能进一步拓展

积极承接计划生育优惠政策落实等工作，中国计划生育协会联系群众的纽带优势得以强化。争取到中国计划生育协会项目资金30万元，中国计划生育协会优生优育指导中心挂牌运行，创新开展人口计划生育政策和优生优育知识培训，普及"五期"知识教育，提供均衡营养、高危人群指导、孕前优生健康检查、遗传病筛查、孕产期保健等优生咨询，使其成为中国计划生育协会直接服务社区育龄群众和家庭的公益服务平台，更好地满足群众优生优育需求，为落实全面二孩政策助力。

5. 医养结合稳步推进

扎实开展敬老助老、走访慰问贫困老年人活动，走访慰问150余人次，发放慰问金、慰问品共计10万元，发放高龄补贴768万元。全市二级及以上综合医院均开设老年病科，老年病科床位增加至123张。康乐寿医护养老院和嘉峪关市颐养中心被确定为甘肃省医养结合试点机构。嘉峪关市建设社区卫生服务中心"融养老服务于社区健康管理"的做法，被评选为全国医养结合的典型经验。

6. 爱国卫生运动扎实开展

协调督促各单位开展全城全域无垃圾创建工作，各单位院落、"门前三包"及责任区环境卫生状况持续改善；坚持开展控烟暗访；组织完成农村户用厕所专项调查，积极推进农村户用厕所改造项目工作，完成省上下达的1230个改厕任务。

7. 采供血工作稳步推进

切实做好无偿献血各项宣传工作，充分利用"雷锋月"、"4·7"世界卫生日、"5·8"世界红十字日、"6·14"世界献血者日等组织开展大型集中宣传活动，把无偿献血的政策法规以及有关无偿献血的科普知识传播到千家万户，扩大了无偿献血的宣传力度，营造了无偿献血的良好氛围。2019年，临床用血100%来源于自愿无偿献血，成分输血率达到100%，每月对临床用血单位进行满意度调查，满意度在95%以上，采集全血3265袋，共计1086280毫升。

8. 应急救援能力逐步提升

进一步提升应急救援队伍的应急事件处置反应速度和应急救援能力，最大限度减轻各种事故灾害造成的损失，切实维护全市人民的生命安全。2019年，共接到呼救电话27918次，各急救分站共出车7540次，其中急救任务出车5894次，占总出车的78.17%，有效完成急救任务出车5304次，共计救治人数为5744人，其中长途转运2次。满意度调查回访电话总计821次，急救分站满意度99.76%，调度员满意度100.00%。

二　存在的主要问题

（一）人才机制建设有待加强

嘉峪关市卫生人才发展的总体水平与省内外先进地市的发展水平、与经济社会发展水平、与医疗卫生事业发展要求、与人民群众对健康服务的需求还存在很大的差距。主要表现在：一是优秀毕业生留不住、高级人才引进困难、现有人才流失等问题较为突出；二是高学历、高技术人才缺乏，综合医院普遍缺少急诊、妇科和儿科医生，公共卫生机构主要缺少公共卫生和检验检疫人才，基层医疗机构主要缺少全科、中医、影像、检验等专业技术人员；三是护理人才流失严重，各医疗机构的护理工作者绝大多数是临时聘用人员，工资待遇低、劳动强度大，加之无法解决其编制问题，导致存在"年年教新手，年年没熟手"的窘境。

（二）信息化建设有待加强

受经济和业务因素影响，全市智慧医疗水平较其他地区相对偏低。一是全民健康信息平台建设还不完善，功能板块还需开发，无法为政府决策和医疗行为监督提供准确数据支持；二是数据整合能力不足，各医疗卫生机构业务系统互联互通程度不高、信息共享深度不够；三是信息化应用手段比较单一，没有充分体现"让信息多跑腿，让百姓少跑腿"的重要意义。

（三）医改成果有待巩固深化

巩固深化医改成果仍需进一步增加资金投入，克服举债经营造成的困境。一是基础设施建设资金不足，市一院、市中医院的基本建设、设备购置、重点学科发展等所需资金自筹部分压力较大；二是人力成本占比过高，各医疗机构为满足居民的医疗和公共卫生健康需求，聘用了大量编外人员，给各医疗机构的正常运行带来了不小的压力。

（四）医疗卫生服务能力有待提升

诊疗环境仍需进一步改善，部分综合医院和社区卫生服务中心的基础条件薄弱，药品种类不全，在一定程度上阻碍双向转诊和分级诊疗制度落实。专业人才和关键设备的缺乏导致重点专科建设能力较弱，公立医疗机构核心竞争力不足。基层医疗机构人才配置不合理、队伍不稳定、培养受限制、激励效果不明显，发展瓶颈有待打破。

三　下一步工作建议

（一）夯实基础设施建设，筑牢健康之基

抢机遇、抓政策、多渠道筹集资金，加快市一院南市区医院的投入和使用，分批次合理设置南市区业务科室和增加必要设备采购。加快完成市第一人民医院综合楼扩改建项目，改善患者就医环境，确保重点科室和重点业务设施保障能够紧接发展的需求。如期完成峪泉镇卫生院还建项目，为辖区居民正常享受基本医疗和基本公共卫生服务提供保障，为拓展"医疗＋旅游"提供基础条件。

（二）加强人才队伍建设，提升健康服务软实力

进一步加快建立人才引进"绿色通道"，采取灵活的录用方式，建立有计划、连贯性的人才引进办法，通过春秋季招聘、人才引进、面向社会招聘等方式，抓紧引进人才、储备人才。在加强预算管理、全面核定收支的基础上，综合考虑医疗服务收入、取消药品加成减收、运行成本等因素，加大对医疗机构综合改革的经费补偿力度。实行灵活的人员补充和返聘政策，鼓励支持各级医疗机构根据实际需要多方式聘用中级、高级职称退休医生。

（三）加快信息化建设，打造智慧医疗新高度

依托省、市两级全民健康信息平台，实现影像资料、检验检查结果、电子处方等共享互认。进一步完善远程医疗的临床实践，加快医学信息平台功能的完善，逐步实现城乡全覆盖。积极推进"互联网＋医疗"的应用，建设互联网医院，开展线上诊疗、健康指导、心理咨询等业务。推动省政府为民办实事，建设市级卡管中心，全面推行居民电子健康卡项目落地落实。

（四）加大财政投入力度，保障公立医疗机构公益性

保障公立医疗机构公益性主体，明确公立医院的定位和管理目标，保障充足的财政支持和适宜的政策倾斜。建立与经济发展相适应的基本医疗服务财政补偿制度和医保报销制度，满足广大人民群众的基本需求。利用政府杠杆作用改变医务人员的待遇问题和缓解医患矛盾，保障公立医疗机构人员的稳定和安全。

（五）提升基层医疗机构服务能力，满足居民健康需求

完善资金保障政策，放宽绩效工资总量控制，合理确定医务人员收入水平，重点向临床一线、业务骨干和突出贡献人员倾斜。对基层医疗机构按照服务人口重新核定编制人数，对编制配置不到位的人员，制定人头补助标准并纳入财政预算，按时足额拨付到基层医疗机构，并按照核定的编制数补充职称职数。加强基础设施建设，根据基层医疗机构标准化建设有关内容，从易到难逐步解决基层医疗机构面对的软设施缺乏问题。

B.14
2019年嘉峪关市社会治理
工作情况及对策建议

张智星 李国悦*

摘　要： 平安建设是维护一个城市创新发展、和谐稳定的重要基础。嘉峪关市以推动平安嘉峪关建设责任全覆盖，着力提升基层社会治理能力水平，全力构建矛盾风险防控体系，切实加强重点人群服务管理，严密防控公共安全风险为主要内容全面实施平安建设。但建设平安嘉峪关存在社会管理创新的驱动力不足，群众自治、社会治安群防的效果还不明显，基础建设发展不均衡，城乡平安建设基层服务水平还有一定差距等问题。本报告建议深入开展综合整治，大力推进"雪亮工程"和综治平台建设，不断加强综治中心实体化运行。

关键词： "雪亮工程"　综治平台　社会网格化　平安嘉峪关

　　2019年，嘉峪关市平安建设（社会治安综合治理）工作全面落实中央、省委和市委决策部署，严格履行《2019年平安甘肃建设目标责任书》职责，坚持以人民为中心的发展思想，坚持和发展新时代"枫桥经验"，着力构建立体化、信息化社会治安防控体系，深入推进平安嘉峪关建设。

---

　　* 张智星，现在嘉峪关市委政策研究室党建科工作，主要研究方向为行政管理；李国悦，现在嘉峪关市委政法委综治督导科工作，主要研究方向为基层社会治理。

一 主要内容

（一）注重顶层设计，推动平安嘉峪关建设责任全覆盖

2019 年是全省实行平安建设责任制全覆盖第一年，市委政法委从全局统筹谋划平安建设各项重点工作任务，与全市 101 家单位签订了《2019 年平安嘉峪关建设目标责任书》，经市委、市政府研究同意，印发了《平安嘉峪关建设责任制考评奖惩办法》和《嘉峪关市平安建设奖励办法实施细则》，进一步强化全市各级各部门的工作责任。市委政法委在深入调研基础上，经市委常委会审议通过，下发了《平安嘉峪关建设三年规划（2019—2021）》，按照"创新社会治理方式，防范化解重大风险，全力维护国家政治安全"的总体思路，确定了 2019～2021 年每年的具体工作思路和目标效果，提出了 26 项具体任务，内容涵盖平安建设所涉及的 134① 个方面的具体工作，逐项明确具体措施和完成时限，有力推动平安建设工作各项举措得到全面落实。

（二）夯实工作基础，着力提升基层社会治理能力水平

一是扎实推进综治中心建设，全面深化网格化服务管理。在全省率先完成市级综治中心建设任务，为全额事业单位核定编制 16 人，内设 3 个职能科室，目前已规范化运行。全市城市社区按照每 300 户或 1000 人的标准划分网格 340 个，在网格化服务管理过程中实行"一张图表、一份清单、一本民情日记"的"三个一"精准服务。通过配备的 599 部手持终端手机与社会综合治理信息平台实现对接，对巡查要求、处置流程、信息上传等进行统一规范，以当场解决、上传信息、职能部门专业解决的方式，便捷、快速解决民生困难，共采集事件信息 41176 件，逐步实现了"人在网格走、事在

---

① 本篇数据由嘉峪关市委政法委汇总整理。

网格办"的目标要求。

二是大力推进"互联网＋政务服务"惠民。将"互联网＋政务服务"惠民项目纳入为民办实事项目，搭建了嘉峪关市便民服务综合信息平台，通过实现"一号申请、一窗受理、一网通办"，打破各部门服务窗口业务受理的专业性壁垒，使社区服务大厅面对老百姓的工作由"多门"向"一门"集中，由"多窗"向"一窗"集中。目前，全市在三镇及31个城市社区共设立60个综合服务窗口，社区便民服务综合信息平台承载便民服务方面的72个事项。同时，在打造服务政府、最大限度方便群众方面，采取"居民自取、快递配送、网格员专送"三种服务模式，建立"事项物料流转"机制。2019年，全市业务受理量达到44694件，运行总受理量已突破24万件。

三是积极推进"雪亮工程"建设。嘉峪关市公共安全视频监控建设联网应用项目（即"雪亮工程"）于2018年6月通过市工信局项目立项，2018年8月完成项目可研编撰工作，2018年9月通过中央、省、市三级的专家项目评审。2019年5月通过公开招标方式确定该项目的总体施工设计方案编撰工作由中标公司（普天信息工程设计服务有限公司）负责编撰。2019年9月完成项目总体施工设计方案编撰工作，并通过省、市两级专家评审会评审，10月该项目总体施工设计方案通过市政府第62次常务会议研究和审议，11月通过十一届市委常委会第96次会议研究和审议。2019年嘉峪关市"雪亮工程"已完成项目施工招标，即将全面开展施工建设工作。

（三）创新发展"枫桥经验"，全力构建矛盾风险防控体系

一是深入开展矛盾纠纷多元化解工作。下发《嘉峪关市坚持发展"枫桥经验"实现矛盾不上交三年行动实施方案》，组织开展了"两节""两会"期间维稳安保矛盾纠纷排查调处活动，"防范化解重大风险维护社会稳定""命案风险防范"专项行动，"法治扶贫十项行动"，"大排查、早调解、护稳定、迎国庆"专项活动。印发了《嘉峪关市关于开展律师调解工作的实施方案》《嘉峪关市律师调解工作实施办法（试行）》，聘任了72名

专职律师作为律师调解员，使律师调解与人民调解、行政调解、行业调解、诉讼调解等各类调解优势互补，共同促进全市矛盾纠纷及时高效化解。2019年建立律师调解工作室5个，个人调解工作室5个。95%的信访矛盾得到有效化解。2019年嘉峪关市未发生"民转刑、刑转命"案件，实现矛盾纠纷化解能力和社会满意度双提升。

二是涉法涉诉信访问题得到有效治理。制定《嘉峪关市涉法涉诉信访事项定期通报制度》，实行每两周一次信访研判分析，每月一次定期通报，进一步明确分工，形成由市委政法委牵头，信访部门配合，政法部门各司其职，信访当事人参与的涉法涉诉信访新格局。市级层面设立了市级领导接访制度，政法各部门设立了"法院院长接待日""检察长接待日""司法局局长接待日"。全面实现城市34个社区法律顾问全覆盖、乡镇17个行政村6196户村民家家有顾问，构建了城乡法律顾问"一体化"格局。

三是加强心理服务体系建设。成立全市心理健康教育工作领导小组，将社会心理辅导和危机干预工作纳入网格化管理，对发现容易产生心理行为问题的群体（如家庭破裂、生活失意、性格偏执、心态失衡等群体）进行及时干预，提供有针对性的心理辅导和咨询。嘉峪关广播电视台FM100《丝路之声》开设了心理健康直播节目《心灵花园》，通过案例分析、电话答疑，开展心理健康疏导，共青团嘉峪关市委员会、市妇女联合会、市精神文明建设委员会办公室通过开展"阳光心理，幸福人生"公益讲堂，普及心理健康知识到各行各业中。截至2019年，嘉峪关市社区、学校均建立包括心理咨询室在内的心理健康功能场所，尤其是社区矫正监管中心设立专门心理矫治室，购置专业心理放松椅，通过内部培养和对外选聘，组建专业心理矫治队伍，为心理矫治工作创建平台与阵地。

（四）强化齐抓共管，切实加强重点人群服务管理

一是社区矫正工作水平显著提升。全力推进社区矫正信息化，完成了嘉峪关市社区矫正远程视频督查系统建设，创新建设了社区矫正视频会议系统，全面实现了监管中心与全市基层司法所音视频互通，有效提升了社区矫

正监管质量水平。

二是安置帮教工作任务有效落实。认真落实无缝衔接"必接必送"制度，通过服刑人员信息管理系统对服刑人员信息进行核查，为服刑人员回归衔接筑牢基础，建立刑满释放人员"一人一档"工作制，实行分级分类管理，做到了底数清、情况明，接送率、帮教率、建档率均达100%，安置率达98%。

三是有效预防青少年违法犯罪。加强和规范法制副校长职责，完善嘉峪关市青年律师专家团和"花季护航"志愿服务团的职能和运行模式，组织动员广大优秀青年律师为青少年提供就业咨询、创业辅导、成长引导、应急救助、困难帮扶等方面的志愿服务。继续实施"未成年人零违法犯罪社区"创建活动，努力营造全社会关心爱护青少年的良好氛围。

四是严重精神障碍患者服务管理工作稳步推进。对全市严重精神障碍患者信息进行认真核对，实行"一人一档、一人一策"，安排专人与严重精神障碍患者监护人签订监护协议，对监护人履行监护责任情况进行审核后发放以奖代补经费。为登记在册的严重精神障碍患者监护人按照每人100元的标准购买了监护人责任险，充分发挥保险业在事前风险预防、事中风险控制、事后理赔服务的优势，有效减轻了监护人的赔偿压力。

（五）聚焦重点领域，严密防控公共安全风险

一是认真开展校园及周边社会治安综合治理工作。定期组织市教育局、市公安局、市市场监督管理局、市应急管理局等部门对校园内的设施设备、学生食堂、校园周边环境开展督查，全力排查隐患，全市39个教学点全部落实"高峰护学岗"机制。联合十二部门印发了《嘉峪关市加强中小学生欺凌综合治理实施方案》，通过"开学第一课"、主题班会、团队活动、"拒绝欺凌我签名"等活动载体，全面做好预防学生欺凌教育活动。

二是扎实开展铁路护路联防工作。将铁路护路联防工作与政法重点工作和大庆安保同安排、同部署、同检查、同推进，确保了全市铁路安全畅通。制作10余种3万余份群众喜爱的宣传品，重点针对学校、铁路沿线社区和

村镇开展丰富多彩的宣传教育活动，倡导形成"人民铁路人民护，护好铁路为人民"的良好风尚。切实加强路地协作，按季度、按工作需要与铁路派出所建立情况月通报工作机制，重要问题随时交流沟通。在重要时间、节点组织巡查大队全体队员上线巡线的同时对工作进行检查考核，年度实现涉路案事件"零发生"目标。

三是强化重点行业安全监管。严格落实加大邮寄物流监管力度。狠抓"收寄验视100%、实名收寄100%、过机安检100%"，收寄验视制度落实，全市实名率保持在99.5%以上。组织召开了全市公交车安全工作协调会议，全市141辆公交车安装隔离防护舱118辆，安装隔离防护栏23辆，防护装置安装率达到100%，开展反恐防爆和消防演练1次。

四是确保公共消防安全。开展消防检查6915家次，发现火灾隐患11552处，督促整改11502处。2019年，全市共发生火灾151起，直接财产损失120.18万元，无人员伤亡，比去年火灾起数下降41.25%，直接财产损失下降43.14%，实现了"无重特大火灾，无较大亡人火灾，减少一般火灾"的目标。

五是强化社会治安管控。嘉峪关市作为全省三个首批申报公安部的社会治安防控体系建设标准化城市之一，全力"控发案、多破案"，全市社会治安形势持续好转，刑事案件发案数在连续三年（2017~2019年）下降的基础上又下降，实现近五年（2015~2019年）最低水平，其中八类严重暴力案件、盗窃案件、经济犯罪及治安案件总量同步下降。

二 存在的问题

2019年，嘉峪关市平安建设（社会治安综合治理）各项工作有序推进，全市社会治安大局总体保持良好态势，但也存在相关需要解决的问题。一是社会治理探索创新还不能很好地适应形势任务的变化，特别是在群众自治、社会治安群防等方面措施还不够多，效果还不够好。二是基础建设发展不均衡问题依然存在，城乡平安建设（社会治安综合治理）基层服务水平还有一定差距。三是基层维稳任务繁重、行政管理泛化，网格化服务管理存在人员配备不到位，网格工作稳定性、连续性不强和协调联动能力不足等问题。

三 对策建议

2020年，嘉峪关市坚持和完善共建共治共享的社会治理制度，社会保持稳定、维护国家长治久安的总要求，以创建全国市域社会治理现代化试点城市为先机，不断完善社会治理，确保社会安定有序、人民安居乐业，建设更高水平的"平安嘉峪关"。

一是深入开展综合整治，全力确保社会和谐稳定。紧紧聚焦影响群众安全感的突出问题，持续开展各类专项整治行动。深入开展矛盾纠纷排查化解工作，紧密结合创新发展新时代"枫桥经验"，引导更多矛盾纠纷通过司法方式解决，坚决防止发生个人极端暴力案事件，全力构建立体化、信息化社会治安防控体系。

二是大力推进"雪亮工程"和综治平台建设，提升平安建设信息化、智能化水平。按照"全域覆盖、全网共享、全时可用、全程可控"的目标加快"雪亮工程"建设，依托全省综治信息平台建设，不断推进综治E通手持终端①科学化、规范化运用，增强治安防控能力，提升人民群众安全感。

三是不断加强综治中心实体化运行。在市级综治中心规范运行的基础上，进一步明确区（街道）、镇（社区）二级综治中心人员组成，统一规范工作职能，细化工作流程。建立实体化运行机制，强化同各有关部门信息资源互联互通、共享共用，全面推进网格化服务管理，完善协作联动工作机制，不断探索符合嘉峪关市实际的社会治理模式。

---

① 嘉峪关综治信息化手持终端。

B.15
2019年嘉峪关市社会保障事业发展现状及建议

张智星　宋海燕　王斐*

摘　要： 嘉峪关市为全面建成小康社会，形成了覆盖全市、统筹城乡、责任清晰、保障均衡，更加可持续的社会保障体系，起着维护社会稳定的作用。社会保险是中国社会保障体系的重要组成部分，在整个社会保障体系中处于核心地位。嘉峪关市社会保障事业不断与时俱进，加强信息化建设，行风建设创新发展，社会保险改革务实为民，社会保险待遇不断提升等。但存在社会保障信息化工作仍然滞后，部门之间数据共享有待加强，社会保障相关政策法规宣传深度不够等问题。本报告建议加快建设社会保障事业数字化、推进社会保险经办服务创新改革、进一步扩大社会参保覆盖面、建立健全社保基金风险预警机制等，以更好地为嘉峪关市民生服务大局做出更大发展贡献。

关键词： 民生服务　社保基金风险预警机制　嘉峪关市社会保障事业

2019年，嘉峪关市社会保障事业坚持稳中求进工作总基调，贯彻新发展理念，推动高质量发展，强化供给侧结构性改革，以防范和化解社保经办

---

* 张智星，现在嘉峪关市委政策研究室党建科工作，主要研究方向为行政管理；宋海燕，工学学士，现在嘉峪关市人力资源和社会保障局社会保险科工作，主要研究方向为社会保障发展；王斐，工学学士，现在嘉峪关市人力资源和社会保障局办公室工作，主要研究方向为人力资源管理。

风险为主线，以落实社保经办改革任务、系统行风建设和经办扶贫为重点，不断保障和改善民生，进一步增强人民群众的获得感、幸福感和安全感。

一 嘉峪关市社会保障事业发展现状

步履铿锵谋民生实事，行稳致远续发展新篇，为更充分发挥社会保险安民心、保基本的作用，嘉峪关市致力扎实推进人社系统"放管服"改革，持续优化服务，主动作为、勇于担当，全面落实社会保障各项政策，适应社会保险发展的法制化、科学化、规范化要求，积极推进精准、务实、严谨的目标任务管理举措，不断适应新常态、解决新问题。

（一）突出务实高效，信息化建设实现新进展

持续推进嘉峪关市社会保障信息化建设，社会保险基金 A＋＋财务管理系统（甘肃省社会保险基金财务管理系统）、省集中式社会保险信息系统功能不断完善；以倾听民意、服务民生为宗旨，集中力量推动社保经办业务与"互联网＋"技术深度融合，实现了网上办事大厅、社保自助查询、退休人员领取待遇网上资格认证、12333咨询服务电话和微信公众号等线上服务举措持续优化，群众关注度不断上升，服务质量不断提高，群众足不出户就可以完成社保领域各项法规政策咨询。社保卡的数据采集、制卡、发卡人数持续增加，发卡时限有效缩短，社保卡使用率持续提升；社会保险信息系统与合作银行接口数据测试成功，待遇发放离库数据手工报盘成为历史；12333咨询服务电话政策知识库进一步完善，接通率持续提高；"互联网＋监管"应用进一步拓展，信息技术对社会保险业务的支撑作用持续加强。

（二）突出稳中求进，行风建设再创新佳绩

全面加强行风建设，大力提升服务效能，积极组织开展"窗口单位业务技能练兵比武"活动，全面推进社保领域"放管服"改革，主动认领省级政务事项169项，同步建立89项市级政务事项名录，编制详细的实施清

单及业务指南并公布实施；积极清理证明事项，扎实推进证明事项告知承诺制，结合嘉峪关市实际选择 17 项事项作为试点事项，取消证明材料 102 项，政务服务水平提升明显，行风建设完成率达 100%。[1] 嘉峪关市养老保险服务中心（大厅）荣获"全国人力资源社会保障系统 2017—2019 年度优质服务窗口"称号；嘉峪关市代表队在"窗口单位业务技能练兵比武"总决赛中获得全省第一名。

（三）突出政策落实，社会保险改革交出新答卷

1. 狠抓参保扩面，参保人数再创新高

持续推进社会保险政策宣传，将扩面重点向非公经济组织、流动就业人员和新业态从业人员延伸，引导其积极参保、长期参保、连续缴费。截至 2019 年，各项社会保险参保人数分别为城镇企业职工基本养老保险 117442 人（含退休人员）、机关事业单位养老保险 11338 人（含离退休人员）、城乡居民基本养老保险 26979 人（含领取待遇人员）、失业保险 65451 人、工伤保险 74758 人，社会保险扩面成效显著。

2. 落实降费稳岗政策，降低企业负担、激发企业活力

全面贯彻落实党中央、国务院和省委、省政府的决策部署。准确理解和执行降低社会保险费费率综合政策。降低养老保险单位缴费费率，继续阶段性降低失业、工伤保险费费率；以上一年度城镇单位就业人员平均工资为依据核定社会保险缴费基数上下限，有效减轻用人单位和参保职工社会保险交费负担，2019 年为用人单位和个人减轻负担 1.08 亿元；积极推进建筑业农民工按项目参加工伤保险"同舟计划"、失业保险援企稳岗"护航行动"和技能提升"展翅行动"，新开工项目参保率 100%，2019 年共为 114 户企业发放稳岗返还金 6899.1 万元，惠及职工 4.8 万人，发放技能提升补贴 166.7 万元，有效促进职工职业技能提升，进一步激发企业活力。

---

[1] 本篇数据由嘉峪关市人力资源和社会保障局汇总整理。

3. 完善社会保险政策，凸显制度优势

建立城乡居民基本养老保险待遇确定和基础养老金正常调整机制，提升缴费档次标准，提高城乡居民基本养老保险个人账户待遇水平。推进贫困人口城乡居民基本养老保险全覆盖；落实《嘉峪关市企业职工基本养老保险基金缺口分担和调剂实施办法》，按时上解5369万元省级调剂金，协调落实147万元市级财政承担的缺口资金，为嘉峪关市养老保险制度持续发展奠定基础，社会保险制度优势进一步显现，政策吸引力持续增强。启用社保卡发放社会保险待遇，社保卡使用率大幅提升。对全市采矿业、制造业等13个行业61家企业实行失业动态监测，企业岗位用工总体平稳，未出现失业预警规定的级别状况。建立建筑业按项目"先参保、后开工"的长效机制，提升工伤保险参保率，有效解决建筑业农民工受伤后待遇无从落实的问题。与酒泉市探索建立劳动能力鉴定专家随机抽选机制，规范劳动能力鉴定全过程管理，保证鉴定工作公正公平。

4. 强化政策宣传，推进养老保险政策看得懂、算得清

积极组织学习养老保险政策的历史演变，准确把握各项政策执行起止时间和重点内容。一是以养老金计发办法为重点，梳理群众关心的政策和经办问题，讲清要点，让群众看得懂，增强其参保意识。二是提供方便快捷的个人权益记录查询服务，按年度寄送个人权益记录单，保障参保人的知情权。三是提供简明扼要的养老待遇测算服务，满足参保人员个性化需求。

（四）突出安全运行，基金管控能力达到新高度

1. 强化全面测算，提高基金预算编制准确度

全面分析各险种政策调整、缴费人数、待遇领取人数等影响基金收支的因素，预测社会保险发展趋势，基金预算编制准确度稳步提高。

2. 强化收支管理，提高基金预算执行率

以提高基金预算执行率为主线，以基金安全为目标，牢牢把握参保登记、基金征缴、待遇支付、财务核算、基金决算、信息化控制全程监管、相互协调、互为补充的管理思路，狠抓基金财务运行管理，按季度管控收支进

度，基金预算执行率逐年提高。

3. 强化风险防控，提高基金安全水平

专门设立规划和基金监督科，对养老、工伤、失业保险基金实施行政监督，持续完善基金运行风险事前规范、事中控制和事后监督机制，稳步提升社保基金收支预算执行率。依托社会保险基金 A＋＋财务管理系统，对基金财务核算、业务统计工作进行有效衔接，明晰岗位权限，社会保险防范和控制基金风险的技术手段得到拓展和强化。按季度开展社保基金管理风险警示教育和自查整改，强化社保基金运行动态监测。全面取消社银人工报盘、现金业务和手工办理，所有业务均通过信息系统经办。推进电子监察建设，打造"宽进、快审、严管"的全过程监管模式。配合做好社保经办风险互查，社保基金管理使用审计、检查工作，补齐短板，确保社保基金安全、完整、平稳运行。待遇支付过程中坚持业务、财务双向审核，杜绝超范围、超标准支付社会保险待遇，确保基金安全可控、运行平稳，包括养老、失业、工伤3 项保险和城乡居民基本养老保险基金、机关事业单位养老保险基金、企业职工基本养老保险基金、失业保险基金、工伤保险基金5 项基金。实现基金收入 14.21 亿元，支出 15.67 亿元，当期收支结余 –1.46 亿元，基金结余率 –10.27%，符合降费政策执行预期，基金滚存结余 19.69 亿元。

（五）强化足额支付，社会保险待遇有了新提高

依据政策及时调整企业职工基本养老、城乡居民基本养老、工伤、失业保险待遇标准并足额兑现，各项社会保险待遇稳步提高。企业退休人员人均增加养老金 172.01 元/月，按照新的计发办法重新核定 2014 年10 月至 2018 年 12 月期间机关事业单位退休的"中人"养老金和职业年金待遇，截至 2019 年 12 月底，共为 282 名退休"中人"补发养老金待遇 565.17 万元，人均补发 2 万元，人均养老金提高约 831.61 元。城乡居民基本养老保险待遇人均增加 5 元。启动社会救助和保障标准与物价上涨挂钩联动机制，先后 6 次为 3548 名领取失业保险金人员发放临时价格补贴，确保失业人员生活有保障。

（六）突出清零见低，社会保险扶贫取得新成效

积极开展低保人员、特困人员参加城乡居民基本养老保险专项调查，摸清漏保详情，将符合条件的城乡低保人员、特困人员通过财政资助全部纳入城乡居民基本养老保险。共为 785 名贫困人员累计发放城乡居民基本养老保险待遇 205.08 万元；为 23 名被征地农民进行参保资格审核，落实缴费补贴资金 30.15 万元，已足额缴纳至预存专户，确保被征地农民长远生计有保障。

二 社会保障事业发展面临的问题

（一）社会保障信息化工作仍然滞后

现有社会保险"五险合一"等业务经办信息系统功能不完善，信息系统维护工作跟不上节奏，养老关系转移接续、工伤保险待遇领取审核等多项功能模块仍未完成开发，不仅影响工作效率，也不利于社保基金安全。全省统一的事业单位人事信息化管理系统尚未建立，事业单位年报、岗位设置、内部岗位等级认定等工作仍旧手工操作，步骤烦琐，数据不精准。

（二）部门之间数据共享有待加强

目前，社会保障系统各部门之间虽已建立数据共享机制，但手段落后，需定期从相关部门拷贝和通过人工比对数据来实现部门之间的数据共享，未实现网上大数据信息资源共享。社会保险领域以信用承诺和信用公示为核心的新管理方式还有待进一步健全，跨部门的业务协同无法共享，落实各项社会保险领域联合惩戒措施还不到位。

（三）社会保障相关政策法规宣传深度不够

各类涉及社会保险的法律法规宣传深度不够，企业和劳动者对政策虽然

141

都大体了解，但法律意识淡薄、参保意识不强、主动性不高，部分企业仍然存在不签劳动合同，不缴纳社会保险费，或者选择险种参保的情况；同时年轻职工因就业以及生活压力较大，存在"我还年轻，离养老还有几十年，不愿意缴纳养老保险费"的思想。

三　推动社会保障事业发展的建议

一是加快社会保障事业数字化转型建设步伐，完善甘肃省社会保险各系统平台功能建设，进一步提升服务质量和服务效能；同时建立嘉峪关市社会保障大数据平台，拓宽后台延伸服务，研究推进社会保障公共数据资源开放，实现与国家政务服务平台和数据共享平台的对接。

二是站在新的起点上，推进社会保险经办服务创新改革，谋划适应新时代社会保障业务经办工作的信息化项目，进一步优化经办服务环境，提升经办服务能力。积极推进"网上办理""不见面经办""前台接收、后台办理""容缺受理"，普及"掌上社保"服务，利用"甘肃政务服务网"等服务平台办理业务，真正实现"不来即享"。

三是继续下大力气抓好社会保险扩面工作，特别是小微企业、非公经济组织、新业态从业人员参加社会保险工作，保证新增参保人数和保费收入有效增加，减轻社会保险基金当期收支压力。

四是建立健全社会保险基金风险预警机制，强化基金运行动态监测和精算分析，完善政策、经办、信息、监督四位一体的风险防控体系，提升社保基金监管手段和效能。建立健全"事前承诺—信用管理—联合惩戒"的社保信用体系，强化落实社会保险领域联合惩戒机制，切实杜绝各类社保领域违纪违法行为。

五是保持清正廉洁、勤政为民，在工作谋划中全面落实以人民为中心思想，让人民群众在每一次人力资源和社会保障服务中提升获得感和幸福感，把为民、务实、清廉的价值追求深深根植于思想和行动中，为满足人民群众对更高社会保障水平的向往再发力、再突破。

深化改革篇

Deepening Reform

B.16

2019年嘉峪关工业园区发展现状分析及对策建议

朱万佳　袁强*

摘　要： 嘉峪关工业园区作为本地地方经济发展的主阵地，2019年推进产业强区、科技兴区、环境优区，园区各项事业平稳健康发展，但依然存在体制机制不健全、招商引资困难、产业结构单一等问题。本报告通过深入分析和论证，有针对性地提出了进一步完善园区体制机制、加大招商引资力度、持续优化产业布局等对策建议，通过高质量发展，不断提升园区的集聚、辐射和带动作用，有力推动全市经济结构调整和产业转型升级。

* 朱万佳，历史学学士，嘉峪关市委政策研究室发展改革科科长，主要研究方向为经济社会发展；袁强，工学学士，嘉峪关工业园区管理委员会经济发展部副部长，主要研究方向为产业集群规划与发展。

关键词： 产业布局　招商引资　嘉峪关工业园区

　　嘉峪关工业园区是 2002 年由省经贸委批准设立，2006 年经省政府批准、国家发展改革委核准公告保留的省级工业园区，2018 年省政府批准嘉峪关工业园区为省级高新技术产业开发区。经过十几年的发展，嘉峪关工业园区已成为嘉峪关市地方工业经济发展的主阵地、科技创新的试验田和大众创业的新平台。

　　嘉峪关工业园区呈"一区四园"产业分布格局，近期规划面积 65.07 平方公里，远期规划面积 268 平方公里。其中：嘉东工业园规划面积 31.09 平方公里，定位为装备制造及高新技术产业园，以核设备制造、金属制品加工为主；嘉北工业园规划面积 45.63 平方公里，定位为黑色冶炼及循环经济产业园，以环保建材、铁合金冶炼为主；嘉北酒钢新区铝产业园规划面积 24.52 平方公里，定位为有色冶金及深加工产业园，以氧化铝冶炼、铝制品深加工、预焙阳极生产为主；嘉西工业园规划面积 140 平方公里，定位为光伏发电产业园，以光伏发电为主。嘉峪关工业园区先后荣获"国家新型工业化产业示范基地""国家低碳工业园区""国家循环化改造示范试点园区"等称号，在 2018 年甘肃省 47 个省级及以上开发区考核中，嘉峪关工业园区名列第三，连续 7 年在省级开发区中排名第一。①

一　嘉峪关工业园区发展分析

　　2019 年，面对复杂多变的经济形势，嘉峪关工业园区主动作为、多措并举，狠抓招商引资和项目建设，全力以赴做好企业服务工作，不断做大做强优势产业，着力延链、补链、强链，园区经济平稳健康发展。

---

① 本篇数据由甘肃嘉峪关工业园区管委会汇总整理。

（一）坚持稳中求进，经济平稳有序运行

截至 2019 年 12 月底，园区入园企业 290 家，已建成企业 228 家，规模以上企业 47 家；新建成企业 15 家，新增规模以上企业 5 家。2019 年，园区实现工业总产值 402 亿元，同比下降 0.7%，占全市工业总产值的 59.4%；实现工业增加值 65.2 亿元，同比增长 7.8%，占全市工业增加值的 44.3%；受大规模减税降费影响，园区企业上缴税收 8.5 亿元，同比下降 10%，占全市工业上缴总额的 26%。

（二）狠抓招商引资，园区发展后劲增强

2019 年，嘉峪关工业园区在坚持做好常规招商的基础上，紧盯重点区域，依托园区产业链基础，积极对接长三角等地区，主动加强与先进开发区的深度对接，瞄准甘肃省十大绿色生态产业，有针对性地组织开展投资考察和项目对接活动，全年外出招商 6 次，新入园项目 38 个，较 2018 年增加 9 个。在第二十五届兰洽会上工业园区签约项目 4 个，较上一届增加 3 个，签约金额 5 亿元，是上一届的 6.2 倍。同时牢牢抓住中核科技城和中核军民融合高新技术装备制造产业园落户嘉峪关市的重大机遇，积极推进嘉东军民融合产业园建设，目前规划选址已初步确定。

（三）突出主导产业，延链、补链、强链成效显著

按照稳增长、促改革、调结构的总体要求，嘉峪关工业园区主动适应结构调整新趋势，充分发挥嘉峪关市钢、铝产业优势和固废量大的特点，大力支持中核嘉华设备制造二期、顺通机械模具及风光电装备制造、利晟钢管等项目达标投产，恒景源铝业 15 万吨铝棒、润源公司铝业固废无害化及综合利用项目一期工程等已顺利投产，索通 54 室焙烧炉节能改造项目已全部完成，贵龙工业制品公司小型双工质涡旋膨胀发电机生产项目正抓紧建设，四方鑫达年产 6 万吨矿渣棉项目已基本建成。园区钢、铝产业链不断延伸，装

备制造、新型有色金属规模不断扩大，工业发展内生动力不断增强，逐步形成了有色冶金、冶金新材料、装备制造等特色优势主导产业，有力提高了工业园区经济质量和效益。

（四）坚持科技兴区，创新能力不断提升

为切实提高工业园区科技创新水平，按照产业集聚、规模适度、特色鲜明、集约发展的要求，嘉峪关工业园区编制了《关于加快推进嘉峪关高新技术产业开发区发展的实施方案》，已报市政府上会研究。同时以省级高新区为平台，积极为企业搭建科技服务平台，引导企业加大科技创新投入力度，组织企业申报相关科技项目。2019 年，园区有 3 家企业被评定为国家高新技术企业，新申请专利 83 件，1 家企业被认定为国家知识产权优势企业，1 家企业被认定为甘肃省知识产权优势企业，1 家企业被认定为甘肃省"专精特新"中小企业，6 家企业入库科技型中小企业名单，3 家企业入围 2019 年甘肃省科学技术奖励名单，17 个科技项目入选嘉峪关市2019 年科技计划项目，获科技经费 305 万元，园区科技创新水平稳步提升。

（五）强化绿色发展，低碳循环发展加快

以国家循环化改造示范试点园区为契机，不断推进园区绿色低碳循环发展，嘉峪关工业园区循环化改造项目共包括 28 项，计划总投资40.56 亿元，其中 27 项已全部完成，剩余 1 项正在收尾，累计完成投资37.24 亿元，目前正抓紧准备循环化改造终期验收。随着循环化改造工作的深入推进，园区产业关联度不断提高，资源利用水平不断提升，循环经济产业不断壮大，培育形成了 5 家省级循环经济示范企业、11 家省级循环经济示范试点企业、25 家省级清洁生产示范企业，已基本形成了"清洁能源—预焙阳极—电解铝—铝材—铁合金—建材"多产业相互融合、互为支撑的循环耦合产业体系和循环经济产业园区，培育了区域发展新的经济增长点。

（六）积极主动作为，闲置资产有序盘活

受去产能及环保政策等影响，嘉北工业园选矿、球团等企业基本处于停产状态，嘉东工业园部分项目存在圈而未建、建而未投的现象，园区部分土地未有效发挥经济效益。为切实提高闲置资产利用率，嘉峪关工业园区主动出击，通过对园区企业进行大排查、大走访，初步建立了园区闲置资产信息库，为新入园项目搭建信息平台，鼓励新入园企业利用园区闲置资产进行建设、生产，支持园区停产、半停产企业通过项目合作、以商招商等方式盘活土地、厂房等闲置资产。2019年园区有15个项目利用闲置资产实施，利用闲置用地6.3万平方米、闲置厂房1.8万平方米。

二 需关注的问题

（一）体制机制不健全

开发区管委会行使同级政府行政审批、经济管理等职能的权限严重不足，目前嘉峪关工业园区管委会无任何执法权和审批权，园区在招商引资和企业服务过程中，需要大量协调其他职能部门办理相关手续，项目仍存在多头管理现象，园区工作运行不畅、效率不高，影响力和带动性都有待进一步提升。

（二）招商引资困难

受客观条件限制，嘉峪关市地处西北内陆，远离经济主阵地，人口规模小，经济总量不大，战略纵深不足，产业配套不齐全，原料、市场两头在外，物流成本高，用能价格也无优势。此外园区招商政策针对性不强，吸引力度不大，招商力量不强，招商引资缺乏连续性和针对性，招商方式单一，联合招商、以商招商、委托招商等新型招商方式尚停留在纸面，招商引资难度大。

（三）产业结构单一

园区企业多且散，绝大多数企业还停留在工业 2.0 时代，新一代信息技术产业、高端装备制造等战略性新兴产业严重缺乏，园区企业产品多为初级产品，整体技术含量不高、产品附加值偏低、竞争力不强，高新技术企业、高科技产品严重缺乏，大量企业围绕酒钢配套，抗风险能力差，特别容易受国家宏观政策和市场因素的影响。

（四）科技创新基础不牢

科技创新人才严重匮乏，园区就业人数约 2 万人，科研人数不足 300 人，硕士及以上学历人数不足 50 人。大多数企业未设置研发机构，企业科研投入积极性不高，各企业科研投入主要为自筹资金，嘉峪关市针对科技创新的科技贷款、科技贷款贴息、科技创新基金等的科技投融资机制尚未建立。伴随经济下行的强大压力，企业科研资金压力进一步加大，园区科研经费投入主要来自东兴铝业、索通公司等大型企业及规模以上企业，大多数中小微企业是零投入。

（五）土地供需矛盾突出

2019 年，园区范围内剩余可规划用地面积仅 2.56 平方公里，同时受全市用地指标限制，园区新增项目用地均需报省上审批，能否批准都无法掌控，新入园项目面临望"地"兴叹的局面。如年产 15 万吨的航空轻合金项目因土地迟迟不能落实而未能落地，目前投资意向强烈的绿色环保型高性能混凝土外加剂生产项目、电解铝槽废阴极炭块资源利用等项目也因缺少用地指标暂未落地，土地供应不足已成为园区发展的重要瓶颈。

三　对策建议

2020 年是"十三五"规划的收官之年，也是嘉峪关工业园区高质量转型发展的关键之年，嘉峪关工业园区必须认真落实国家和省上各项决策部署、完善园区体制机制、加强招商引资、完善产业布局、强化科技创新、坚持集约发展、优化营商环境，不断提升园区集聚、辐射和带动作用，有力推动全市经济结构调整和产业转型升级。

（一）完善园区体制机制

建议按照《关于全省开发区深化改革创新机制的指导意见》《甘肃省人民政府办公厅关于促进开发区改革和创新发展的实施意见》和安全、环保等相关要求，依法依规确定嘉峪关工业园区管辖范围，充分利用工业园区与行政区交叉少的优势，进一步理顺园区体制机制，破解制约园区发展的制度性障碍，强化园区经济管理职能，加强招商引资和经济管理力量，按照"权力和责任"同步下放的要求，通过授权、委托或设立分局等方式，适当赋予嘉峪关工业园区市一级政府部门经济管理权限，不断激发体制机制活力，推动园区封闭高效管理。

（二）加大招商引资力度

建议尽快出台有针对性的园区招商引资优惠政策，系统梳理钢、铝、煤化工、核装备制造等产业链，拿出清单、找准定位，大力实施延链、补链、强链招商。要加强同酒钢集团的沟通，通过独家代理、补贴等方式想方设法降低钢材、电解铝在园区的销售价格，使之真正成为园区招商引资的重要优势。要整合招商力量，加强人员培训，强化经费保障，把联合招商、以商招商、委托招商等新型招商方式落到实处，发挥实效。坚决摒弃碎片化招商，坚持系统招商，以"咬定青山不放松"的精神去抓招商，持之以恒、常抓不懈，不断充实项目储备库，为园区经济发展注入新活力。

（三）持续优化产业布局

持续深化供给侧结构性改革，加快转变发展方式，突出主导产业，深入挖掘长板，补齐发展短板，全力争取将嘉北工业园纳入有色金属自贸区，加快推进嘉东军民融合产业园建设，积极培育经济发展新动能。通过推动黑色冶金产业提质增效，加快有色合金产业延链升级，加强多功能整车技术与装置研发，加快推进军民融合产业发展，大力培育新型建材产业集群，积极布局大数据产业，推动工业园区传统产业转型升级、循环经济产业不断壮大、新兴产业不断发展，努力构建创新绿色产业体系，实现园区产业集群化高效发展。

（四）不断强化科技创新

坚决落实创新驱动战略，加快建设创新园区，以创新发展促进转型升级。不断壮大科技创新主体，建立高新技术企业后备库，持续推进重点实验室、企业工程技术研究中心等研发机构建设，引导和支持企业与科研院所开展多种形式合作。加快科技成果转化，鼓励大中小企业通过生产协作、开放平台、共享资源等方式进行协同创新，对通过产学研合作取得较大成果的企业、项目和人员进行奖励，探索科技成果中介购买服务，积极为企业牵线搭桥。加强政府统筹规划和综合协调作用，围绕有色冶金、冶金新材料、装备制造等主导产业，实施重大科技项目专项攻关，逐步形成一批拥有自主知识产权的新产品、新技术、新工艺，提高企业自主创新能力。

（五）坚持集约集聚发展

严格按照园区功能定位，严把项目入园关，遵循低碳、绿色、循环发展理念，科学确定园区土地投资强度，严格用地审批，凡是新增用地项目都要从严从慎，严禁"摊大饼"、乱开发，切实做到布局集中、用地集约、产业集聚。要充分挖掘现有土地存量，满足园区发展需求，推进"僵尸企业"、闲置土地的清理工作，尽快制定清理方案和清理标准，画出时间表、任务图，通过"以税控地"、依法收储等多种方式清理闲置土地，增加园区用地储备。探索建立工业用地二级市场交易机制，打通二次交易通道，降低二次交易成本，盘活低效、无效土地，做到让项目进得来、落得下、发展好。

（六）持续优化营商环境

以企业需求为导向，以企业满意为标准，按照适度超前、稳步推进原则，进一步完善园区道路、供水、供电、供气、排水等基础设施，提升园区硬实力，满足企业生产、生活需求。加快嘉北高端铝制品加工产业园增量配电业务试点项目建设，降低企业用能价格。加快提升园区软实力，认真贯彻落实党中央、国务院和省委、省政府关于优化营商环境的相关政策，大力推行"并联审批"和区域化评价，通过精准服务、重点帮扶、"一企一策"等多项措施，帮助企业解决发展存在的问题，让"企业少跑路、政府多跑腿"，切实提升服务企业水平，推动园区转型升级再上新台阶。

B.17
2019年嘉峪关市招商引资情况分析及预测

李燕生　王嘉迪*

摘　要： 招商引资是推动经济社会持续健康发展的重要工作。2019年，嘉峪关市坚持多渠道收集政策项目信息、高标准规划招商项目、优化协调项目服务管理工作等，使招商引资工作实现新的发展。但嘉峪关市还需要关注企业投资信心不足，土地、资金等制约因素增加，现有产业发展水平不高，优惠政策落实难度大，亟须构建高素质招商引资人才队伍等方面的问题，本报告建议加强精准招商、产业链招商、文旅招商、多种方式招商、新媒体招商，以及营造招商引资氛围，加快复工复产，推动招商引资工作高质量发展。

关键词： 精准招商　产业链招商　文旅招商　嘉峪关市招商引资

一　2019年招商引资基本情况

2019年，嘉峪关市坚持"稳"字当头、"实"字托底，聚焦"两高"目标、推进"三城"建设、做实"六共"举措①，集中精力推进全面建成

---

* 李燕生，嘉峪关市委政策研究室党建科副科长，主要研究方向为社会改革；王嘉迪，法学学士，嘉峪关市招商引资服务中心科员，主要研究方向为企业投资管理。

① 聚焦"两高"目标、推进"三城"建设、做实"六共"举措：聚焦推进高质量转型发展、实现高水平全面建成小康，推进关城、钢城、核城一体建设，做实产业提升共进、文旅融合共抓、陆海开放共济、城乡发展共融、民生保障共享、区域协同共赢举措。

小康社会，认真谋划"十四五"发展，切实在理念、方法、服务上强化措施，将招商引资工作作为"一号工程"，并通过创新招商思路、改善招商方式、拓展招商领域，着力优化营商环境，积极搭建平台推动招商引资工作。

（一）全年招商引资情况

2019年，嘉峪关市实施省内外招商引资项目70项，累计到位资金102.77亿元，同比下降5.72%，其中，省外项目28项，累计到位资金38.9亿元，同比增长36.06%。[①]

（二）近两届兰洽会签约项目落实情况

在第二十四届兰洽会上，嘉峪关市签约项目6个，签约金额38.35亿元，截至2019年10月底，签约项目均已开工建设，总体到位资金7亿元；开工率达100%，资金到位率为18.25%。在第二十五届兰洽会上，嘉峪关市签约项目13个，签约金额29.95亿元，截至2019年底，已有10个项目开工建设，总体到位资金2.59亿元；开工率为76.92%，资金到位率为8.65%。

（三）2019年重大招商活动签约项目进展情况

嘉峪关市在沪浙招商活动中签约项目1个（蓝色多瑙河项目），计划投资3.5亿元，截至2019年10月底，已完成投资2.1亿元，资金到位率为60%；在中国绿公司年会上签约项目4个（农村废弃物集聚处理资源综合利用项目、露云娜美星空营地项目、低空观光飞行及教学培训项目、20万吨铝材深加工项目），计划总投资3.55亿元，截至2019年10月底，除农村废弃物集聚处理资源综合利用项目因项目建设用地问题没有开工以外，其余项目均已开工建设，到位资金1.46亿元，开工率为75%，资金到位率为41.1%；非公经济论

---

① 本篇数据由嘉峪关市招商引资服务中心汇总整理。

坛签约项目 1 个（远东华府精品酒店项目），计划投资 1 亿元，截至 2019 年
10 月底，到位资金 7000 万元，资金到位率为 70%。

二　重点工作开展情况

（一）强制度、促实效、夯实工作基础

嘉峪关市认真研究中央和省级关于招商引资的政策精神，立足嘉峪关市
产业特点，制定《2019 年嘉峪关市招商引资签约项目推进工作实施方案》，
严格落实领导包抓重点招商引资项目制度和工作督查、推进等制度，细化工
作责任，全程跟踪服务；吃透用活各种利好政策，找准贯彻落实的发力点，
深入挖掘资源，紧盯京津冀、长三角、珠三角等核心区域，科学谋划项目、
引进建设项目；认真研究各桩关企业的投资动向，多渠道、全方位收集各类
投资信息，找准深化合作的结合点，有针对性地锁定目标，主动出击，跟踪
落实，反馈情况，为市委、市政府科学决策提供依据；认真研究周边省市的
招商引资政策，结合实际进一步修订、完善嘉峪关市招商引资政策，力争形
成政策"洼地效应"。

（二）地企联合招商力度不断加大

紧抓甘肃中核产业园及中核嘉峪关综合保障区建设机遇，联合酒钢
集团、中核四〇四有限公司大力开展地企联合招商，紧密围绕涉核、非
核装备制造等关联度强的配套产业，精准对接航天晨光、中核华兴、南
京宝色、安徽应流等企业，着力推进招商引资精准化、高效化。

（三）招商方式不断拓展延伸

在以商招商、会议招商、产业招商、上门招商、驻点招商等传统招
商模式的基础上，市委、市政府主要领导带队前往北京、西安、上海、
浙江、江苏等地开展招商引资工作，大力探索地企联合、委托招商等形

式，积极考察接洽中国产业升级网、天津谷川联行、上海东方龙商务公司等投资中介机构，洽谈合作，推动委托招商工作、拓宽招商渠道、创新招商体制机制。嘉峪关市积极组织参加津洽会、西洽会、深圳文博会等省内外重要经贸活动，主动"走出去"展示嘉峪关市投资环境、优势产业和重点项目。

（四）项目招引和落地工作有序推进

嘉峪关市邀请中核集团、甘肃省公航旅、河北省甘肃商会、广东省甘肃商会、深圳商会、航天晨光、浙江久立等20余批客商前来考察，深入加强工作对接。目前，太阳能光热发电项目正在重新选址，加快编制可研；低空飞行项目已投入试运营；良种猪繁育基地项目正在按计划有序推进，猪舍改造已基本完成，初步达到种猪入栏条件；航天晨光、浙江久立投资合作正在积极有序推进。

三　主要工作措施

（一）坚持多渠道收集政策项目信息

一是认真研究中央和省上的政策精神，找准贯彻落实的发力点，为科学谋划项目、引进建设项目提供强有力的政策保障。二是紧盯国内外前沿技术、领头企业、500强企业和有意向在西部地区投资设厂的企业，认真研究其投资动向和产业转移战略，多渠道、全方位、立体式收集各类投资信息，并及时进行分析整理，找准深化合作的结合点。三是认真研究周边省市的招商引资政策，结合实际修订嘉峪关市招商引资政策，起草了《关于加大招商引资促进产业发展若干规定（征求意见稿）》，现已完成5轮不同范围和层面的征求意见，目前正在书面向嘉峪关市各单位征求意见，进一步修改完善后上报市政府。

（二）高标准规划招商项目

一是聚焦推动传统产业转型升级规划招商项目，围绕推动钢、铝精深加工，装备制造等传统产业转型升级，培育发展优势产业。二是聚焦推动文旅融合发展规划招商项目，围绕发展全域旅游谋划和引进建设一批重点项目，推动文化、旅游、体育等产业深度融合发展。三是聚焦推动现代服务业发展规划招商项目，围绕通道物流、电子商务等现代服务业，谋划和建设一批重点项目促进第三产业快速发展。截至2019年，嘉峪关市共编印《嘉峪关招商引资项目手册》《嘉峪关市投资环境简介》2000册，为开展宣传推介和对接洽谈奠定基础。

（三）优化协调项目服务管理工作

积极协调解决规划论证、审批备案、开工手续、证照办理等项目落地过程中存在的问题，力促项目建设工程顺利开展，提高开工率、资金到位率和建成投产率。对兰洽会签约项目，逐一建立台账、强化跟踪，确保开工率、资金到位率等。坚持把近三届兰洽会签约项目落地情况作为督查重点，以工作督查和严格考核促进签约项目加快落地实施。

四　存在的问题及原因分析

（一）受国内外大环境影响，企业投资信心仍显不足

受多种因素影响，部分产业、原材料生产趋于萎缩，市场主体更加依赖国家宏观政策导向，观望情绪增强，大中型企业重大市场布局、兼并重组等处于低潮，部分企业家对未来发展的判断趋向消极，对大规模投资大多持较为谨慎的态度。

（二）土地、资金等制约因素增加

一是招商引资项目在土地利用和审批程序等方面受到较大制约。二是

项目规划、审批时间较长，融资困难等因素影响项目落地。三是新建项目不多，影响嘉峪关市招商引资资金到位率，例如农业项目因国家政策要求，现已无法继续实施，农业项目被全部叫停，从而影响项目落地和资金到位率。四是部分招引项目资金无法纳入统计。例如在第二十五届兰洽会中签约的中核科技城和中核军民融合高新技术装备制造产业园项目，是由中核集团投资建设，项目计划一期投资10亿元，主要建设内容包括核工业科技展览馆、中核大数据中心、人才培育中心、生活基地、研发基地、核设备制造产业园基地。中核集团是世界500强企业，由于其为涉密单位，不能提供营业执照、法人身份证明等相关资料，故无法将该项目录入甘肃省招商引资综合管理系统，也无法纳入相关统计。

（三）现有产业发展水平不高

目前，嘉峪关市产业发展水平和档次不高，整体生产能力较为薄弱，主导产业发展后劲不足，新兴产业发展较为滞缓。新引进的项目整体上科技含量不高、体量不大，企业综合竞争力不强，缺乏能够起引领作用、有效促进上下游产业发展的大企业和大项目。

（四）"大招商、招大商"氛围淡化，优惠政策落实难度大

一是对入驻项目投产运营服务占了很大精力。二是全社会招商引资氛围不浓，齐抓共管格局还未形成。三是地方出台的部分优惠政策无法执行，造成招商引资项目签约落地难。

（五）中美贸易摩擦对经济增长影响较大

2019年前三个季度，受中美贸易摩擦导致的钢、铝关税加征和重点企业外贸业务外流影响，嘉峪关市外贸龙头骨干企业进出口额下降明显，酒钢集团和天成彩铝有限公司进出口额分别下降48.6%和9.1%，导致嘉峪关市进出口额明显下降。

（六）亟须构建高素质招商引资人才队伍

一是加强对人员的培训。建立招商人员培训机制，将从事招商的工作人员派出学习，也可邀请专家开展专题培训，切实提高工作人员的综合素质。二是增强人员的实战能力。政府应掌握产业发展动态，积极接触参会客商，提升项目后续跟踪服务水平，切实提高招商人员的实战能力和招商水平。

五　对2020年招商引资情况的预测

2020年，初步判断招商引资项目引进、到位资金仍为下降态势，"稳投资""稳增长"形势依然严峻。

（一）上半年经济发展受疫情影响明显

2020年初，受新冠肺炎疫情影响，嘉峪关市招商引资工作面临比以往更大的挑战，已签约的招商引资项目均处于停工状态，严重影响经济发展进程。为在科学防控疫情的同时尽快复工复产、推进项目建设、推动经济平稳发展，需做到"五个坚持"。

（二）产业招商受制约

嘉峪关市引进的项目主要围绕酒钢上游搞配套、下游深加工，受制于钢铁、电解铝等行业接续产业投资持续低迷、工业项目投资意愿减弱的影响，洽谈、签约的项目推进难度大。

（三）企业融资难的局面仍存在

受到宏观经济增速减缓的影响，企业部分重点建设项目在增加投资、扩大生产、技术创新等方面承担较大风险成本，银行金融服务"因企而异"，部分企业特别是中小微企业很难获得大中型银行融资。

六　下一步工作打算

（一）加强精准招商

面对当前经济形势和嘉峪关市招商引资存在的问题，当地政府要提高政治站位，增强全局意识，履职尽责，举全中心之力开创招商引资工作新局面。不搞"大水漫灌式"招商，要精准招商，用好的项目、好的营商环境、好的优惠政策来吸引投资项目落地。

（二）加强产业链招商

继续坚定不移地支持和服务酒钢集团发展，提升钢、铝等相关产业的核心竞争力。继续围绕钢、铝精深加工，加大招商工作力度，延伸产业链，引进汽车、航空、轨道交通等高端钢、铝制造企业，形成具有竞争优势的产业集群。

（三）加强文旅招商

做大做强文化旅游业，持续推进景城一体化和大景区建设，放大嘉峪关关城、方特欢乐世界品牌带动效应，建成丝绸之路文化博览园、花卉博览园、草湖国家湿地公园等重点项目，尽快形成文旅融合发展的"洼地效应"。

（四）加强多种方式招商

"走出去、请进来"是嘉峪关市一直利用的传统招商手段，也是其扩大城市知名度、广交朋友的重要渠道。此外，嘉峪关市将积极探索新的招商方式，加强与酒钢集团和中核四〇四有限公司等重点企业的联系，开展地企联合招商；选派责任心强、业务精的同志，到发达地区经贸组织驻点招商或挂职招商，并积极探索委托代理招商。

（五）加强新媒体招商

推行"互联网＋招商"模式，充分发挥现有网络平台功能，及时更新宣传推介内容，发布产业招商信息。建立招商服务信息系统，集项目信息、资源互通为一体，统筹项目信息，统一招商资源，打造共享机制，用互联网手段为嘉峪关市招商工作提供技术支撑。充分利用互联网平台进行项目推介、洽谈，实现招商引资工作"不见面、网招商、云签约"，将创新方式和传统招商引资方式相结合，确保嘉峪关市招商引资工作不断链、不掉线。

（六）营造招商引资氛围

动员嘉峪关市一切力量，掀起新一轮大招商、大发展热潮，汇聚"全员抓招商、人人做贡献"的强大合力。要以"时不我待、只争朝夕"的紧迫感，以"坐不住、等不起、慢不得"的责任感，以"大力度、超常规、实打实"的举措，开创招商引资工作新局面。不断优化营商环境，持续深化"放管服"改革，聚焦企业需求，当好"店小二"，为企业发展提供"五星级"服务，全力打造优良投资环境。

（七）加快复工复产

为推进项目建设、推动经济平稳发展，需在科学防控疫情的同时做到"五个坚持"。坚持项目为王，以最大力度、最快速度推进企业、项目复工复产和转型项目建设；坚持创新为上，培育一批专精特新企业；坚持解放思想，创新工业园区运营机制；坚持集群化发展，做大钢、铝精深加工产业集群和高新技术产业集群，打造文旅产业集群；坚持强化服务，优化营商环境。

B.18
2019年嘉峪关市营商环境建设情况
分析及工作建议

安奇　张丽艳　杨渊*

摘　要： 营商环境是发展内生动力、激发市场活力的重要保障。2019
年，嘉峪关市将"放管服"改革作为转变政府职能的关键举
措和重要突破口，创新工作思路，突破改革瓶颈，"放管服"
改革有了新突破，营商环境有了新改善，企业和群众满意度
有了新提升。但需要关注制约企业发展和群众反映强烈的突
出问题，建议继续转变政府职能，持续优化营商环境等，切
实打通服务企业、群众"最后一公里"，为企业"松绑"，为
群众"解绊"，为市场"腾位"。

关键词： 商事制度　"网上政务大厅"　嘉峪关市营商环境

一　主要成效

（一）加强组织领导，夯实工作基础

2019年，市委、市政府从全市机构改革和经济社会发展的大局出发，

* 安奇，法学学士，中共嘉峪关市委政策研究室（改革办）科员，主要研究方向为地方治理改
革；张丽艳，管理学学士，嘉峪关市政务服务管理局四级调研员，主要研究方向为基层政府
管理；杨渊，法学硕士，嘉峪关市政务服务管理局审批制度改革科科员，主要研究方向为马
克思主义哲学。

组建成立了市政务服务管理局，专职推进"放管服"改革工作；先后 4 次召开深化"放管服"改革工作推进会，研判工作推进过程中存在的问题，部署阶段重点任务；结合"放管服"改革工作实际，制定印发了《嘉峪关市 2019 年深化"放管服"改革推进政府职能转变重点任务分解方案》《嘉峪关市深化"放管服"改革打造"四优"营商环境工作方案》等文件，明确改革措施、任务分工、时限标准，确保"放管服"改革各项政策落地生根。①

（二）持续减权放权，挂进权力"瘦身"

一是严格按照国家和省上关于加快规范政务服务事项、实现依申请类政务服务事项"四级四同"的工作要求，认真对照甘肃省省级政务服务事项基本目录，在全市组织开展政务服务事项认领及实施清单编制工作。2019 年，嘉峪关市认领依申请类政务服务事项 603 项，网上可办 603 项，可办率达到 100%。二是做好省级政府部门取消、调整和下放行政审批事项承接落实工作，嘉峪关市累计取消行政审批事项 85 项，承接行政审批事项 44 项。三是针对群众反映办事难、办事繁等问题，嘉峪关市进一步简化办事流程、减少前置环节、明确细化时间节点，依申请类政务服务事项申请材料比原来减少 60.3%、流程优化 20.9%、承诺办结时限比法定时限精减 43.6%。四是开展证明事项告知承诺制试点工作，对嘉峪关市政务服务事项可承诺的办理要件进行梳理，目前共梳理公布出 3 批涉及 21 个部门的告知承诺制试点事项 166 项。五是为进一步提升政务服务水平、推动政务服务向基层延伸，嘉峪关市将涉及卫计、民政、劳动就业、社会保障、住房保障等方面的 43 项政务服务事项下沉到社区及三镇便民服务中心办理，使更多与群众联系密切的事项就近能办、多点可办、少跑快办，最大限度便民利民。

（三）加大商事制度改革，打造优质营商环境

一是压缩企业开办时间。将原本的三级审批制度改为"一人通办"的

---

① 本篇数据由嘉峪关市政务服务管理局汇总整理。

登记注册独任审核制，减少企业名称审核、住所（经营场所）登记2个办事环节、3份申请材料，允许"一址多照""一照多址"。自2018年10月起，嘉峪关市企业开办时间已压缩到5个工作日内，一般性登记注册业务实现当场受理、当场办结、当场发照，其他登记注册业务在2个工作日内全部办结。2019年，嘉峪关市企业办理登记注册时限压缩至3个工作日，在甘肃省深化"放管服"改革优化营商环境电视电话会上被省政府通报表扬。截至2019年底，嘉峪关市各类市场主体已发展到25401户，注册资本846.01亿元，从业人员83647人，分别同比增长8.23%、8.80%、7.29%。二是推进"证照分离"改革。认真梳理《第一批全国推开"证照分离"改革的具体事项表》（共106项），按照直接取消审批2项、审批改为备案1项、实行告知承诺制20项、优化准入服务83项四种类型对许可事项进行分类管理，有效区分"证""照"功能，着力解决"准入不准营"问题。印发涉企"多证合一"事项清单，实现了全国统一的"二十四证合一"。三是加快电子营业执照改革。工商登记服务从"面对面"变为"不见即享"，受理时间从8小时向24小时延伸，实现登记注册全流程"自助式+全天候+无纸化+零跑腿"，开展"互联网+手机"双智能体验，将企业登记升级成申请人"网上申请、身份证认证、电子签名、微信照亮"新模式。四是推行市场主体简易注销。嘉峪关市紧抓试点政策优势，将个体工商户简易注销与每年开展的年报公示和清理"僵尸户""失联户"工作紧密结合起来，累计为10300户个体工商户、63户企业办理了简易注销，有效解决了市场"退出难"的问题，清理了市场主体虚数。

（四）推进工程项目及投资项目审批改革，持续优化营商环境

一是按照省上实施方案要求，制定印发了嘉峪关市投资项目承诺制改革、区域化评估评审、代办服务、模拟审批及容缺受理5个市级实施方案，制定了并联审批、多评合一、多规合一、多测合一、多图联审及联合验收6个实施细则。制定《嘉峪关市并联审批工作会议制度（暂行）》，初步将建设项目审批的基本流程划分为四个阶段：立项用地规划许可、工程建设许

可、施工许可及竣工验收。每个阶段实行"一家牵头、并联审批、限时办结"。二是推进投资项目在线审批监管平台的应用，在项目申报时与政务服务网共享信息，企业单位报建项目只需提供"三证合一"的证号及项目申报材料，即可进行项目申报。2017 年 3 月以来，嘉峪关市已累计办理项目预审（发放项目代码）567 个，办结率达 68.25%，全省排名第六位。2019年以来，嘉峪关市预审项目 163 个，办结率 92.02%，位居全省第三。三是根据国办及省上工程建设项目审批制度改革工作实施方案，结合工作实际和机构设置，嘉峪关市人民政府印发了《嘉峪关市工程建设项目审批制度改革工作实施方案》，进一步压缩工程建设项目审批时限。2019 年，市级工程建设项目审批管理系统已建设完成并上线运行。

（五）创新服务举措，提升服务效能

一是深入推进"三集中、三到位"。嘉峪关市整合市政务服务中心、市场监管登记大厅、社保大厅，搬迁至原社保服务大厅办公楼作为新的市政务服务中心，彻底解决政务服务大厅距市区中心较远的问题，设置 10 个服务区、65 个窗口，共进驻部门单位 41 家、服务企业 5 家。其中，20 家单位事项以"部门派驻"的方式进驻，其余 21 家办件量少、办理频率低的事项，相关业务部门与市政务服务中心签订授权委托书，刻制审批专用章，由统一招聘人员分类型受办业务。二是不断推进更多事项进大厅。2019 年嘉峪关市依申请类政务服务事项 970 项中，除 93 项行政奖励、行政裁决等不适宜进驻大厅办理的事项暂未进驻外，其余 728 项进驻新政务服务大厅、149 项进驻各分中心及社区服务中心，政务服务事项进驻率达 90.4%，超额完成了省政府"70% 以上的政务服务事项实现'一窗'分类受理"的目标。三是开展"五大特色服务"。在政务服务大厅推行一次性告知服务、延时服务、帮办代办服务、"绿色通道"服务及延伸受理边界服务"五大特色服务"，方便企业和群众办事。市政务服务中心整合搬迁后解决了原市政务服务中心距市区"8 公里"的问题，政务审批和惠民事项覆盖面更广，企业和群众办事更方便，市政务服务中心由原来的"门前冷落"到现在的"车水

马龙"，政务服务大厅月办件量从 2019 年 1～9 月搬迁前的月均 1204 件，增加到 2019 年 10～12 月搬迁后的月均 47933 件，办件量大幅提高。

（六）加快系统整合，建设"网上政务大厅"

一是依托甘肃政务服务网建设完成了嘉峪关市政务服务一体化平台，并对接省级政务服务事项管理系统、统一身份认证系统、电子证照系统、电子印章系统、政务数据资源共享服务系统等九大系统，实现了省、市政务服务数据实时交换、互联互通。二是完成了数据交换共享平台的建设工作，并与省级数据交换共享平台实现对接。建立完善全市人口、法人、电子证照等基础数据库，梳理数据共享责任清单，实现了人口基础信息查询、企业基本信息查询及婚姻登记信息核验等 8 项国家级资源、27 项省级资源的查询共享。同时完成了 10 个部门的 57 条数据共享责任清单梳理，有力支撑了"数据多跑路、群众少跑腿"。三是依托一体化在线政务服务平台，对群众反映突出的，涉及跨市区、跨部门，具有代表性的公安、社保及住房城乡建设等 65 个高频事项实现了"一网通办"。四是 2019 年 12 月 10 日，雄关政务服务手机 App 正式上线，实现了"指尖上"办事。

（七）加大监管力度，推进放管结合

一是全面推进"双随机、一公开"监管工作。按照监管领域各相关部门整合后的职能，梳理监管执法事项，制定部门抽查清单，动态完善抽查对象名录库及执法检查人员名录库，规范开展抽查工作。2019 年，嘉峪关市开展涉及市场主体经营、医疗卫生、农药经营等领域的"双随机、一公开"抽查共 143 次，抽查主体 3506 户、公示 3442 户；开展部门联合抽查 7 次，抽查主体 592 户、公示 572 户。二是积极推进信用体系建设。加强社会信用体系制度建设，在工程建设、政府采购与招投标、食品药品安全等领域出台了相关工作制度。加大行政许可和处罚双公示力度，完成嘉峪关市信用信息在"信用甘肃"平台的更新和在"部门协同监管平台"的加载公示；探索开展守信联合激励和失信联合惩戒，发布诚信"红黑榜"名单，按照程序

在信用平台和政务网站予以公示，让守信者一路绿灯、失信者处处受限；建设信用门户网站和信用信息共享平台，积极与省级部门衔接、与具有相关平台开发经验的公司进行沟通，2019 年底已建成并开始数据录入工作。

二　存在的问题

2019 年，嘉峪关市深化"放管服"改革工作取得了一定成效，但对照经济社会高质量发展需要，其整体工作与省委省政府、市委市政府的要求还存在一些差距，主要表现在以下几个方面。

（一）深化改革的认识不统一

各部门对深化"放管服"改革工作的重要性、艰巨性的认识不统一，工作干劲不强、等待观望思想普遍存在，个别单位在重点任务落实过程中采取的措施不力，致使一些关键领域改革推进缓慢。

（二）"五减一优"力度不足

部分政务服务事项办理流程、要件依然较多，业务部门通过信息共享、告知承诺制等方式减少办事要件的主动性不够。项目审批制度改革推进缓慢、管理平台不健全、部门推动成果不显著，导致目前还没有一个通过并联审批使项目快速落地的成功案例。

（三）信息资源共享使用率不高

嘉峪关市数据交换共享平台已与省级平台实现了对接，可以申请使用国家级、省级共享数据，但各部门申请数据的主动性不高，共享数据使用率仍然较低。

三　下一步工作建议

"放管服"改革是一项政策性、专业性较强的改革，涉及面广，情况复杂，难度很大。为进一步巩固改革成果，全面贯彻落实党的十九大及十九届二中、三中、四中全会精神，深入推进"放管服"改革，本报告根据工作实际和存在的问题提出以下建议。

（一）提升服务质量，提高服务效率

一是全面推行"不见面审批"。二是探索推进"一件事一次办"改革。三是提高政务服务城乡全覆盖水平。四是提升政务服务大厅服务质量。五是压减不动产登记时间。六是继续开展证明事项告知承诺制改革，实现将嘉峪关市打造成全省首个"无证明城市"目标。

（二）完善政务平台，加快数据共享

一是加快完善一体化政务服务平台建设。抓紧实现与省级政务服务平台应接尽接、政务服务事项应上尽上，全面增强跨地区、跨部门、跨层级的数据共享和业务协同能力。二是深化政务服务数据共享共用。加快电子证照、电子印章建设应用。三是推动政务服务"掌上办"。在推广过程中持续优化嘉峪关市政务服务 App，初步实现企业和群众通过一部手机查询办理身边事。

（三）深化行政审批制度改革

一是持续规范、完善政务服务事项清单。依据省级标准统一的行政权力事项目录清单，紧盯"四级四同"，推动更多政务服务事项实现同一名称、编码、依据、类型。做好省级政府部门取消、调整和下放行政审批事项的承接落实工作。二是清理规范行政备案等事项。

（四）深化投资项目审批制度改革

一是推动投资项目并联审批。2020 年底前全面实现投资审批事项线上、线下并联办理，企业投资项目备案全程线上办理，努力实现投资项目线上核准。开展投资"堵点"疏解治理专项行动。二是推行投资项目区域化评估评审。三是全面落实投资项目审批帮办、代办制度。四是推行容缺受理、模拟审批工作。

（五）推进工程建设项目审批制度改革

积极推进"一张表单"整合申报材料，全部审批事项通过审批管理系统开展审批，实现统一受理、并联审批、实时流转、跟踪督办，做到全流程、全覆盖、可追溯。以"多规合一"为基础，深化规划用地"多审合一、多证合一"改革，推进"多测合一、多验合一"。按照国务院、省政府安排部署，2020年底前力争将工程建设等领域企业资质类别、等级认定事项压减1/3以上。

（六）持续优化营商环境

一是加大《优化营商环境条例》的贯彻落实力度，对不符合《优化营商环境条例》要求的政府规章、规范性文件及时进行修订清理。二是持续规范涉企收费。三是有序推进"证照分离"改革。四是进一步优化企业开办流程。在企业开办已实现3个工作日内完成的基础上，大力推广应用甘肃省企业开办"一网通办"服务平台，实现企业开办在线全流程一次性办结。

（七）加大事中、事后监管力度

推动"双随机、一公开"监管、重点监管与信用监管等监管方式进一步融合。依托甘肃省"互联网＋监管"系统，汇聚监管数据，运用大数据技术，加强对风险的跟踪预警，提升监管精准化、智能化水平。深入推进化解涉企历史遗留问题工作，健全完善"一企一策"问题解决机制，推动解决一批社会反映强烈的涉企问题。完善事后环节信用监管，健全失信联合惩戒对象认定机制，推进部门协同监管和联合惩戒。

（八）构建政务服务评价监测体系

建立推行政务服务"好差评"制度，切实增强企业和群众的获得感和满意度。稳步推进营商环境评价工作，组织开展全市营商环境评价工作，通过评价及时发现不足，有针对性地进行改进。深化第三方评估工作，委托具有权威性和公信力的第三方机构（科研机构、社会组织等）定期对"放管服"改革推进情况开展评估，提出意见与建议，推动管理和评估相分离，保障评估工作的独立性和评估结果的客观性，使评估结果作为深化改革、改进工作的重要依据。

B.19
2019年嘉峪关市科技创新整体态势及建议

杨殿锋　胡仕宦*

摘　要： 嘉峪关市把科技创新作为经济转型升级发展的重要引擎，着力优化科技创新政策环境、激发科技创新活力、推进科技协同创新、推进科技公共服务。科技创新在经济社会发展中的作用日益凸显，同时成果转化、队伍建设等方面的问题也不容忽视，嘉峪关市应当以建设创新型城市为目标，通过加快创新型城市建设、增强科技创新效能、深化科技体制改革等举措，补齐科技创新短板，进一步提升其服务经济社会高质量转型发展的水平。

关键词： 创新型城市　创新驱动　嘉峪关市科技创新

2019年，嘉峪关市以建设创新型城市为目标，坚定不移实施创新驱动发展战略，突出抓重点、补短板、强弱项，为推动经济高质量转型发展和全面建成高水平小康社会提供了有力的科技支撑。

一　2019年科技创新措施与成效

2019年，嘉峪关市全社会研发（R&D）经费支出为9.46亿元，占GDP

---

* 杨殿锋，哲学硕士，嘉峪关市委政策研究室副主任，主要研究方向为马克思主义哲学；胡仕宦，农学学士，嘉峪关市科技局科技计划科科长，主要研究方向为知识产权发展。

比重为 3.16% （目标值为 2.0%），位居全省前列；全市综合科技进步水平指数达到 55.70% （目标值为 50%），较上年增长 3.69 个百分点；全市新增高新技术企业 5 家，44 家企业通过国家科技型中小企业评价并入库；获"甘肃省科技进步奖" 2 项，其中二等奖 1 项、三等奖 1 项；推荐 6 项科技成果参加省级科技成果标准化评价，3 项办理了省级科技成果登记。①

（一）完善政策，不断优化科技创新政策环境

嘉峪关市完成科技创新奖补政策的修订，出台《嘉峪关市推动科技创新促进科技成果转化若干措施》（嘉办发〔2019〕52 号）；初步制定《嘉峪关市加快创新型城市建设的实施意见》，已由市政府常务会议进行审议。科技、金融办等部门联合印发《嘉峪关市支持科技创新"投、贷、债、保"联动服务实施方案》。嘉峪关市从构建创新创业发展体系、完善科研项目资金管理、促进科技成果转化、扶持创新创业人才队伍等方面优化科技创新环境，有效激发了创新创业活力。

（二）加大投入，充分激发科技创新活力

嘉峪关市获省级科技项目奖补资金 850 万元，争取省级重大专项 1 项、科技小巨人专项 1 项，引导科技创新发展专项资金计划 2 项；投入市级财政科技经费 650 万元，组织实施科技项目 55 项，其中重大专项 4 项；为 37 家企业兑现省、市级科技奖补政策资金 1126 万元，帮助 18 家企业申领科技创新券 90 万元。财政科技投入涵盖冶金及深加工、新能源装备制造、种植、养殖综合配套技术与应用、文化遗产传承保护技术研发、应急管理等多个领域，嘉峪关市不断增加科技创新供给，推动经济高质量转型发展。

（三）开放合作，全力推进科技协同创新

进一步加强与省农科院、兰州交大等高校院所的科技合作，联合开展植

---

① 本篇数据由嘉峪关市科技局汇总整理。

物源生物农药"世创植丰宁"在戈壁设施农业上的绿色防控技术研究、肉羊健康养殖技术研究与示范等科技项目 11 项,引进科技特派员团队 3 个,聘请科技特派员 20 人;围绕促进区域协同发展,制定了联合开展科学技术研究与开发、联合创建科技创新平台与基地、加快先进适用技术和人才引进、加快科技资源和服务共享、建立科技部门间联动机制等具体措施,与酒泉市科技局进行了对接交流;与酒钢集团、中核四〇四有限公司等国有企业沟通衔接,指导企业创建研发平台、产业技术创新联盟和新型研发机构,初步就中核四〇四有限公司省级重点实验室建设和酒钢集团氢冶金研究院新型研发机构建设与省科技厅达成共识;向省科技厅推荐市域符合条件的省级重点实验室、工程技术研究中心 7 个平台进行优化整合,争取省级创新基地、平台科技奖补资金 250 万元。

（四）面向社会,大力推进科技公共服务

嘉峪关市建成集"交易、共享、服务、交流"四位一体功能的科技公共服务平台,首批引入兰州科技大市场、甘肃省科技情报研究所和甘肃省生产力促进中心 3 家第三方服务机构,建立"无偿服务 + 有偿服务""政策服务 + 专业机构服务"综合运营模式,设置科技政务服务、成果转移转化服务、科技信息服务、知识产权服务、创新创业服务、对外合作服务 6 个板块 13 类服务项目,为创新创业提供专业化科技公共服务;围绕十大生态产业开展技术对接,免费发放《甘肃省十大生态产业技术引进指南（2019 年版）》100 套,征集并发布企业技术需求 9 项;出台《嘉峪关市科学数据管理实施细则》,在单位网站推送科技信息 1000 条;举办科技成果评价标准化等科技培训 5 期,培训科技人员近 500 人次。

二　形势分析与建议

一是科技投入偏低。市级财政科技投入占地方财政支出的比重居全省第 11 位。中小企业研发经费投入强度不足,企业科研机构少,自主创新能力

弱。二是科技成果转化渠道较少，缺乏承接成果转化的载体。技术输入多、输出少，完成科技成果交易指标难度大。三是"高精尖"人才稀缺，引进归国留学人员和外籍人才困难，现有人才流失严重。四是创新创业载体管理部门间没有形成合力，制约双创主体"个人—团队—项目—孵化—成长"全链条发展。本报告建议2020年重点采取以下改进措施。

（一）加快创新型城市建设，构建科技发展布局

出台《嘉峪关市加快创新型城市建设的实施意见》。充分发挥市科技领导小组统筹协调职能，积极构建"地企联动、市校合作、军民融合、区域协同"的创新工作机制，扎实推进创新型城市建设年度各项任务落实。启动市级科技创新"十四五"规划编制，集聚市内外的智慧和力量，完成规划起草和论证等相关前期工作，形成创新型城市建设的系统布局。

（二）支持创新平台建设，厚植科技创新根基

推进工业园区创建国家级高新技术产业开发区。支持酒钢集团"三化"（绿色化、信息化、智能化）改造和"三院"（氢冶金研究院、铝业研究院、矿业研究院）建设。对接"国家核基地科学城"、军民融合核产业园、长城国家文化公园等重点项目建设，提供科技服务。建立市级科技型企业和创新平台培育库，新增一批高新技术企业、省级科技创新型企业和市级科技型企业。加快现有科技创新基地优化整合，推荐酒钢集团氢冶金研究院申报省级新型研发机构、中核四〇四有限公司申报省级重点实验室。

（三）支撑经济提质增效，增强科技创新效能

聚焦十大生态产业，组织实施一批技术含量高、产业前景好、示范带动作用大的市级科技项目，培育争取一批省级重大科技专项和科技小巨人项目。围绕培育高质量发展新动能，大力发展战略性新兴产业，支持企业开发新技术、新产品、新业态、新模式。引导企业增加研发投入，运用科技成果

实施产业升级技术改造，提升装备和信息化水平，做优做强钢、铝等主导产业，推动传统支柱产业结构优化升级。

（四）注重发展民生科技，促进科技创新惠民

加强疫病防治、突发事件应急管理、食品安全、生态环境保护等领域的技术研发和推广应用，提高安全风险发现和防范能力。支持新型智慧城市建设，推动5G、互联网、物联网、人工智能、区块链等信息技术与实体经济深度融合。持续实施科技服务乡村振兴战略，面向农业全产业链条配置科技资源，加快发展现代特色农业。为脱贫攻坚、"双促双增"精准帮扶行动提供科技支撑。持续做好科技活动周、科技下乡、科普宣传等活动，加强网站和微信公众平台等阵地建设，在全社会营造崇尚创新、支持创新的良好氛围。

（五）推进区域科技合作，提升创新协同能力

支持企业与省内外高校和科研院所开展战略合作，组建新型研发机构、协同创新中心、院士（博士后）工作站，形成全链条、一体化的科研布局。积极推动嘉（峪关）酒（泉）张（掖）科技创新协同发展，争取列入省科技厅年度厅市会商机制，深度融入丝绸之路科技走廊建设，加速区域科技创新要素流动，深化创新能力开放合作。

（六）完善科技政策体系，促进科技成果转化

全面落实《嘉峪关市推动科技创新促进科技成果转化若干措施》等科技扶持政策，出台奖补政策申报指南、市级科技型企业和科技创新平台培育库管理办法、科技成果登记管理办法、科技特派员考核细则等配套制度。全面落实省市人才政策，加快科技创新人才培育引进和引智基地建设，强化科技特派员考核。组织企业参加省内外科技成果对接活动，推动更多科技成果向嘉峪关市汇集并转化落地。

（七）强化科技公共服务，完善科技服务体系

探索建立有利于科技资源整合流动、科技供给需求无缝对接、科技成果加速就地转移的政策机制。依托市科技公共服务平台，创建区域科技公共服务联盟及省级技术转移示范机构，开展科技创新政策和业务培训，提升中小企业创新创业能力。大力拓展技术市场，扩大技术供需征集，提高技术市场交易份额。加强科技统计工作，主动与省市相关部门沟通协调，确保统计指标科学合理、应统尽统。

（八）深化科技体制改革，优化科技创新生态

着眼于强化科技同经济、创新成果同产业、创新项目同现实生产力、研发人员创新劳动同其利益收入对接的"四个对接"，不断深化科技体制机制改革，落实科研机构自主权，减轻科研人员负担。全面实施政务服务权责清单制和证明事项承诺制，优化科技项目申报流程，实施网上申报。完善科研成果评价体制机制，及时开展项目验收和绩效评价，抓好专项审计问题整改落实。制定《嘉峪关市科技领域科研诚信建设管理办法》，将科研诚信要求落实到项目指南、立项评审、结题验收和监督评估等科技管理全过程，努力形成共建共享共治的科研诚信建设新格局。

B.20
2019年嘉峪关市国有企业改革情况分析及工作建议

安奇 朱华*

摘　要： 市属国有企业是嘉峪关市转型发展的重点，是全市经济发展的中坚力量，深化国有企业改革，对推动经济持续健康高质量发展、提高经济整体运行效率具有十分重要的意义。2019年，嘉峪关市政府国资委全面推进国企改革，依法履行出资人职责，强化国资国企监管，加强国企党建工作，为助力全市经济社会发展做出了重大贡献。但仍需关注市属国有企业遗留问题较多、企业风险管控任务艰巨、现代企业制度还不够健全等问题。本报告建议继续加强市政府国资委自身建设，推进国有企业改革，规范国资监管工作，强化党的建设，促进国有资产保值增值和国有企业高质量发展。

关键词： 企业风险管控　国有资产监督管理　嘉峪关市国有企业

一　2019年主要工作成效

（一）以保值增值和高质量发展为统领，全面加强国资监管工作

加强国资监管是国资委的主要职能，是国资委工作的重点。为认真贯彻

---

* 安奇，法学学士，中共嘉峪关市委政策研究室（改革办）科员，主要研究方向为地方治理改革；朱华，农学学士，嘉峪关市国有资产监督管理委员会副调研员，主要研究方向为国有资产管理。

落实国务院国资委印发的《关于以管资本为主加快国有资产监管职能转变的实施意见》，嘉峪关市紧紧围绕"管资本"这条主线，从总体要求、重点措施、主要路径、支撑保障四个维度，构建以管资本为主加快国有资产监管职能转变的工作体系，包括转变监管理念，从对企业的直接管理转向更加强调基于出资关系的监管；调整监管重点，从关注企业个体发展转向更加注重国有资本整体功能；改进监管方式，从习惯于行政化管理转向更多运用市场化、法制化手段；优化监管导向，从关注规模速度转向更加注重提升质量效益。针对上述内容，嘉峪关市主要做了以下六个方面的工作。一是依规持续强化国有企业财务监督。按时完成了 2018 年度国有企业财务会计决算工作以及企业国有资产统计工作，先后印发了《关于进一步做好市属国有企业2019 年月度财务快报工作的通知》（嘉国资〔2019〕14 号）和《关于做好市属国有企业经济运行分析工作的通知》（嘉国资〔2019〕242 号），逐步规范了企业财务行为，按季度深入开展经济运行分析的评价和对标工作，促进了监管企业提质增效。二是依法圆满完成国有资本收益审核和收缴任务。按照《嘉峪关市财政局关于印发〈嘉峪关市国有资本经营预算管理办法（试行）〉的通知》（嘉财预字〔2018〕54 号），积极主动与各企业联系，对存在疑问的长期投资、资产折旧等项目进一步核实确认，确保国有资本收益数字准确。2019 年，市属国有企业共上缴国有资本经营收益 3295.93 万元，同比增长 88.51%。三是依规有效开展市属国有企业经营业绩考核。按照嘉峪关市制定的市属国有企业负责人考核管理制度，对全市 2018 年签订了经营业绩考核目标责任书的 11 家市属国有企业负责人进行了经营业绩考核，其中考核为 A 级的国有企业 1 家，B 级企业 5 家，C 级企业 5 家，促进了企业管理水平和经营效益的大幅提升。四是依法规范国有企业投融资行为。加强对市属国有企业重大建设项目、重大投融资等"三重一大"事项的严格审批，保证企业重大决策的合规性和科学性。督促文旅集团、城投公司等重点企业做好债务风险管控工作，积极化解债务存量。2019 年，城投公司共偿还本金 4.2 亿元，利息 2.22 亿元；文旅集团化解各类债务 7.1 亿元。监督 23 家监管企业对拖欠民营企业、中小企业账款情况进行了梳理，做到了应偿尽偿。五是依规完善制度设计。在深入研究中央和省市国企改革政策及嘉峪关市已完成的配套政策制度体系基础上，制定了《关于改革国有企业工资决定机制的实施意见》，形成了"1＋10"政策制度体系。六是依法完成向市人大常委会报告企业国有资产管理工作。按照《中共嘉峪关市委关于建立市人民政府向市人大常委会报告国有资产管理情况的实施意见》，积极谋划，精心组织，形成了2018年度市属企业国有资产管理情况的专项报告，及时、准确、完整地反映国有资产现状及管理情况。通过推进国资监管职能转变强化资本运作，截至2019年底，市属监管企业共14家，职工人数2583人，职工人均工资5.78万元。2019年，资产总量232.89亿元，同比增长32.56%；负债总额160.15亿元，同比增长31.56%；净资产72.74亿元，同比增长35.4%；资产负债率为68.8%。2019年，营业收入9.6亿元，同比增长74.5%；利润总额8242.3万元，同比下降8.5%；上缴税费总额1.2亿元，同比下降25.47%。国有资本得到了有效保值增值。①

（二）以整合重组为抓手全力推动市属国企改革，各项工作取得重大突破

2019年，市委、市政府高度重视国企改革工作，嘉峪关市政府国资委在更高起点、更高层次、更高目标上推进全面深化国企改革，把脱钩、重组、公司化改制和其他配套改革作为市属国企改革的重点任务和突破口，积极发挥协调作用，组织各牵头企业制定任务推进表，并要求各牵头企业按时间节点积极推进。建立完善沟通联络机制，指导各类改革方案修订完善，坚持每3天对接1次，及时掌握进度，答复各种咨询问题。多次深入企业调研，针对改革过程中发现的整合方向不够科学、企业改革意向不够统一等情况及时向上汇报、积极沟通衔接，帮助部门和企业协调解决各类制约和影响企业改革发展的突出问题，同步做好其他配套改革工作，主要包括以下几个方面。一是整合重组、脱钩改制取

---

① 本篇数据由嘉峪关市政府国有资产监督管理委员会汇总整理。

得阶段性胜利。2019年，全面完成了市属国有企业整合重组改革，将20家涉改企业整合为7家市属集团公司，集中将15家市直部门监管企业脱钩，实现了统一监管，完成了7家企业公司制改革任务。同时，启动了大友企业公司制改制工作。通过一系列改革举措，初步打赢了国企改革攻坚战，理顺了关系、凝聚了合力，实现了市属国有企业"由散到聚、由乱到治、由小到大、由弱到强"的良好布局。二是"三供一业"维修改造项目进展顺利。针对"三供一业"移交事宜，按照既定时间表和路线图，切实加强工作落实，积极协调解决铁路、酒钢等企业分离移交中的问题，督促各相关单位加快维修改造项目实施，并严格监管使用好"三供一业"维修改造专项资金，确保核拨的每一笔资金符合使用规定。截至2019年12月底，共拨付各建设单位负责的维修改造及运行期过渡费2.07亿元。三是国有企业公务用车改革前期工作圆满完成。在市车改办的领导下，全面统计了市属国有企业所有车辆，对企业参改人员、参改车辆的取消和保留，司勤人员进行了摸底调查，按照整合重组改革后的企业数量进行统计，涉改16家市属国有企业共有163辆车（含子公司），拟保留149辆，拟取消14辆。同时配合市车改办制定了《嘉峪关市市属国有企业公务用车制度改革实施方案》，正式印发后按照规定开展各项工作。四是服务国企水平显著提高。紧紧围绕市委、市政府年度工作部署，深入贯彻"放管服"改革要求，始终坚持服务国企定位，强化服务理念。大力推进有效办理、快捷办理，全面提升服务效能。指导市属国有企业严格执行《嘉峪关市国资监管权力清单和责任清单》，明确国资监管机构和国有企业的权责边界。积极主动为企业帮困解难，2019年共向监管企业注资7480万元，协调解决企业经营生产方面大小问题50余件，帮助企业解决历史遗留问题10余件。同时对市属国有企业承担的重点建设项目实行跟踪服务，有力推动了项目建设的顺利实施。通过全力推动国资国企改革各项工作任务，2019年初步打赢了市属国有企业改革的攻坚战，为后续改革奠定了坚实基础，市政府国资委履行职能更清晰、更给力。

（三）以落实党建工作责任为方向，全面提高党建工作水平

国有企业是全市经济发展的中坚力量，加强国有企业党建工作是保持国有企业持续健康发展的重要保障，2019 年，市政府国资委党委成立以来，高度重视党的建设工作，认真贯彻落实全国国企党建工作会议精神，立足加强机关党委自身建设，落实"两个责任"，在基层党建工作提标提质、推进党的领导和企业生产经营有机融合等方面加大力度，通过调查研究、督促指导、面对面交流等方式全面提升了国企党建工作质量。一是"打铁还需自身硬"，注重加强自身建设。市政府国资委成立以来，坚持把党的政治引领摆在首位，坚决维护以习近平同志为核心的党中央权威和集中统一领导，不折不扣贯彻落实省委、市委工作安排。始终坚持把学习作为一种常态，推动学习新思想走深走实。2019 年，党委专题研究党建工作 6 次，党组理论学习中心组集体学习 12 次，先后组织开展党支部集体学习 21 次，组织开展"学习党"专题研讨活动 6 次。教育和引导全委党员干部积极使用"学习强国"和"甘肃党建"学习平台，进一步增强了党员干部"四个意识"，坚定了"四个自信"，做到了"两个维护"。高度重视工作规划和单位建设，明确了党委班子职责分工，逐步完善了"党组书记负总责、分管领导分工负责、科室落实推进"的工作责任制。制定了党委行政议事规则以及其他单位管理制度，研究制定了年度重点工作计划，层层传导压力和责任，充分调动班子成员的主观能动性，做到了责任到人、各负其责，确保了国资监管、国企改革、党建工作、精准帮扶、安全生产、信访维稳等各项工作的平稳承接和有序开展。二是"牢牢牵住牛鼻子"，全面落实党建工作责任。全面落实党委书记抓党建的主责主业、班子成员"一岗双责"、支部书记具体责任。全面落实党组织在公司治理中的法定地位，明确党委会研究是董事会、经理层做决策的重要前置程序，确保党组织"把方向、管大局、保落实"的政治核心作用。在市属国有企业、集团公司推行了党委书记、董事长"一肩挑"，从体制上保证了党委在公司法人治理结构中的政治核心地位，同时规范企业党组织建设，依据管理权限批准成立了公司党委 2 个，新成立

党支部 3 个。有效开展党支部建设标准化工作，监督企业严格落实"三会一课"制度，配齐支部班子，加强机关党员教育管理，2019 年国有企业新发展党员 34 名。2019 年底召开了国有企业党建工作座谈会，对企业加强党建阵地建设、党建工作队伍设岗定责、薪酬保障等方面的工作进一步明确。组织开展了市属国有企业党建工作培训班，举办了市属国有企业党支部建设标准化"大比武"活动，指导各企业党组织开展主题党日活动 30 余场次，建成标准化党建室 15 个，集中整治软弱涣散基层党组织等党建突出问题，有力提升了国有企业党支部标准化建设水平，切实推动了基层党建工作提档升级。三是坚持正确用人导向，切实加强干部队伍建设。按照"对党忠诚、勇于创新、治企有方、兴企有为、清正廉洁"的国有企业好干部标准和干部选拔任用程序，结合 2019 年市属国有企业改革，从市属国有企业中储备选拔人才，配合市委组织部经过严格的考察调研，建立了市属企业领导人员储备库，共有 41 名符合条件的人员入库储备。选任了 5 名市政府国资委直管企业领导人员。无论是后备人员还是选任企业领导人员都严格遵守组织程序，坚持了正确选人、用人导向。四是"风清气正好扬帆"，认真开展党风廉政建设。党委紧紧抓住全面从严治党主体责任这个"牛鼻子"，按照《关于贯彻落实中央八项规定实施细则的实施办法》，严格落实个人重大事项报告、"三重一大"民主决策、请示报告、廉政档案、领导干部"五个不直接分管"和"末位表态"等规定，以政治纪律、组织纪律为重点，带动廉洁纪律、群众纪律、工作纪律、生活纪律严起来，使党员干部自觉在廉洁自律上追求高标准、在严守党纪上远离违纪红线，营造了"风清气正"的干事环境。五是"守初心、担使命"，深入开展主题教育。按照市委关于开展主题教育的工作部署，党委领导班子牵头抓总、党员领导干部以身作则，市政府国资委党员干部全心投入，坚持"三个突出"，着眼"五方面学习"，充分发动抓学习、聚焦主业抓调研、突出导向找问题、"刀刃向内"抓整改，确保主题教育入脑入心，党委共组织集中学习 11 次，举办学习研讨和成果交流会 5 场次，按要求围绕 10 个专题开展专题研讨并做到了全覆盖，形成高质量调研报告 5 份，发放调查问卷和征求意见表 650 份，召开征求意见专题会 6 场次，召开座谈会 3 场次，先后征集到各类意见和建议 76 条。从党章党规、"六个对照"、"18 个是否"、国有企业转型发展、信访民生保障、国资国企监管、精准帮扶、党的建设等方面最终梳理出 9 个方面 14 个问题，并已整改完成 12 个。组织召开了专题民主生活会，党委班子和成员从思想、政治、作风、能力、廉政等方面进行深刻反思剖析，认真撰写检视剖析材料，开展批评与自我批评，形成了问题整改清单和整改方案。同时，狠抓中央统一部署的 8 个方面突出问题的专项整治，细化了责任主体、进度时限和工作措施，项目化推进整改落实。通过主题教育，市政府国资委党员干部更加坚定了政治站位，进一步坚守人民立场，更加勇于担当作为、提振精神，奋力投入国资国企工作当中。

二　存在的主要问题

围绕全年重点任务，嘉峪关市政府国资委虽然做了大量的工作，取得了较好的成绩，但对标中央、省上决策部署和市委、市政府的工作要求，在落实工作中还存在一定困难和不足，具体表现在以下几个方面。

（一）国资监管干部队伍有待加强

2019 年是嘉峪关市政府国资委成立的第一年，面对艰巨、繁杂的工作任务，全委充分发扬不怕苦、不怕累的工作精神，机关干部上下一心、任劳任怨，克服了人员少、任务重等困难，加班加点、苦干实干，完成了大量工作，但也导致了干部工作担子过重、超负荷工作、身心俱疲，难以腾出精力和时间将工作做精、做深、做细。

（二）干部整体业务能力需要进一步提高

新进成员对国资监管业务还不够熟悉，缺乏经验，对于中央和省上关于国资国企监管方面的政策领会得还不是很透彻，与国资国企监管工作高标准、严要求、紧节奏的目标不相适应。

（三）市属国有企业遗留问题多，处理化解难

参与整合重组的企业大多数为全民所有制企业，其成立时间早，经历过多次改制改革和兼并重组，在以往的改革中制定的很多程序方法与现行的法律法规不相适应，导致了一系列历史遗留问题。这类问题涉及法律法规多、覆盖人员广、矛盾比较尖锐。

（四）企业未来发展仍面临严峻挑战

在改革前，市属国有企业大部分规模较小、布局分散、竞争力不强，资产规模在50亿元以上的企业只有2家，在50亿～10亿元的企业只有1家。整合重组改革虽有效解决了企业规模和布局等问题，但是受国家政策、市场等环境影响，新组建企业后续如何定位、如何转型、如何发展、如何提质增效以及国有资本投向等问题都将是需要深入研究的重大课题。

（五）企业风险管控任务艰巨

从2018年市属国有企业经营情况来看，资产收益率仅为0.34%，无效资产、低效资产和闲置资产占比大的情况非常严重，这类情况后续仍将存在，此类资产不能直接用于生产经营活动，导致企业的后续发展主要依靠银行贷款，企业偿还能力差且存在较高的负债率，加大了企业的财务风险。

（六）现代企业制度还不够健全

虽然大部分市属国有企业按照《公司法》相关规定建立了法人治理结构，但股东大会、董事会、经理层职责边界不清，监事会职能没有得到充分发挥，企业领导人员还简单参照党政领导干部的管理方式，管理人员竞争机制和市场化选聘机制尚未完全形成，人才使用和激励机制不完善等问题依然存在。

（七）市属国有企业党建工作水平有待进一步提高

部分市属国有企业领导人员抓党建工作的思想认识还不够深入，部分新成立的企业党委和基层党支部仍然存在"重业务，轻党建"的现象。党建工作基本队伍还不够健全，大多数企业对党务工作人员未按标准设岗定责，事多人少、业务不精、无岗无责的情况仍然存在。部分企业还存在党委会研究决策事项和董事会研究决策事项边界模糊，需董事会研究的事项全部由党委会研究的现象。

三 2020年工作建议

2020 年，嘉峪关市政府国资委将继续以高度的政治自觉，深入学习贯彻习近平新时代中国特色社会主义思想，全面落实习总书记在全国国有企业党的建设工作会议上的重要讲话精神，按照中央决策部署和省委省政府、市委市政府的工作要求，持续推进国资国企改革和国有企业高质量发展，不断增强国资监管能力，提高国有资产保值增值水平，紧紧围绕重点目标，加大工作力度，克服困境和难题，重点做好以下四个方面的工作。

（一）进一步加强市政府国资委自身建设

一是注重提升综合素质，不断增强做好国资监管工作的责任感和主动性。全委上下要紧紧围绕国企改革中心任务，牢固树立终生学习、全员学习理念，主动靠前站位、前瞻思维，积极创新思路、破解难题，进一步深化机关效能建设，树立"立说立行，马上就办，办就办好"的工作作风，杜绝推诿扯皮、敷衍塞责，对重点任务实行责任分解、节点控制、定期调度，做到快办、办好。二是引导全委班子成员切实扮演好"向导""指挥""老师""裁判"四种角色，以提高党员领导干部能力素质为根本，着力强化制度执行力，教育和引导党员干部对工作充满激情，狠抓工作落实，严守纪律，培养和树立"雷厉风行、狠抓落实、团结协作"的良好作风。三是不断加强制度建设，规范工作流程，完善国资监管工作机制。完善和坚持市政府国资委党委会议制度，健全科学民主决策机制，重大问题广泛听取意见，提高决策科学性。坚持实行调查研究制度，深入企业、群众，广泛听取意见，帮助企业、群众解决实际问题，与企业搞好沟通、衔接、配合、服务，形成工作互动机制。全委把加强纪律性、狠抓工作落实作为提高执行力的主要手段，进一步增强责任意识、担当意识、进取意识，狠抓各项工作落实，确保令行禁止、政令畅通、高效运转。四是着力打造和谐机关，形成凝心聚力干事业的良好氛围。深入开展学习型、服务型、创新型、廉洁型机关创建活动，树立机关"干事、担当、创新"的良好形象。教育和引导全体党员干部尽职尽责、全力以赴，工作中"比勤勉、比奉献、比业绩"。大力营造胸怀坦荡、光明磊落的工作氛围，共建风清气正、干事创业、和谐团结的良好风气。

（二）进一步推进国有企业改革

一是指导整合重组后的企业完成各子公司的公司制改制工作；将未进行改革改制或整合重组的市属企业，经过产权界定后进行公司制改制或和其他企业进行整合。推进整合重组、企业内部深化重组，进一步指导企业对内部资源和下属同行业、同板块的子公司进行整合，加快完成大友企业的公司制改制工作。二是探索开展混合所有制改革。积极研究混合所有制改革的相关政策和成功案例，选择具备条件的企业开展混合所有制改革试点，并同步完善相关配套工作机制。探索设立支持国有企业市级产业发展的专项资金。持续放大财政杠杆作用，充分激发企业活力，增强市场竞争力，推动国有资本做强做大做优。三是建立健全现代企业制度，指导完成整合重组的企业建立健全以公司章程为核心的现代企业制度和内控制度。依照法律法规和公司章程，建立健全股东大会、董事会、经理层、监事会、党组织和职工代表大会，建立权责对等、运转协调、有效制衡的公司法人治理结构，保障有效履职。四是抓好历史遗留问题的处置化解工作。针对企业历史遗留问题，坚持"台账管理、分级负责、先易后难、化解销号"的原则，牵头处理好资产类历史遗留问题，加快国有企业实体化转型发展。

（三）进一步规范国资监管工作

一是抓好国企债务风险防控工作。加大企业存量债务管理、债务风险防控和投资管理力度，审批企业重大投资、融资事项，发挥企业自身优势，防范经营、融资风险。加强对市属国有企业经营利润收益收缴管理，完成国有资产经营预算和收益收缴任务。二是科学考核负责人的经营业绩。根据市属国有企业改革重组的实际，分类完善市属国有企业负责人任期经营业绩考核方案，组织开展企业负责人年度经营业绩考核，科学考核负责人的经营业绩，合理确定、监管国有企业主要负责人的薪酬。强化企业考评追责，建立健全对董事决策失误的责任界定、责任追究制度，加强对企业董事会各成员履职行责的考核评价，对重大决策失误负有直接责任的成员要及时调整或解聘，并依法追究其责任。三是开展监管国有企业职工工资总额预算审核和备案工作。根据省政府出台的《关于改革国有企业工资决定机制的实施意见》和《嘉峪关市市属国有企业工资决定机制的实施办法（试行）》，进一步深化监管国有企业工资决定机制改革，建立健全收入分配调控机制，推动企业持续稳定健康发展。四是健全完善各类国资国企监管制度。继续完善国资监管顶层制度设计，在现有制度体系的基础上，修订完善企业领导人综合考核办法和经营业绩考核办法，再制定 3～5 个监管配套制度。通过制度建设，切实提高市属国有企业管理水平，进一步促进市属国有企业健康发展。五是修订完善《嘉峪关市国资监管权力清单和责任清单》，明确国资监管机构的权力和责任。六是按照省市关于"十四五"规划编制工作要求，围绕国有资本布局与结构战略性调整，完成国有资本"十四五"规划编制工作。

（四）进一步强化党的建设

一是牢固确立党对国有企业的领导地位。以严格落实"三重一大"事项为抓手，指导企业理顺党委会、董事会、经理层的工作关系，确保党委在企业的"领导、把方向、管大局"方面既不可越位，又不能缺位，切实体现党在企业内部的领导地位。二是重点抓好企业基层党组织建设。加强基本组织、基本队伍、基本制度建设，选优配强党建专职队伍并设岗定责，指导企业配备党务专干，落实工资待遇，将党建工作经费纳入企业年度预算管理。积极在企业范围选树典型，推广宣传，培养2~3个基层党支部示范点，在国有企业领域引领示范。三是狠抓工作作风。认真落实中央、省委、市委作风建设各项规定，持续开展集中整治形式主义、官僚主义工作，加大作风问题查处力度，坚决纠治不正之风。坚持正面教育与反面典型教育相结合，认真开展警示教育，引导党员把党纪党规内化为道德信仰，外化为行为规范，使其自觉守纪律、讲规矩，真正把全面从严治党覆盖到"最后一公里"。

城市建设篇

Urban Construction

B.21
2019年嘉峪关市房地产业发展
现状及对策建议

张允 白静 彭丽娜*

摘　要： 房地产业作为嘉峪关市的支柱产业，对嘉峪关市经济发展具
有重要的推动作用。2019年，嘉峪关市认真贯彻落实国家、
省、市各项宏观调控政策措施，紧紧围绕房地产市场监管、
保障性住房管理、物业管理等重点工作，建立、完善住房保
障相关制度，市场调控成果显著，住房供应结构明显优化，
棚户区改造稳步推进，但依然存在房地产投资下行压力较大、
享受住房保障人员的资格审核排查难度较大等问题。本报告
建议切实增强政府的调控力和房地产开发企业的市场适应力，

---

* 张允，历史学学士，现在嘉峪关市委政策研究室工作，主要研究方向为社会工作；白静，法
学学士，现在嘉峪关市房产服务中心工作，主要研究方向为房地产业态发展；彭丽娜，工学
学士，现在嘉峪关市房产服务中心工作，主要研究方向为住房供给保障。

完善专项整治联动协同工作机制，切实发挥保障性住房在解决城镇中低收入住房困难家庭方面的兜底作用，建立完善的物业管理机制等，促进房地产市场健康有序发展。

关键词： 住房供应结构　住房保障　物业管理　嘉峪关市房地产市场

一　嘉峪关市房地产业发展现状及措施

（一）强化监管，房地产市场运行平稳

1. 2019年房地产市场投资下降

2019年，嘉峪关市累计完成房地产开发投资 25.15 亿元，同比下降 1.42%，其中，住宅累计完成投资 18.58 亿元，同比增长 18.07%。[①]

2. 供销总量基本平衡

2019年，嘉峪关市房地产开发新开工面积 58.43 万平方米，同比下降 41.51%，其中，住宅新开工面积 38.20 万平方米，同比下降 38.93%；房地产开发累计竣工面积 24.78 万平方米，同比下降 35.01%，其中，住宅累计竣工面积 18.23 万平方米，同比下降 30.97%；商品房累计销售面积 60.24 万平方米，同比下降 24.15%，其中，住宅累计销售面积 54.49 万平方米，同比下降 19.46%。

3. 销售价格持续上升

2019年，嘉峪关市新建商品住房销售均价每平方米 4354.87 元，同比增长 30.49%，其中，新建商品住房销售最高价格为每平方米 6858 元，最低价格为每平方米 3180 元；二手住房交易均价为每平方米 2534.73 元，同比增长 5.38%，其中，二手住房交易最高价格为每平方米 5364.81 元，最

---

① 本篇数据由嘉峪关市房产服务中心汇总整理。

低价格为每平方米 982.32 元。

4. 商品房库存增加

2019 年，嘉峪关市商品房累计可售面积 245.23 万平方米，同比增长 11.10%，其中，住宅可售面积为 48.40 万平方米，同比增长 17.11%。按照近 12 个月的平均销售量计算，需要 10.10 个月的时间去库存，同比增长 57.30%。

（二）制定措施，住房租赁市场进一步规范

围绕稳定市场预期、激发市场活力、推动房地产业健康发展，市委、市政府印发了《嘉峪关市促进房地产业持续稳定健康发展的实施意见》《嘉峪关市 2016—2019 年去房地产库存工作方案》《嘉峪关市关于加快培育和发展住房租赁市场的实施意见》，有效促进了房地产业持续稳定健康发展。对住房公积金贷款及提取做出了调整，对缴存职工本人及配偶在缴存城市无自有住房且租赁住房的，可允许其提取夫妻双方住房公积金支付房租，每套住房每月的租金提取额度由 810 元提高至 1500 元。鼓励房地产开发企业发展住房租赁经营机构，拓展业务范围，从单一的开发销售向租售并举模式转变。鼓励有条件的房地产开发企业将其持有的存量房房源投放到租赁市场，用于向市场租赁；可以与经营住房租赁的企业合作，建立开发与租赁一体化、专业化的运作模式；也可以转成租赁型的养老地产、旅游地产等。建立租赁合同网上备案制，加强对住房租赁市场的管理，规范租赁行为，公共租赁住房实行有限期租赁。

（三）加强整治，房地产经纪行业快速发展

2019 年，嘉峪关市房地产经纪机构数量达到 27 家，从业人员 140 余人。嘉峪关市房地产服务中心制定《嘉峪关市开展专项整治住房租赁中介机构乱象的实施方案》，发布《关于嘉峪关市房地产开发企业及中介机构未备案名单的公告》，对 2 家未备案的房地产中介机构的营业执照进行了注销，8 家未备案的房地产中介机构进行了备案。开展了专项检查 20 余

次，联合检查 1 次，通过现场巡查、合同抽查、投诉处理等方式，对已备案的 27 家房地产中介机构进行全面现场检查，针对检查中发现的房源信息更新不及时、未与委托人签订房屋授权委托书、签订阴阳合同等问题下发整改通知书 6 份。全面实行房地产中介从业人员备案制度，推行从业人员实名制服务。举办了首届嘉峪关市房地产经纪人员业务培训班，全市 26 个房地产经纪机构共计 120 余人进行了能力素质提升培训。鼓励房地产中介机构从业人员参加全国房地产经纪资格考试，已有 10 人通过全国房地产经纪人协理职业资格考试，1 人获得全国房地产经纪专业人员职业资格证书。制定了《嘉峪关市房地产中介机构房屋授权委托书》《房屋状况说明书》模板，印发了《关于进一步规范房地产经纪机构经营行为的通知》，编制了《嘉峪关市房地产经纪居间服务合同（示范文本）》，目前该合同已在全市试运行，不断规范房地产经纪行业发展。

（四）完善机制，保障性住房管理专业化

嘉峪关市保障性住房自 2008 年开始建设，2019 年，嘉峪关市建设（回购）面向城镇中低收入住房困难家庭、新就业无房职工、在嘉峪关市稳定就业的外来务工人员、引进人才配租的公共租赁住房 2404 套，其中，市属公租房建设 2112 套，酒钢集团建设 292 套，保障 2316 户；建设面向符合条件的中低收入住房困难家庭的经济适用住房 2940 套，其中市属经济适用住房建设 1115 套，酒钢集团及其他企业建设 1825 套，保障 2920 户。嘉峪关市限价商品房为企业开发，累计建设的 1948 套限价商品房已全部用于企业职工住房保障。由于全市人口总量少，保障性住房建设量较小，住房保障已实现"应保尽保"。进一步完善住房保障相关政策，细化申请条件，逐步降低保障性住房申请门槛，放宽申请对象的准入条件，规范保障性住房运营管理。将保障性住房申请家庭人均收入调整为家庭人均收入不超过上一年度嘉峪关市居民人均可支配收入，2019 年申请家庭人均收入标准提高到 2455 元/月，2020 年申请家庭人均收入标准可提高到 2651 元/月。公租房准入审核机制逐步优化，新的公租房申请流程为"两

级审核两级公示"①，减少了三区审核的环节。申请人需要提供的房产、车辆、工商、社保、公积金五项信息，由房管部门协调相关单位统一查询，工作时限由 30 个工作日压缩到 15 个工作日，将公租房申请家庭信息在政府信息网和社区进行公示，接受群众监督。保障性住房由市房管局进行管理、维护，小区建有与基本居住相关的水电气暖、道路、宽带网络、雨水处理等配套设施，以及与家庭生活需求有关的幼儿园、文化体育活动场所、小区绿化、社区（卫生）服务、公共交通站点等服务性公共设施。经济适用住房小区由物业服务企业提供物业服务。保障性住房物业服务费用标准在政府指导价标准内，由物业服务委托双方根据项目规模、物业服务事项及其质量等因素约定。

（五）强化服务，物业管理水平不断提升

1. 物业管理服务覆盖面广

嘉峪关市现有建成住宅小区 229 个，总建筑面积约 1460.74 万平方米，建成住宅约 16.6 万套，其中，有物业服务的小区 178 个，服务面积约 1149.11 万平方米。注册的物业服务企业有 52 家，服务小区 174 个、商业步行街 4 个；全市选举成立业主委员会 88 个，住宅物业管理覆盖率约 93%，物业收费率为 85% 左右。嘉峪关市物业服务企业大体分为 2 类，一是国有、集体企业 6 家，物业服务面积约 470 万平方米，约占全市物业管理服务面积的 41%；二是私营物业服务企业 46 家，物业管理服务面积约 456 万平方米，约占全市物业管理服务面积的 40%。

2. 物业管理工作逐步走向规范化、法制化

实行市、街道办事处、社区三级物业管理模式，充分发挥社区监督和指导辖区内业主大会成立，业主委员会选举、换届及日常工作的职责，在社区服务大厅设立物业管理服务窗口，实现对物业服务企业的常态化督查和长效

---

① "两级审核两级公示"是指申请人提出书面申请，由社区受理、初审并进行公示，公示期为 3 个工作日，公示完毕后符合条件的申请家庭，由社区将其申请资料报送至市保障性住房管理服务中心进行再次审核，对审核通过的家庭进行再公示。

监管。积极推动物业管理纳入城市管理，明确职能部门、社区共同参与小区物业管理，加强对物业服务企业的事中、事后监管，对各物业服务企业和物业项目实施定期考核制度，将考核结果与物业服务企业项目评优、招投标、信用等级评定等挂钩。建立物业管理协调机制，明确了能源供应单位、相关部门、物业企业及业主的维修责任。建立物业管理法制化、标准化、规范化体系，针对管理服务实践中的新情况、新问题，根据《物权法》《物业管理条例》《甘肃省物业管理办法》，配套完善了《嘉峪关市物业管理办法》《嘉峪关市物业服务招标投标管理办法》《嘉峪关市房屋专项维修资金管理办法》《嘉峪关市物业区域内相关设施设备管理规定》《嘉峪关市物业服务收费管理实施办法》等一系列配套政策措施，物业管理服务质量不断提升。依法加强小区住宅维修资金归集管理，截至 2019 年 10 月，全市维修资金归集总额53080 万元，追缴拖欠维修资金 1931 万元，维修资金的使用实行全程审批监管，办结房屋专项维修资金使用事项439 件，支付维修工程款1384.06 万元。

3. 物业管理服务全面提升

制定的《嘉峪关市物业服务企业规范化管理考核细则》《嘉峪关市普通住宅小区星级标准评定办法》，将物业服务事项细化为设施设备维护、安全秩序维护等 8 个方面 56 条标准，对物业服务企业实行月检查、季考核监管机制，加大问题整改整治力度，企业服务质量有效提升。同时畅通物业管理服务监督管理渠道，嘉峪关市投资 300 多万元，建成物业监管平台，公布物业监管 App，设立 2 部举报投诉专线电话，开通 12345 物业服务投诉专线，实现维修资金管理、信访投诉、日常服务线上监督。

4. 驻嘉企业"三供一业"分离移交稳步推进

与 7 家国有企业达成"三供一业"总体分离移交框架协议，推进具体移交事项，中核四〇四有限公司、酒钢集团、兰州铁路局武威房建段、国家电网甘肃分公司、大唐八〇三发电厂分类改造工程全部开工，中核四〇四有限公司、酒钢集团、大唐八〇三发电厂、中国电信甘肃嘉峪关分公司专项维修资金已经完成移交，兰州铁路局武威房建段已经完成专项维修资金分户清册。

二　存在的问题

（一）房地产市场方面

房地产投资下行压力较大。房地产销售依然存在困难，部分企业资金难以快速回笼，资金链断裂造成项目推进缓慢，去库存成效受限。随着房地产调控政策相继出台，不少购房者犹豫不决处于观望中，购房刚性需求信心不足。供需呈现不对称状态，产生低品质商品房供给过剩与高品质商品房有效供给不足并存的矛盾。由于地域特征的局限性、流动人口少等因素，租住房屋人员少，目前个人出租的居住房屋无论是自行出租还是委托房屋中介机构代理出租，基本上处于自发、零星、分散和无序流动的状态，规模化、专业化、规范化的住房租赁有形市场仍处于起步阶段。部分游离在监管之外的"黑中介"较为隐蔽，部分房地产中介虽然在嘉峪关市市场监督管理局办理了营业执照，但实际上其并不符合备案条件，使监管工作进展困难。

（二）住房保障方面

首先，享受住房保障人员的资格审核需要及时比对车辆、工商注册、住房公积金、社保等信息，由于相关信息尚未共享，无法实现数据库的及时更新比对，增大了排查难度。其次，保障家庭在申请住房时符合保障房的各项申请条件，但享受住房保障后家庭情况发生变化，出现购买房产或车辆的情况，不再符合住房保障条件，需要退出保障性住房，但在实际工作中退出难度较大。

（三）物业管理方面

政策法规的相关规定与物业管理服务效率衔接不紧密，不能实现物业管理服务及时性、有效性的实际需要，导致企业服务与业主之间的矛盾突出。物业管理服务法制观念不强，物业服务企业违法违规逐利、业主拒绝履行缴费义务等违法行为得不到严肃有效查处，制约了物业服务市场营商环境的改善。水、暖、电、煤气等供应企业协调难度大，不能依法履行法定维修维护责任，因此需要加大企业服务职能整合力度，依法规范供应单位管理服务行为。住宅开发建设质量问题多，物业企业项目承接查验不严格，矛盾传导至物业服务企业，造成物业质量问题积累较多，矛盾得不到及时有效化解。

三 对策建议

（一）切实增强政府的调控力和房地产开发企业的市场适应力

嘉峪关市房地产业已进入增速的平稳期、结构的调整期、政策的完善期和品质的提升期。结合实际，要以加快完善南市区基础设施建设为支撑，以完善"因城施策、分类调控"的房地产政策为保障，充分发挥市场和政府"两只手"作用，着力提升房地产业发展的综合承载力，推动房地产业转型升级、提质增效。立足当前房地产市场需求和住房保障需要，促进房地产市场供求总量基本平衡、供应结构基本合理、住房消费基本稳定，促进房地产业平稳健康发展。

（二）引导企业针对供给侧变化加强结构性调整

房地产业已由粗放式发展步入专业化、规模化、集约化发展阶段，市场供需开始逆转，在去库存背景下，引导企业针对供给侧变化进行结构性调整，准确把握房地产市场发展规律和趋势，认真做好市场调研，掌握高端精品型需求、中端改善型需求和基本居住型需求，根据需求调整建设结构，做到精准供应、量身定制销售，更好地满足消费者的居住需要。

（三）鼓励房地产开发企业积极探索新型业态

鼓励房地产企业推动楼盘创新、提升楼盘品质，商品房的户型、内外部环境、配套设施、品位风格、建筑质量等逐渐成为决定房地产项目品质的关键要素，引导有实力、有潜力的开发企业加大力度打造高品质主题楼盘，用高品质、高附加值、差异化、个性化的楼盘满足改善型住房群体的需求。加强与各单位的联系沟通，协调解决房地产开发企业的实际困难，营造房地产企业良好营商环境。

（四）完善专项整治联动协同工作机制

建立与各部门之间的信息共享、联动查处、齐抓共管的协调机制，完善诚信"红黑榜"制度，让违法违规的房地产中介机构和经纪人员寸步难行。加大日常监督检查力度，在各类媒体上曝光典型案例，严查房地产中介机构乱象，确保专项整治行动"可检验、可评判、可感知"。组织成立嘉峪关市房地产中介机构协会，充分发挥协会的桥梁作用，为房地产中介行业的发展提供咨询服务、项目牵线搭桥服务、双向沟通服务等。大力推进"行业文化""行业作风""行业操守"建设，强化行业自律，促进房地产市场健康发展。

（五）切实发挥保障性住房在解决城镇中低收入住房困难家庭方面的兜底作用

住建部和中国建设银行共同开发了公租房信息系统，嘉峪关市已完成公租房信息系统贯标上线任务，实现数据共享，为住房困难家庭提供更好的住房保障服务。将审核公示后无异议或经核实符合住房保障条件的家庭确定为住房保障对象，予以登记备案并向社会公开登记结果，由市房管部门会同市民政、公安、人社、工商、税务、公积金等部门进行年度复核，实行住房保障动态管理。引导鼓励保障对象在享受权利的同时切实履行应尽的义务，对不再符合保障条件的家庭进行劝退，对拒不退出的家庭，在公共媒体进行公告后申请法院强制执行。

（六）建立完善的物业管理机制

加强《物业管理条例》的学习宣传，以《物权法》和《物业管理条例》等为指导，加快推进物业管理立法，筹备起草《嘉峪关市物业管理条例》，使物业管理服务步入法制化轨道。强化街道属地管理职责，设立街道办事处物业管理工作机构，明确分管领导、科室和专职人员，定期召开属地街道物业管理联席会议，统筹相关职能部门、街道、社区力量，共同调处小区物业存在的矛盾纠纷。

（七）创新物业服务模式及内容

通过互联网与传统物业服务相结合的模式，创建推广互联网物业管理平台，通过线上线下后台、员工端、业主端三端联合运作管理，减少部门之间的职能流程交接时间。在社区服务方面，与业主建立良好的沟通渠道，以小区物业管理系统平台为例，业主可以通过移动端 App 在线报事报修、在线看到事件处理进度，从而减少业主与物业的积怨；在社区安全方面，可通过智能硬件和后台监控，建立安防系统，做到社区人员出入自动识别身份，无须人工复验，使业主满意、物业管理更便利。

B.22
2019年嘉峪关市生态建设情况及对策建议

韩耀伟　齐永刚*

摘　要： 生态建设关系民生福祉，关系现代化建设的顺利推进。2019年，嘉峪关市认真落实习近平生态文明思想，自觉践行"绿水青山就是金山银山"的发展理念，围绕全市生态建设重点任务，以增绿、增质、增效为目标，深入推进大规模国土绿化建设和城市绿化品质提升行动，加快推进山水林田湖草综合治理生态体系建设等，全市生态建设高质量发展的基础更加坚实。但同时存在绿化用土紧张、水资源供需矛盾突出、城乡绿化不够均衡等方面的问题，建议继续完善生态建设规划、建立互惠互利合作机制、加大草湖国家湿地公园建设力度、提升城市绿化品质等，为人民群众提供更多优质的生态产品、营造更加优美的城市生态环境。

关键词： 综合治理生态体系　生态协作机制　园林绿化　嘉峪关市生态建设

一　2019年生态建设工作现状

（一）全民参与，大力推进大规模国土绿化建设

嘉峪关市委、市政府引导全体市民积极投身植树造林，为绿化美化家园

---

* 韩耀伟，文学学士，嘉峪关市委政策研究室综合科科长，主要研究方向为长城旅游文化发展；齐永刚，现在嘉峪关市林业和草原局工作，主要研究方向为绿色发展与生态保护。

做出贡献，组织三区党政机关、市属各单位、群团组织、"68207"部队分别在魏晋墓道路南侧、高速公路与环城铁路交叉处（新文桥西侧）、双拥路北侧和酒钢职工游乐园4个义务植树区域同时开展义务植树活动，种植各类苗木1.36万株，种植面积12.4公顷。嘉峪关市郊区三镇组织村民在"四旁"开展义务植树活动，共种植各类乔灌木14.73万株，种植面积10.4公顷。酒钢集团在渣山开展义务植树活动，共种植各类乔灌木1460株，种植面积2.1公顷，清理厂区树沟约200万平方米。① 嘉峪关市人大常委会、市政协和市委组织部、市自然资源局、市水务局等机关、部门结合"互联共建"和"主题党日"等活动，开展了形式多样的义务植树活动，共种植各类苗木1.01万株；组织全市138个企事业单位完成义务拉运土方16.045万立方米，完成国土绿化任务5883.2亩，2018~2019年，嘉峪关市累计完成国土绿化任务28374亩，占甘肃省委、省政府下达任务的95%。"3·12"植树节和"甘肃植树周"期间，嘉峪关市林业和草原局积极组织各街道、郊区、酒钢集团、中核四〇四有限公司、市教育局和新闻媒体，大力开展以"植绿、爱绿、护绿、兴绿"为主题的义务植树宣传活动，为社区居民和厂矿企业职工、中小学生发放《"3·12"植树节倡议书》5000余份。在《嘉峪关日报》、嘉峪关广播电视台和《酒钢日报》、酒钢电视台等主流媒体开辟专栏专题进行报道，刊登、播发《"3·12"植树节倡议书》，同时在人员密集场所利用LED电子显示屏连续滚动播出义务植树宣传内容，为全市造林绿化营造了浓厚的舆论氛围。

（二）城乡绿化等重点生态建设顺利完成

强化城市周边"绿色通道"建设，重点在魏晋墓道路南侧防风林带、312国道与嘉峪关文物景区周边、旅游公路与文殊路交叉口两侧、双拥路北侧区域进行绿化，共完成新建防护绿地11.34万平方米，敷设滴灌带5.6万米，修建水渠1045米，修筑园路2130米，种植各类苗木2.68万株，种植

---

① 本篇数据由嘉峪关市生态环境局汇总整理。

花灌木及观赏地被 7319 平方米，增强了城市周边绿化景观效果。积极开展村镇"四旁"绿化和农村居民点房前屋后造林绿化工程，完成农村人工造林和居民点"四旁"绿化 1011.4 亩，栽植各类苗木 25.1 万株，助推美丽乡村建设水平不断提升。加大生态公益林管护补植补造力度及公益林抚育力度，完成公益林退化林分修复 1355.6 亩，做好嘉峪关市草湖湿地恢复与保护工作，完成退湿还林营造胡杨林 180 亩。稳步推进新一轮退耕还林补植工作。按照"应退尽退"原则，组织退耕户开展补植补造，完成补植面积 2154.5 亩。开展 2019 年草湖国家湿地公园防风治沙造林工作，完成防风治沙造林面积 300 亩。积极引导林木良种驯化，大力推广使用乡土树种，引导镇村苗木种植户和苗木种植专业合作社引种驯化适宜的绿化树种，造林绿化中标单位"就近用苗"，为农户实现增收开辟新渠道。

（三）城市绿化品质总本得到提升

拓展绿色空间，缩小城市南北绿化差异，对酒钢职工游乐园、雄关公园、森林公园等北市区老旧公园和市区其他道路及公园景区进行了补植补栽工作，种植观赏地被 1.8 万平方米，种植各类苗木 6.7 万余株、水生植物 380 平方米、花灌木及观赏地被 3450 平方米，翻新部分基础设施，维修园内道路，打造各色花草争奇斗艳的景区环境，提升公园景观效果，进一步满足北市区游人游园及休闲运动的需求。开展完善修复立体图案绿化美化和摆花造景工作，针对绿化立体图案老旧和缺损现象，重点对雄关广场、东湖北门、高速路转盘、火车南站、方特大道、新华路等城市主干道及重点区域的立体图案进行了修复，共修复植物雕塑 12 组，修复面积 1469 平方米，摆放组合式花箱 396 组，摆放鲜花 50 余万盆，立体图案绿化美化进一步提档升级。针对部分路段缺株断档和种植品种单一、路口高大乔木严重影响交通视线等情况，重点对嘉酒快速通道绿地、机场路路口、雄关大道与方特大道周边绿地等进行了升级改造，改造面积 35993 平方米，种植各类苗木 2.4 万株、各类花灌木 4 万余平方米，人工造景 3 处，工程完成后快速通道及机场路口景观令人耳目一新，"一街一景"成效更加显著。在东湖飘带河新建雾森景观，在讨赖河二号湖湖面上安装1000平方米生态浮岛，做到了投入少、景观美，进一步丰富了公园景观。在新中国成立70周年之际，在雄关广场展出大型艺术菊花30余组，菊花品种达到200余种，菊花数量总计9万余株，为市民、游客奉上了一场精彩纷呈的菊花盛宴。

（四）不断完善落实各项规划及制度建设

根据《嘉峪关市园林绿地系统专项规划（2018—2030年）》汇编，进一步细化落实城市总体规划所确定的城市生态环境保护和造林绿化建设的发展目标，严格按照规划内容分步实施，形成乔、灌、花、草相结合，点、线、面、环相衔接，城乡一体的生态绿地系统。同时加大生态保护修复力度，统筹山水林田湖草生态修复综合治理，不断增加全市林地保有量和草资源总量，提高森林覆盖率和草原盖度。组织编制了《嘉峪关市2020—2022年防沙治沙实施方案》，将城市周边符合造林条件的地段纳入防沙治沙三年实施方案。充分挖掘全市国土利用空间潜力，完成《嘉峪关市"十四五"林业生态建设中长期发展规划》编制的前期准备工作。继续完善集体林权制度配套改革，围绕林下种植、林下养殖和家庭林场，积极引导、鼓励农户开展林地流转，发展林下经济，拓宽农民增收渠道。在草湖国家湿地公园的日常管理中，周期性地开展水质监测与巡查工作，坚决取缔非法占用、围圈、填埋、堵截，以及遮掩水体、水面等现象，湿地水体环境得到了明显改善。

（五）有序推进草湖国家湿地公园建设与保护

草湖国家湿地公园自批准建设以来，坚持"生态优先、科学修复、合理利用、持续发展"的基本原则，嘉峪关市全面启动湿地保护与恢复工程，每年为湿地公园生态补水200万立方米，实施1.5千米驳岸建设工程，先后植树造林800万平方米，建植1.5千米乔灌草生态防护体系，配套建设14千米灌溉设施，实施10.59万平方米湿地清淤疏浚工程，布设围栏15.6千米，修建1.5万平方米停车场、木栈道和游步道等设施，建设管护站1座，新建钢框架结构瞭望塔 1 座。经过多年建设管理，湿地面积增加 12%，植被覆盖度增加 17% ~20%，土壤含水量增加 4% ~6%，湿地公园的生态服务功能逐步恢复，动植物多样性、生态系统稳定性明显增加，2019 年 3 月 19 日，嘉峪关市草湖国家湿地公园正式挂牌。

（六）开展野生动物保护宣传，专项整治野生动物非法交易

举办"嘉峪关市第四届'爱鸟周'活动启动仪式"，进一步提升市民参与保护野生动物的意识，2019 年，共救助金雕等国家保护动物及其他野生动物 17 只，野生鸟类过境停留迁徙种群数量较往年有大幅增长。市林业和草原局、市市场监督管理局、市公安局协调配合、周密部署、精心组织，集中开展了保护野生动物专项整治行动，对全市各集贸市场进行了全面的清理整顿，坚决禁止野生动物及其产品进入市场销售，加强对市场主办单位的监督管理，督促市场主办单位健全自律管理制度，增强责任意识。

（七）林草资源保护与管控持续加强

积极开展林业有害生物综合防治工作，共投入资金 140 万元，完成森林抚育面积 400 万平方米，开展林业有害生物统防统治 2000 万平方米，配合国家林业和草原局完成"光肩星天牛生物防治试验"课题，投放花绒坚甲虫 18 万只，有效率达到 30%，进一步控制了林业有害生物的扩散蔓延。启动"绿卫 2019"森林草原执法专项行动，推进林业生态系统问题整改，针对是否存在违法修建别墅、坟墓的情况，逐一摸排了草湖国家湿地公园、讨赖河大峡谷地质公园、国家级公益林等区域，经排查核实无违建情况。根据市人大常委会建议，针对嘉峪关市农村乱砍滥伐林木的问题，深入乡镇开展调查研究，有针对性地提出了整改措施，依法对无证采伐者进行了调查处理，起草了《嘉峪关市林业和草原局破坏林草地及自然保护地资源举报奖励制度》，制定了《嘉峪关市林业和草原局林木采伐许可证委托审核办理方案》，招聘了 17 名乡村林草管护员，加大了对农村生态环境的保护力度。

二 存在的问题

（一）建成区绿化空间十分有限

嘉峪关市建成区规划面积为7040公顷，而绿地覆盖面积已占到2756.66公顷，可拓展的营林绿化立地条件差，在建成区内增绿扩容非常困难，特别是旧城区的部分居民小区和单位庭院原本规划绿地面积较小，在现有基础上改造难度较大。同时，具备供水条件、未纳入城市总规划及不在文物保护区范围的造林用地也十分紧张，森林植被恢复造林任务艰巨。

（二）绿化用土紧张

嘉峪关市地处荒漠戈壁，城市绿化多依赖拉运客土造地。多年来主要依靠从30公里以外的木兰城拉运生土进行改良后再进行造地绿化，截至2015年，木兰城土源地已几近枯竭。

（三）农林争水矛盾突出，水资源紧张

随着各类规划项目的落地投产，水资源需求总量大幅增加，除居民生活用水、工业用水、农业用水外，绿化用水也非常有限。而全市缺乏骨干调蓄工程，依靠讨赖河流域分水制度，应该分配给本市的地表水很多没有被充分利用而过境下泄，农村因按照生态环保要求严禁新打机井，造林用水也十分紧缺。

（四）城乡绿化不够均衡

近年来，在一定程度上偏重于城市的造林绿化工作，城市"提质增绿"取得了良好成效。但城市以外区域的绿化、生态建设力度不够大，对造林绿化有利于保持和提高耕地生产力、有利于减轻自然灾害对农业生产的威胁、有利于促进农民增收和就业等方面的认识还有待提升。

（五）草湖国家湿地公园建设投入不足

按照规划建设预算，草湖国家湿地公园建设分 2 期实施，至少需要项目建设资金 3 亿元，但因市级财政有限，后期建设资金严重不足。同时，由于湿地公园建设缺乏涉及生态、水文、动植物保护、地理等多专业、高层次的管理人才，湿地保护与恢复工作进展缓慢。

三 对策建议

（一）进一步提升思想认识水平

把造林绿化工作纳入嘉峪关市经济社会发展的大局之中，纳入各单位、各部门的主要工作目标之中，做到与其他各项重点工作同部署、同考核。切实提高认识水平，坚持齐抓共管，不能单纯地将绿化造林当成林草部门的业务工作，全市各有关部门都要进一步明确职责，加强具体工作中的协调配合，形成强大的工作合力，推进造林绿化工作的深入开展。同时，要加大造林绿化工作的宣传力度，增强全民绿化意识，调动方方面面参与国土绿化和生态建设的积极性，努力营造部门协作、全民支持、全社会参与的浓厚氛围。

（二）继续完善生态建设规划

对标"全国文明城市""全国园林绿化先进城市""国家园林城市"等荣誉称号，坚持以世界眼光和国际标准来审视、谋划和推进嘉峪关市的造林绿化工作。聘请各方面的专家学者，对全市河流分布、可利用地下（地面）水资源、气候环境特点、植物生长特性等进行深入的研究论证，制定一套较为完备的生态系统规划。同时，积极与省直部门沟通，对之前一些规划或计划任务做适当调整，如将一些草地面积调整为林地面积，为实现生态和经济效益最大化提供生态屏障。

（三）建立互惠互利合作机制

充分利用嘉酒两地签订《嘉峪关市与酒泉市加快推进协同发展战略合作框架协议》的有利契机，按照"大生态、大环保、大格局、大统筹"的原则，围绕全域生态来谋划生态环保、城市管理等工作，统筹规划、统筹实施，协同推进大片区绿化造林、全域循环水系、湿地生态、流域生态等，着力解决本市绿化用土不足等问题，共同塑造城市生态圈和组团生态圈，把加强合作落实落细，实现协同发展、互利双赢。

（四）在提升城市绿化品质上做文章

进一步转变发展思路和理念，从注重视觉效果向视觉与生态功能兼顾转变，从注重绿化面积提高向充分利用土地空间转变，从集中局部绿化向建立城乡一体的城市森林系统转变，切实提升精细化程度。通过加强空间利用，做到景观和经济林合理搭配、乔灌花草立体布局，实现一处一景，层次分明，不断提升城市园林绿化质量和水平，做靓城市人居环境。严格执行建设项目，必须将绿地率标准作为前置条件，达不到绿地率标准不予审批。严格保护现有绿地，任何单位和个人不得擅自侵占绿地。结合棚户区改造、道路改造等项目实施，精心规划设计、精心组织施工，千方百计增加绿地，确保建一片、成一片、美一片，体现品位与特色。

（五）在城区外围扩容增绿上下功夫

进一步加大防风林、生态林、公益林的建设和管护力度。对已完成的封滩育林工作要请专业机构评测，不断提升管理品质。针对植被恢复和大规模国土绿化任务，积极想办法、出措施，务必补足欠账。合理界定集体建设用地和国土建设用地的关系，在保证国家和集体土地所有权不变的前提下，探索创新经营和管护机制，鼓励各种社会主体跨所有制、跨行业、跨地区投资发展林业，推行合作制、股份制、股份合作制造林。同时，结合推进农村人居环境综合整治工作，充分利用闲置土地开展植树造林、湿地恢复，因地制宜开展房前屋后绿化美化，鼓励农民开展"四旁"绿化，实行"清旧补绿""拆旧植绿""美化增绿"。

（六）加大草湖国家湿地公园建设力度

进一步研究制定配套政策措施，按照国家级湿地公园建设规划和标准，加快基础设施建设进度。逐步拓宽投资渠道，通过加大招商引资力度，引进社会资本参与草湖国家湿地公园建设，加快保护工程实施进度。

（七）多措并举，建立完善社会参与支持的多元化财力投入机制

财力保障是造林绿化工作高质量发展的物质基础，针对绿化资金需求逐年增加的实际，建议通过社会引资的方式筹措绿化资金，提供持续、稳定的财力保障，探索推行对已建成林地、绿地的"认养""冠名"，积极鼓励企业、社会团体、个人参与城市绿化建设和管护。

B.23
2019年嘉峪关市生态环境保护工作
情况及建议

张 允 贾荣荣*

摘 要: 2019年,嘉峪关市生态环境保护工作紧紧围绕经济社会发展大局,以全力推进大气、水、土壤污染防治和中央、省级环境保护督察整改为重点,做到监管与服务并举,嘉峪关市环境质量、环保能力、环保意识得到有效提升,生态环境质量持续改善,但仍存在节能减排任务艰巨繁重、环境质量持续改善压力较大等问题,建议靠实生态环境保护责任、打好打赢污染防治攻坚战、抓好重点项目建设、强化日常环境监管,守牢生态环境安全底线,积极营造优质发展环境。

关键词: 节能减排 污染治理 环境监管 嘉峪关市生态环境

一 生态环境保护工作现状

(一)生态环境持续好转

嘉峪关市坚持采取有力措施,全力打好蓝天、碧水、净土保卫战,认真

---

* 张允,历史学学士,现在嘉峪关市委政策研究室工作,主要研究方向为社会工作;贾荣荣,新闻与传播专业硕士,嘉峪关市生态环境局核与辐射环境监测监督站副站长,主要研究方向为生态污染防治。

组织开展中央、省级环境保护督察反馈意见整改"回头看"工作，积极配合开展第二轮中央生态环境保护督察，高效高质办理环境信访投诉案件，有序推进生态环境保护各项工作。2019 年，嘉峪关市环境空气质量优良天数 331 天，优良天数比例为 90.7%，可吸入颗粒物（PM10）平均浓度为 80 微克/米³、细颗粒物（PM2.5）平均浓度为 27 微克/米³、二氧化硫（SO_2）平均浓度为 11 微克/米³、二氧化氮（NO_2）平均浓度为 22 微克/米³、一氧化碳（CO）24 小时平均第 95 百分位数浓度为 0.9 毫克/米³、臭氧（O_3）日最大 8 小时滑动平均值第 90 百分位数浓度为 138 微克/米³。剔除沙尘天气影响后，可吸入颗粒物（PM10）平均浓度为 61 微克/米³、细颗粒物（PM2.5）平均浓度为 22 微克/米³。城市集中式饮用水水源地、地表水、地下水水质优良，达标率均为 100%；土壤环境安全可控；环境空气质量综合指数排名全省第四。[①]

（二）大气污染防治工作持续开展

持续加大工业污染防治工作力度，完成 3 台燃煤发电机组超低排放改造工作。酒钢集团 30 个冶炼生产系统有组织和无组织排放治理项目建成投用，持续发挥环境效益。按时完成 1500 户农村土炕及 33 个村民小组党建活动室清洁供暖设施改造任务。对 92 家"散乱污"企业进行清理整治。对储（售）煤场开展全面排查，加大储（售）煤场专项整治工作力度。持续推进挥发性有机物综合治理，全面整治嘉峪关市汽修行业挥发性有机物。在嘉峪关市 26 个主要区域安装微型监控点，对 PM10、PM2.5 等 8 项主要指标进行实时监控，提升大气污染"技防"水平。积极开展机动车尾气污染防治工作，完成嘉峪关市机动车尾气遥感监测和综合业务监管平台项目招投标，并投入试运行。开展非道路移动机械摸底调查和编码登记工作，环保定期检验率达到辖区应检车辆的 100%。

（三）水污染防治工作不断深入

将 2019 年水污染防治重点工作任务细化分解为 61 项具体工作任务和 7

---

① 本篇数据由嘉峪关市生态环境局汇总整理。

项重点工程，严格落实任务完成情况，建立预警通报制度。持续推进饮用水水源地环境保护专项行动，督促指导长城区开展农村分散式饮用水水源地环境保护工作，完成 12 眼水源井保护范围划定和界标等警示标志设立工作。定期对水源保护区进行巡查，核实完善饮用水水源保护区边界矢量信息。实施地下管网建设工程，逐步完善城市雨污分流及雨水收集管网建设。督促涉水重点项目实施，完成嘉北污水处理厂和酒钢焦化厂酚氰废水治理工程。深刻汲取天水市清水河污染问题的教训，对境内所有河流、城镇和工业污水处理厂的排水等情况展开摸底调查，开展城乡黑臭水体、入河排污口排查工作，实现嘉峪关市无黑臭水体和入河排污口。

（四）土壤污染防治工作稳步推进

全面落实土壤污染防治行动计划工作方案，完成辖区内污染地块排查工作，建立疑似污染地块和污染地块名录。完成嘉峪关市农用地土壤污染状况详查样品采集工作，全力推进工业用地土壤污染状况详查工作，确定土壤污染重点监控企业名单，对 76 家重点行业企业土壤污染状况进行了信息采集，督促相关企业开展土壤污染状况监测，做到底数明确、状况可控。积极推进甘肃民丰化工有限责任公司老渣场含铬污染场地修复项目建设，截至 2019 年，共解毒土壤 16.46 万立方米，完成总任务量的 80.6%，圆满完成年度任务。开展农村生活污水治理现状排查，积极推进农村生活污水治理工作。进一步规范划定和管理畜禽养殖禁养区，组织开展了禁养区划定范围排查整治工作。

（五）生态环境保护督察工作有序推进

持续巩固第一轮中央生态环境保护督察整改成效，对移交嘉峪关市的 27 个环境信访投诉问题和涉及本市的 18 个具体问题进行"回头看"，确保问题整改到位。积极做好省级环境保护督察反馈问题整改工作，截至 2019 年，31 个具体问题中，16 个问题已完成整改，11 个问题实现了"立行立改、持续加强、长期坚持"的目标，4 个问题达到序时进度。为做好第二轮中央生态环境保护督察迎检工作，积极配合生态环境部西北督察局完成 2 次督察调研工作，配合省督察办完成对嘉峪关市突出生态环境问题整改情况 4 次复查复核"回头看"工作，调动各相关单位，开展生态环境问题排查整治工作，全面推动问题整改。中央第五生态环境保护督察组进驻期间，制定工作方案和工作手册，成立 6 个工作组，圆满完成督察任务。在此期间，嘉峪关市共接到信访案件 139 件（2 件不计入统计），其中 6 件不属实。截至 2019 年，已办结 121 件，阶段性办结 18 件。针对群众反映强烈的铝合金门窗加工噪声扰民、餐饮油烟噪声污染、垃圾污染等问题，结合实际，举一反三，制定专项整治实施方案，开展专项整治行动，同时加强政策法规宣传教育，引导商户守法经营，避免"一刀切"式整改现象的发生。

（六）生态环境监管持续加强

环境风险隐患整改工作持续推进，加大酒钢集团 2018 年风险隐患排查存在问题整改力度，26 个问题完成验收销号。对酒钢集团宏兴钢铁股份有限公司焦化厂等 3 家企业和 17 个加油站进行环境安全隐患排查工作，有效防范环境风险。积极开展危险废物规范化管理工作，完成危险废物产生单位和经营单位市级督查考核工作。加强移动通信基站的电磁辐射环境管理，对嘉峪关市核技术应用单位开展监督性检查，完成 II 类放射源"高风险移动放射源在线监管系统"建设，确保核与辐射环境安全。29 家企业完成清洁生产审核、验收工作，开展 2019 年环境保护标准化建设暨环境信用评价工作，核发 4 家水处理行业单位排污许可证。深化环评"放管服"改革工作，对市级重大项目和城市基础设施项目开通快速审批通道，优化项目环评手续审批流程和时限，2019 年，共审批环评报告书 19 个、报告表 49 个、备案登记表 352 个。完成重点排污单位监督性监测工作，监督性监测完成率、达标率均为 100%。在 24 家重点企业、共计 77 个排放口安装在线监控设施 154 套，充分发挥了污染源自动监控系统的预警和监控作用，实现了重点污染源"全覆盖、全时段、全方位"的监控管理目标。

（七）生态环境执法保持高压态势

严格落实"双随机、一公开"制度，严厉打击各类生态环境违法行为，2019年受理办结环境信访64件，下达责令改正28起、行政处罚19起，罚款290万元，查封扣押1起、限产停产1起。行政执法与刑事司法衔接机制更加完善，1起环境污染犯罪案件成功宣判，5名被告人被判处有期徒刑并处罚金，判决各被告人赔偿危险废物处置费共217.09万元。进一步强化服务意识，针对部分重点监管企业开展"会诊式"环保执法服务专项行动，帮助企业解决在保护环境过程中遇到的实际困难，优化企业发展生态环境空间。

（八）生态环境保护宣传工作不断加强

充分利用网站、微信公众号及微博等各类媒体平台，加大对习近平生态文明思想、生态环境保护法律法规、生态环境保护典型案例的宣传力度。在社区举办"新时代文明实践环保知识"讲座，借助"6·5"世界环境日，举办"美丽中国，我是行动者——打好污染防治攻坚战推动甘肃绿色发展崛起"大型主题宣传活动。开展《土壤污染防治法》培训活动，促进社会公众学法、懂法，提高守法意识。加大生态环境保护各项法律法规、办法规定的培训力度，举办汽修行业危险废物管理培训、挥发性有机污染物治理培训、生态环境安全暨突发环境事件应急培训，向嘉峪关市各阶层、各行业详细讲解生态环境保护新理念、新规定、新要求。

二　生态环境保护工作存在的问题

（一）节能减排任务艰巨繁重

当前，酒钢集团对能源资源依赖性强，面临资源短缺、转型升级难度加大和遗留环境问题亟须解决等多重压力，虽然第三产业基础好但支撑作用尚未完全显现。在三次产业结构占比中，钢铁、冶金、建材等产业链条短、产品附加值低的第二产业仍占绝对比重。历史形成的产业结构导致综合能耗下降空间较小，工业产业转型、产业结构调整任务重，完成节能降耗及减排目标难度日趋加大。

（二）环境质量持续改善压力较大

虽然嘉峪关市6项环境空气质量指标的实况监测平均浓度已达到国家二级标准，空气质量优良天数比例有所增加，但嘉峪关市地处西北内陆，降水少、蒸发量大、沙尘天气频发，使环境空气质量进一步改善的空间不断紧缩、完成省上逐年加大的指标任务的难度越来越大。

（三）城市管理与群众对环境的要求还不完全相适应

第二轮中央生态环境保护督察期间，中央第五生态环境保护督察组移交嘉峪关市办理的信访投诉问题中，市民反映的建筑垃圾、生活垃圾随意倾倒，噪声污染扰民，餐饮行业油烟及噪声污染等城市管理类问题占比高达73.7%，这充分暴露嘉峪关市在城市精细化管理方面还存在一些短板，在满足人民对美好生态环境的需求方面还需要进一步提升城市规划和管理水平、持续加大日常监管力度。

三　对生态环境保护工作的建议

（一）靠实生态环境保护责任

严格落实《嘉峪关市生态环境保护工作责任规定（试行）》《嘉峪关市生态环境保护责任清单》《嘉峪关市党政领导干部生态环境损害责任追究联系工作机制规则》等制度，加大监督执纪和检查问责力度，推动形成党委政府牵头总揽、部门落实行业监管责任、企业落实主体责任、广大群众自觉践行绿色低碳生活方式的环境治理大格局。

（二）打好打赢污染防治攻坚战

加强工业企业达标排放治理、扬尘污染防治、燃煤污染防治和面源污染治理等重点工作，持续改善环境空气质量，全面推进水污染防治工程建设，加强对已建污水处理设施的监督管理。优化技术方案，加快项目建设实施进度，全力打好蓝天、碧水、净土保卫战。

（三）抓好重点项目建设

持续推动产业结构调整和转型升级，淘汰落后产能，积极推动钢铁、有色、建材等重点行业工业固体废物循环化生产，提高工业固体废物利用率。推进钢铁行业超低排放改造项目、工业窑炉改造项目、生活污水处理厂处理能力提标改造工程、工业园区内部污水预处理设施建设，确保污染防治设施如期建成并投入使用，发挥环境效应。加快推进甘肃民丰化工有限责任公司老渣场含铬污染场地修复项目，为全国土壤污染治理与修复提供可靠经验。

（四）强化日常环境监管

高效高质办理第二轮中央生态环境保护督察信访投诉案件，待督察组反馈意见后，积极认领问题，科学制定整改方案，着力推进问题整改工作。深刻汲取酒泉市金塔县北河湾循环经济产业园化工企业违法排污问题的教训，依法严肃查处环境违法行为，深化部门联合执法机制，严厉打击环境违法犯罪行为，倒逼企业履行生态环境保护责任，切实保障人民群众的环境权益。

B.24
2019年嘉峪关市城市建设情况
分析及对策建议

张 允 陈嘉祥*

摘 要： 2019年，嘉峪关市城市建设管理抓住发展机遇，坚持新城区建设和建成区改造并重，以补齐城市基础设施短板为主线，全面加强城市建设管理，城市品质和综合承载能力稳步提升，但仍存在城市精细化管理缺乏完善的体制机制、项目建设管理不系统、监管执法力量不足等问题，建议持续补齐城市基础设施短板、进一步规范建筑市场整体秩序、逐步提升城市管理精细化水平、着力优化建筑行业营商环境，努力建设山水特色之城、生态园林之城、人文魅力之城。

关键词： 综合承载能力 城市基础设施 建筑市场 嘉峪关市城市建设

一 2019年城市建设管理基本情况

（一）全面落实2019年为民办实事项目

2019年，嘉峪关市在城市建设方面的为民办实事项目共两项：一是老旧小区15部电梯的改造任务，现15部电梯已全部完工并投入使用；二是老旧小

* 张允，历史学学士，现在嘉峪关市委政策研究室工作，主要研究方向为社会工作；陈嘉祥，理学学士，现在嘉峪关市住建局办公室工作，主要研究方向为城市建设与规划。

区改造工程，对全市 10 个老旧小区 101 栋楼进行房屋及基础设施改造，惠及居民 3540 户，现改造工程已基本完成，全市居民居住生活环境明显改善。①

（二）不断补齐城市发展短板，切实提升城市品位

嘉峪关市始终坚持地上地下统筹发展，从城市道路提升改造和城市地下管网建设等方面入手，畅通城市"血脉"，加快推进面向未来的现代化基础设施建设，持续完善城市功能，2019 年共组织实施重点建设项目和建成区基础设施新建及改造工程 15 项，计划总投资 4.11 亿元。

1. 道路提升改造步伐加快

嘉峪关市以完善城市南区路网结构为重点，新建雄关大道、石关路、峪关路等 11 条道路②及道路附属设施，市中级人民法院审判庭南、北两侧巷道，共新建道路 13.7 千米，铺设机动车道 9.6 万平方米、非机动车道 2.3 万平方米、人行道 1 万平方米，安装路灯 500 盏；以改善建城区道路通行条件为目标，完成了建设路（机务段至兰新路）、大唐路北段、胜利路北段的提升改造和兰新路雨排设施建设工程，共新建改造道路 4.8 千米，铺设机动车道 1.66 万平方米、非机动车道 6200 平方米、人行道 1.16 万平方米，敷设绿化、雨水管线 4 千米，安装路灯 30 盏，改造东线防洪沟 150 米，铺设路面 1.2 千米，城市雨天内涝抵御能力持续提升，市民出行条件得到极大改善。

2. 城市公用设施提质提速

2019 年相继实施了南市区部分区域供热工程，市污水处理厂升级改造工程，城镇污水处理设施及配套管网工程，地下管网建设五期、六期工程。城镇污水处理设施及配套管网工程、地下管网建设五期工程全面完工，在新城镇、文殊镇和峪泉镇新建污水处理站 11 座，敷设污水收集管网 52.3 千米；新建及改造城市供水、排水、供热等管线 40.8 千米，南市区新建热力站 1 座，南市区热源厂新建 1.33 万平方米储煤库 1 座。

---

① 本篇数据由嘉峪关市住建局汇总整理。
② 11 条道路分别为雄关大道、石关路（南、北段）、峪关路（南、北段）、金港路、新城二路、花雨路、花城路、规划路、花海路、观礼北路、安远二路。

（三）不断加大安全监管力度，切实规范建筑市场秩序

不断强化建筑领域工程质量和安全生产监督管理，2019 年共审批建筑工程施工许可证 109 项，其中，房屋建筑工程施工许可证 73 项，计划总投资 19.3 亿元，总建筑面积 263 万平方米；市政公用工程施工许可证 36 项，计划总投资 4.9 亿元，并对全年已竣工的房屋建筑和市政基础设施工程进行监督验收。

1. 加强建筑市场监督管理

严把建筑市场准入关，嘉峪关市对房屋建筑及市政公用工程中标候选人进行资质核查，2019 年共核查 130 家企业；严格建筑业企业资质审批管理，共审批新资质申请 12 家，资质增项 7 家；对全市建筑行业"挂证"人员进行全面清理，共清理 202 名注册人员；加大对建筑市场违法违规行为查处力度，2019 年共实施行政处罚 6 起，罚款 32.35 万元。

2. 夯实安全生产监管责任

认真开展重要节假日、敏感时期和关键节点的安全隐患排查治理工作，对全市 57 项竣工工程进行安全标准化考评，全市 41 个建设项目全部建立施工现场门禁管理系统，建筑工程安全管理水平进一步提高。

3. 狠抓工程建设质量监督

深入开展为期 3 年的工程质量安全提升行动，以保障性住宅工程、重点工程及民生工程为重点，加大对安全质量管理行为到位情况和工程实体的监督巡查力度。2019 年共监督各类房屋建筑工程 190 项（含 2018 年接转项目 89 项），总建筑面积 318 万平方米；监督市政基础设施工程 68 项（含 2017 年接转项目 2 项、2018 年接转项目 19 项），监督覆盖率达 100%。积极协调市消防支队顺利承接建设工程消防设计验收、备案业务，2019 年共受理消防验收申请 16 项、消防验收登记申请 36 项。

4. 稳步推进绿色建造工作

2019 年共监督管理施工图审查备案项目 67 项，总建筑面积 214.96 万平方米，总投资 84.53 亿元；办理勘察设计企业投标备案 3 项，共计 25 家

设计企业；新建建筑设计阶段执行节能强制性标准比例达100%；受理建设工程消防设计审查15件、消防设计登记备案53件；执行绿色建筑项目22项，总建筑面积81.49万平方米；推进钢结构装配式建筑项目4项，总建筑面积6.82万平方米。

（四）全面强化服务管理，持续提升城市管理水平

在城市发展中，始终坚持"以建促管、以管促建、建管结合"的理念，在做好城市建设的同时，逐步提升城市管理的精细化和智能化水平，不断提升城市整体形象，切实解决群众反映强烈、影响城市发展的热点、难点问题。

1. 严格落实施工工地扬尘管控

以全面改善城市环境空气质量为目标，以完善扬尘污染治理长效监管机制为手段，以施工工地扬尘治理为重点，持续加大日常巡查、检查力度，全面落实扬尘防控6个100%工作措施。下发《建设工程扬尘污染防治整改通知书》15份，实施行政处罚7起，罚没金额12万元，施工工地扬尘治理工作取得实质性成效。

2. 村镇建设工作稳步推进

深入开展农村危房筛查，对2018年农村危房改造"一卡通"资金拨付情况进行自查，并逐一排查2018年改造农户的47项问题，未发现相关问题。

3. 强化城市维护管理工作

认真开展城区防洪及城市排水内涝设施的检查维护工作，2019年共修补各类路面6182平方米，清掏、疏通化粪池75座，检查井3972眼，更换井圈井盖854套，抢修排水设施30处，更换排水管线885米，更换各类路灯灯罩255只，维修太阳能路灯300余杆，并全面完成雄关广场及火车南站各类设施的管理和维护。

4. 全面推进人防管理工作

全面完成嘉峪关市人防工程测绘调查和战略数据库建设，认真落实人防"结建"政策，验收人防工程4项，新增人防工程面积2.1万余平方米。共审批易地建设项目63项，征收易地建设费821.5万元，征收率达100%，追

缴以往欠款 2338.8 万元。完成第二代中型人防机动指挥平台项目、人防多媒体多功能防空防灾预警报知系统以及多媒体电子沙盘项目的建设。

5. 持续规范城建档案管理

2019 年共接收各类档案 3835 卷、电子版竣工图（光盘）377 张，严格依照《城建档案分类大纲》对所有档案资料编目、入库、上架，方便企业、群众随时借阅。拍摄城市道路、棚户区改造、老旧小区改造、地下管网改造及老旧小区安装电梯工程等内容的照片 1632 张，并完成 6042 卷老旧馆藏工程档案的信息录入工作。

（五）"放管服"改革成效显著

建成工程建设项目审批管理系统，并与甘肃省政务服务网、甘肃省信用信息平台、甘肃省投资项目监管平台进行对接，从 2019 年 12 月 1 日起对嘉峪关市所有工程建设项目进行审批。在市政务服务大厅开设工程建设项目审批受理专窗，实现工程建设项目的市政公用报装审批在一个专区完成，进一步简化流程、提高效率。针对全市 15 家单位的 65 个工程建设项目审批办理事项和六大类工程建设项目审批办理流程，制定不同类型的工程建设项目审批流程图，统一用地规划许可、工程建设许可、施工许可、竣工验收 4 个阶段的办事指南、申请表单、申报材料目录清单，实现不同审批阶段共享，使企业办事更加便捷。制定 20 个工程建设项目审批制度改革的配套制度和办法，改革配套的制度体系框架基本建立。积极推进联合审图、联合验收、并联审批、区域评估①等工作，为工程建设项目统筹实施提供基础保障。

---

① 将消防、人防、技防等技术审查并入施工图设计文件审查，相关部门不再进行技术审查。实行规划、土地、消防、人防、档案等事项限时联合验收，统一竣工验收图纸和验收标准，统一出具验收意见。对于验收涉及的测绘工作，实行"一次委托、联合测绘、成果共享"。在各类开发区、工业园区、新区和其他有条件的区域，推行由政府统一组织对压覆重要矿产资源、环境影响评价、节能评价、地质灾害危险性评估、地震安全性评价、水资源论证等事项实行区域评估。对于实行区域评估的建设单位，政府相关部门应在土地出让或划拨前，告知其相关建设要求。

二 存在的问题

（一）城市精细化管理方面

随着嘉峪关市经济社会的快速发展，广大群众对生活环境、质量给予了更高的期望和要求，但随着城建规模迅速扩大，城市精细化管理方面的工作还处于总结经验、创新推进阶段，没有形成较为完善的体制机制。

（二）项目建设管理方面

对新形势下更科学、合理地实施项目没有形成一套趋于完整的体系，有时候计划不周全、不系统，缺乏前瞻性，会致使部分项目进展缓慢，项目质量没有达到预期的效果。

（三）监管执法方面

近年来，嘉峪关市建设工程数量逐年增加，施工现场的管理存在点多面广的情况，但监管执法力量严重不足，专业性人才流动性大，引进人才、留住人才的机制还不够健全。

三 对策建议

（一）持续补齐城市基础设施短板

2020年，嘉峪关市将以推进基础设施建设、落实好省市两级为民办实事和改善人居环境等方面为重点，计划实施城市基础设施建设项目共计27项，计划总投资10.77亿元。计划实施城市南区道路新建工程、南市区部分区域供热工程、地下管网建设工程（六期）、城区照明设施节能改造项目、污水处理厂处理能力升级改造工程等9项续建项目工程建设，计划投资3.6

亿元。重点实施嘉文路提升改造工程、西环路提升改造工程、讨赖河人行便桥新建工程、新华路机动车道提升改造工程、城市公共停车场等 18 项新建项目工程建设，计划投资 5.9 亿元。

（二）进一步规范建筑市场整体秩序

全方位强化市场监管，持续推进建筑市场打非治违专项行动，深入查处工程建设中存在的违法、违规行为，严把基本建设程序关，加大质量监管力度，做好质量通病防治工作，加强对竣工验收的监管，进一步落实各方责任主体的竣工验收责任。积极打造样板工程，有效保障建设工程质量，着力打造精品、亮点工程。全面落实"党政同责、一岗双责、齐抓共管、失责追责"责任体系，不断加强安全生产监管，持续推进打非治违、隐患排查治理和质量安全大检查活动，严查工程质量、城市公用行业安全违法违规行为，加强质量安全教育培训，持续提升嘉峪关市建筑行业和市政公用行业的安全管理水平。

（三）逐步提升城市管理精细化水平

按照"721"工作法①，变被动管理为主动服务，变末端执法为源头治理，把建设与管理统筹起来，切实解决影响群众日常生产生活的热点、难点问题。不断提高运用法治思维和法治方式解决城市管理顽症难题的能力，进一步提升嘉峪关市城市管理精细化水平。

1. 继续深入开展施工现场扬尘污染防控等环保工作

持续加大监督检查执法力度，采取切实有效措施，落实施工现场扬尘污染防治 6 个 100% 工作要求，扎实做好施工现场扬尘污染防控工作。

2. 强化城市维护管理工作，确保各类设施正常使用

继续加大城市维护管理力度，进一步加强给排水、供热、道路、路灯等

---

① 2016 年 8 月，住建部首次倡导了城市管理"721 工作法"，即 70% 的问题用服务手段解决、20% 的问题用管理手段解决、10% 的问题用执法手段解决。

市政设施的检查和维护，定期组织干部职工对嘉峪关市城市主次干道开展徒步巡查，做到对城市道路、市政基础设施、施工工地等方面的问题及时发现、及时整改，确保各类设施正常使用。

3. 进一步做好城市的美化亮化工作

定期开展全市范围的城市清洁行动，组织嘉峪关市干部群众对城市重点区域的环境卫生进行整治，着重清理存在垃圾堆存、农膜乱飞、戈壁滩塑料袋杂物挂枝等现象的区域，继续巩固全国文明城市创建成果和全域全城无垃圾治理工作成效，不断提升城市文明程度。

4. 进一步加强人民防空工作

严格执行"结建"政策，进一步加强落实，做到"应建尽建，应收尽收"，指导、监督人防工程建设，继续做好易地建设费欠缴项目整改任务，实施智慧人防平战结合管理平台、人防便携式移动指挥所、嘉峪关市人防宣教基地等项目的建设，做好嘉峪关市人口疏散基地建设项目及嘉峪关市人防基本指挥所新建项目的前期工作。

（四）着力优化建筑行业营商环境

坚持依法行政与转变职能、转变工作方式相结合，继续深化"放管服"改革各项工作任务，全面落实重大执法决定法制审核、行政执法全过程记录、行政执法公示3项制度，切实把依法行政落实到城市建设工作的各项业务和各个环节中。

B.25
2019年嘉峪关市小康社会建设现状分析及对策建议

朱万佳　王亚琪[*]

摘　要： 全面建成小康社会是党中央向全国人民做出的庄严承诺，是实现中华民族伟大复兴中国梦的关键一步。本报告从《嘉峪关市全面建成小康社会统计监测指标体系》的经济发展、人民生活、三大攻坚、民主法治、文化建设、资源环境6个方面和50项监测指标出发，对2019年嘉峪关市全面建成小康社会现状进行了深入分析，指出了全面建成小康社会进程中存在的部分指标实现目标值的难度较大、个别指标有回落的风险、部分已达标指标和群众的实际感受不符等问题，并在此基础上提出了要持续做好全面建成小康社会指标监测工作、坚定发展文化旅游产业、着力补齐民生领域短板、加快打造创新型城市等有针对性的对策建议。

关键词： 小康社会　城镇化　创新型城市　嘉峪关市

全面建成小康社会统计监测指标体系自形成以来，历经多次修改，国家统计局根据经济社会发展情况对指标设置进行了完善补充，并且其由全国统

---

* 朱万佳，历史学学士，嘉峪关市委政策研究室发展改革科科长，主要研究方向为经济社会发展；王亚琪，文学学士，嘉峪关市统计局国民经济综合核算科科员，主要研究方向为国民经济指标分析。

一的监测指标体系演变为各地区独立制定的监测指标体系，由于各省、市、区的经济发展基础、资源禀赋存在较大差异，指标的目标值也做了相应调整。2018年9月，国家统计局按照党中央关于把打好精准脱贫攻坚战作为全面建成小康社会的三大攻坚战之一、作为全面建成小康社会的底线任务和标志性指标的重要部署，第四次修订形成了《全国全面建成小康社会统计监测指标体系》。

为客观、科学地反映嘉峪关市全面建成小康社会的现状，根据《甘肃全面建成小康社会统计监测方案》的要求，嘉峪关市统计局结合实际情况编制了《嘉峪关市全面建成小康社会统计监测方案》，并以《甘肃全面建成小康社会统计监测指标体系》为参照标准，结合嘉峪关市实际，对部分指标、目标值和权重进行了调整，形成了《嘉峪关市全面建成小康社会统计监测指标体系》，包含经济发展、人民生活、三大攻坚、民主法治、文化建设、资源环境6个方面和50项监测指标。

一　现状分析

2019年，嘉峪关市委、市政府面对严峻复杂的经济形势和艰巨繁重的发展任务，积极应对各种不利因素给经济发展带来的影响，奋力抢抓政策机遇，持续做好稳增长、促改革、调结构、惠民生、防风险等各项工作，经济社会发展呈现稳中向好态势，全面建成小康社会进程稳步推进。

从最新确认公布的小康监测数据看，2018年嘉峪关市小康指数为97.95%，比2017年下降0.12个百分点，比2015年提高1.22个百分点（见表1）。

从统计监测的6个方面的小康指数来看，2018年已经达到100%的有1项，为人民生活，其他5个方面的指数按照实现程度从高到低排序为：资源环境、民主法治、三大攻坚、经济发展、文化建设。其中，资源环境指数为99.60%，比2017年提高0.63个百分点，比2015年下降0.30个百分点；民主法治指数为98.89%，与2017年持平，比2015年下降0.28个百分点；三大攻坚指数为97.29%，比2017年提高0.11个百分点，比2015年下降

0.64 个百分点；经济发展指数为 96.25%，比 2017 年下降 0.42 个百分点，比 2015 年提高 6.55 个百分点；文化建设指数为 93.83%，比 2017 年下降 1.39 个百分点，比 2015 年提高 0.55 个百分点（见表 1）。

表 1 2015～2019 年嘉峪关市全面建成小康社会实现程度

单位：%

分类	2015 年	2016 年	2017 年	2018 年	2019 年（预测）
小康指数	96.73	98.29	98.07	97.95	97.96
经济发展	89.70	95.42	96.67	96.25	—
人民生活	99.97	100.00	100.00	100.00	—
三大攻坚	97.93	97.04	97.18	97.29	—
民主法治	99.17	98.89	98.89	98.89	—
文化建设	93.28	97.83	95.22	93.83	—
资源环境	99.90	100.00	98.97	99.60	—

资料来源：嘉峪关市统计局，经汇总整理后绘制。

从统计监测的 50 项指标来看，2018 年小康指数达到 100% 的指标有 44 项，占指标总数的 88%。尚未达标的指标共有 6 项，分别是服务业增加值占 GDP 比重、工业战略性新兴产业增加值占规模以上工业增加值比重、规模以上工业企业资产负债率、基层民主参选率、文化及相关产业增加值占 GDP 比重和单位 GDP 能耗。预计 2019 年嘉峪关市小康指数将达到 97.96%。

（一）经济发展运行平稳

2018 年，反映经济发展的 8 项监测指标中，6 项监测指标已达标。其中，人均 GDP（2010 年不变价）目标值≥35000 元，实际值为 188383 元，比 2015 年增加 45167 元；地区经济发展差异系数目标值≤50%，实际值为 0；常住人口城镇化率目标值≥50%，实际值为 93.65%，比 2015 年提高 0.23 个百分点；互联网普及率指数目标值为 100%，2015 年已达到 100%；科技进步综合指数目标值≥50%，实际值为 51%，比 2015 年提高 3.34 个百分点；研究与试验发展（R&D）经费投入强度目标值≥1.5%，实际值为

3.16%，比2015年下降1.11个百分点。

未达标的指标是：服务业增加值占GDP比重的实际值为37.6%，与最低目标值43.6%相比低6.0个百分点；工业战略性新兴产业增加值占规模以上工业增加值比重的实际值为2.2%，与最低目标值12%相比低9.8个百分点。

预计2019年，经济发展监测指数为95.10%（见图1），其中，服务业增加值占GDP比重的实际值为35.5%，比2018年下降2.1个百分点，与最低目标值43.6%相比低8.1个百分点，差距变大；工业战略性新兴产业增加值占规模以上工业增加值比重的实际值为2.34%，比2018年提高0.14个百分点，但与最低目标值12%相比低9.66个百分点，还有较大差距。

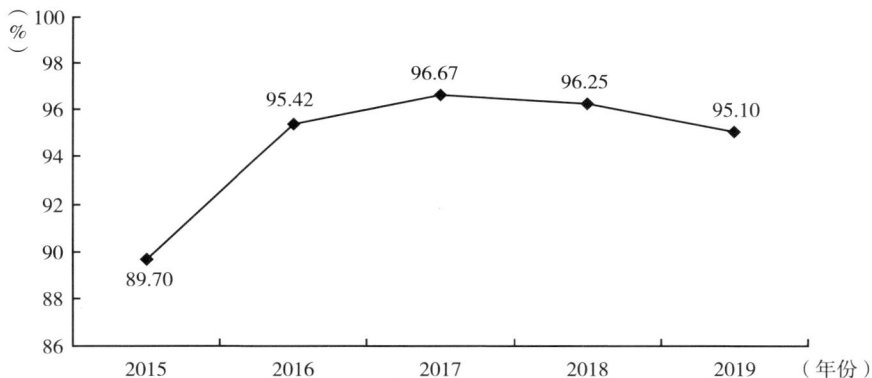

图1 2015~2019年经济发展监测指数

资料来源：嘉峪关市统计局，经汇总整理后绘制。

（二）人民生活质量显著提高

2018年，反映人民生活的14项监测指标均已达标。其中，居民人均可支配收入（2010年不变价）目标值≥20000元，实际值为33270元，比2015年增加6737元；城镇登记失业率目标值≤5%，实际值为2.78%，比2015年下降0.1个百分点；恩格尔系数目标值≤30%，实际值为16.4%，比2015年下降3.9个百分点；基尼系数目标值≤0.47，实际值为0.047，比

2015 年下降 0.423；城乡居民收入比目标值≤3.3，实际值为 2.05，比 2015 年提高 0.05；城乡居民家庭人均住房面积目标值≥30 平方米，实际值为 38.28 平方米，比 2015 年增加 0.12 平方米；公共交通服务指数目标值为 100%，2015 年已达到 100%；平均预期寿命目标值≥74 岁，实际值为 79.4 岁，与 2015 年持平；劳动年龄人口平均受教育年限目标值≥9.8 年，实际值为 10.42 年，与 2015 年持平；每千人口执业（助理）医师数目标值≥ 2.25 人，实际值为 3.54 人，比 2015 年减少 0.05 人；每千老年人口养老床位数目标值≥32 张，实际值为 35 张，比 2015 年增加 1 张；基本社会保险参保率指数目标值为 100%，2015 年已达到 100%；单位 GDP 生产安全事故死亡率（2010 年不变价）目标值≤0.078 人/亿元，实际值为 0.000003 人/亿元，比 2015 年增加 0.000002 人/亿元；制造业产品质量合格率目标值≥ 92%，实际值为 94.9%，比 2015 年提高 2.8 个百分点。

预计 2019 年，反映人民生活的 14 项监测指标均达标（见图 2）。

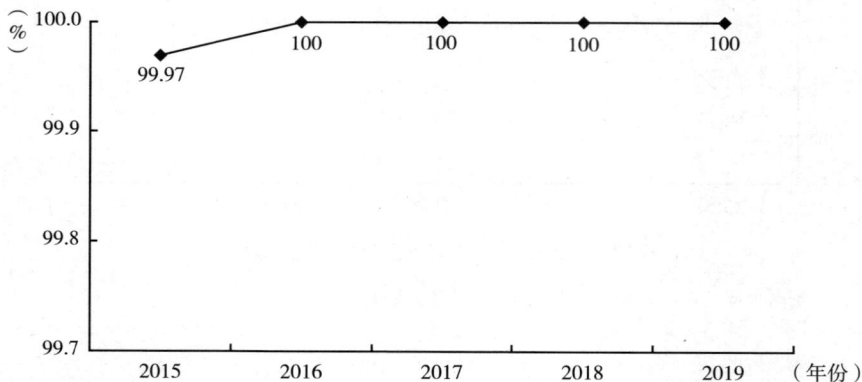

图 2 2015～2019 年人民生活监测指数

资料来源：嘉峪关市统计局，经汇总整理后绘制。

（三）精准发力打好三大攻坚战

2018 年，反映三大攻坚的 7 项监测指标中，6 项监测指标已达标。其中，农村贫困人口累计脱贫率（现行标准）、主要污染物排放指数和生活垃圾处理指数目标值均为100%，2015年均已达到100%；污水集中处理指数目标值为100%，2017年已达到100%；金融业增加值占GDP比重目标值≤8%，实际值为8%，与2015年持平；政府债务率目标值≤100%，实际值已达标。

未达标的指标是规模以上工业企业资产负债率，实际值为75.3%，与最高目标值60%相比高15.3个百分点。

预计2019年，三大攻坚监测指数将达到97.94%（见图3），其中，规模以上工业企业资产负债率为70.9%，比2018年下降4.4个百分点，与最高目标值60%相比高10.9个百分点。

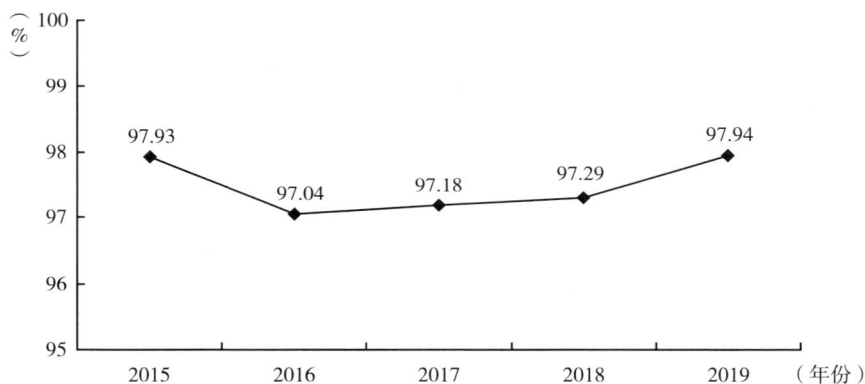

图3　2015～2019年三大攻坚监测指数

资料来源：嘉峪关市统计局，经汇总整理后绘制。

（四）民主法治逐步健全

2018年，反映民主法治的4项监测指标中，3项监测指标已达标。其中，每万人拥有社会组织数目标值≥6.5个，实际值为10.48个，比2015年减少0.02个；人民陪审员参审率目标值≥78%，实际值为95.35%，比2015年提高2.58个百分点；每万人拥有律师数目标值≥2个，实际值为5.12个，比2015年增加2.25个。

未达标的指标是基层民主参选率，实际值为 86%，与最低目标值 90% 相比低 4 个百分点。

预计 2019 年，基层民主参选率将达到 93%，比 2018 年提高 7 个百分点，与最低目标值 90% 相比高 3 个百分点，民主法治监测指数将达到 100%（见图 4）。

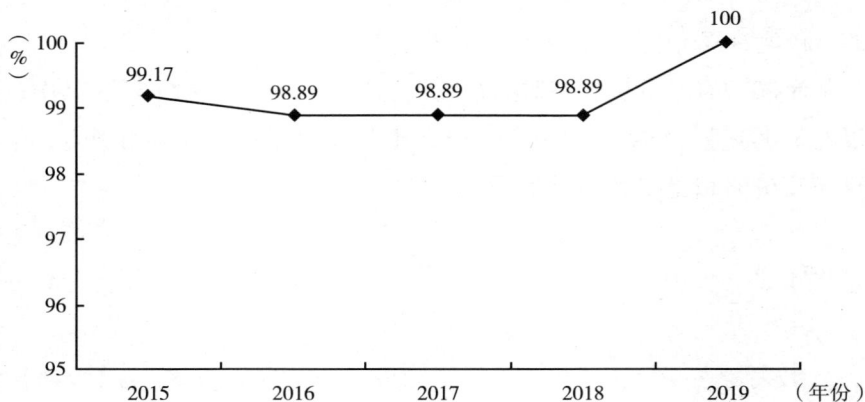

图 4 2015～2019 年民主法治监测指数

资料来源：嘉峪关市统计局，经汇总整理后绘制。

（五）文化建设进程趋缓

2018 年，反映文化建设的 6 项监测指标中，5 项监测指标已达标。其中，人均公共文化财政支出目标值 ≥200 元，实际值为 326.53 元，比 2015 年减少 23.84 元；"三馆一站"覆盖率目标值 ≥120%，实际值为 225%，与 2015 年持平；广播电视综合人口覆盖率目标值 ≥99%，2015 年已达到 100%；行政村综合性文化服务中心覆盖率目标值 ≥95%，2015 年已达到 100%；城乡居民文化娱乐消费支出占家庭消费支出比重目标值 ≥4.2%，实际值为 11.55%，比 2015 年提高 1.11 个百分点。

未达标的指标是文化及相关产业增加值占 GDP 比重，实际值为 1.89%，与最低目标值 3% 相比低 1.11 个百分点。

预计 2019 年，文化建设监测指数为 93.83%（见图 5），其中，文化及

相关产业增加值占 GDP 比重为 1.89%，与 2018 年持平，与最低目标值 3%
相比低 1.11 个百分点。

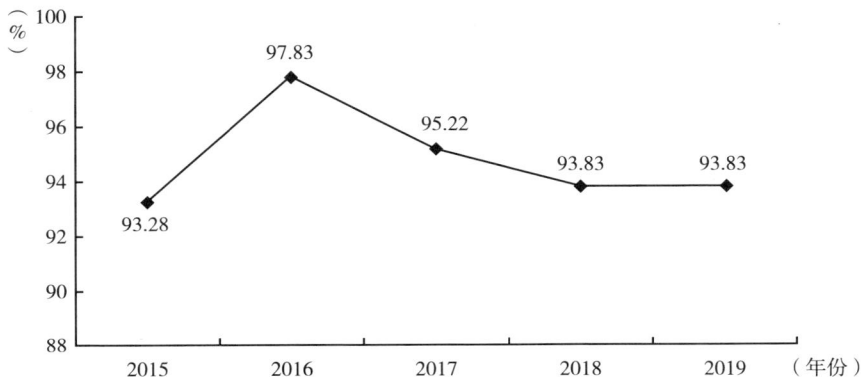

图5 2015～2019 年文化建设监测指数

资料来源：嘉峪关市统计局，经汇总整理后绘制。

（六）资源环境不断优化

2018 年，反映资源环境的 11 项监测指标中，10 项监测指标已达标。其
中，单位 GDP 建设用地使用面积（2010 年不变价）目标值≤95 公顷/亿元，
实际值为 36.13 公顷/亿元，比 2015 年减少 7.14 公顷/亿元；单位 GDP 用
水量（2010 年不变价）目标值≤125 立方米/万元，实际值为 44.56 立方
米/万元，比 2015 年减少 7.5 立方米/万元；地级及以上城市空气质量优良
天数比例目标值≥80%，实际值为 83.3%，比 2015 年提高 0.6 个百分点；
地表水达到或好于Ⅲ类水体比例目标值≥70%，2015 年已达到 100%；森林
覆盖率目标值≥11.33%，实际值为 12.43%，比 2015 年下降 0.69 个百分
点；草原植被盖度目标值≥16.5%，实际值为 16.52%，与 2015 年持平；
城市建成区绿地率目标值≥30%，实际值为 38.9%，比 2015 年提高 0.98 个
百分点；一般工业固体废物综合利用率目标值≥48%，实际值为 64.19%，
比 2015 年提高 15.89 个百分点；农村自来水普及率目标值≥80%，2015 年
已达到 100%；农村卫生厕所普及率目标值≥50%，实际值为 89%，比 2015

年提高 6 个百分点。

未达标的指标是单位 GDP 能耗，实际值为 3.11 吨标准煤/万元，与最高目标值 3 吨标准煤/万元相比高 0.11 吨标准煤/万元。

预计 2019 年，资源环境监测指数将达到 99.93%（见图 6）。其中，单位 GDP 能耗为 3.02 吨标准煤/万元，比 2018 年减少 0.09 吨标准煤/万元，与最高目标值 3 吨标准煤/万元相比高 0.02 吨标准煤/万元，已接近最高目标值。

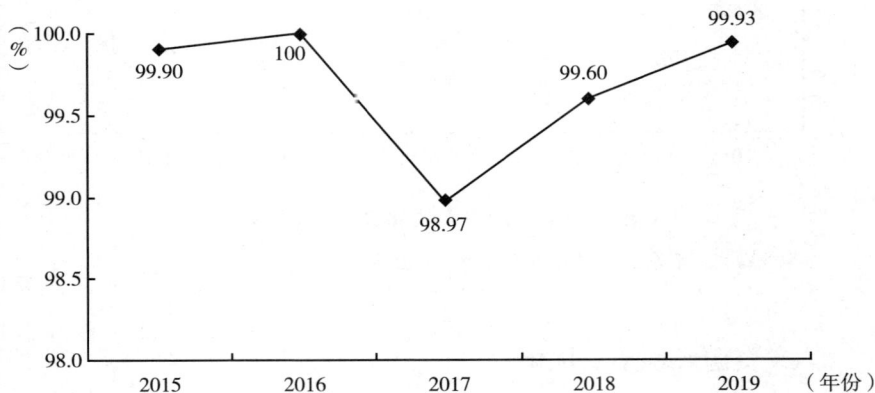

图 6　2015～2019 年资源环境监测指数

资料来源：嘉峪关市统计局，经汇总整理后绘制。

二　需要关注的问题

（一）部分指标实现目标值的难度较大

当前嘉峪关市全面建成小康社会已经到了决胜阶段，没有完成目标值的指标是全市发展的"硬伤"。如服务业增加值占 GDP 比重、规模以上工业企业资产负债率、工业战略性新兴产业增加值占规模以上工业增加值比重、文化及相关产业增加值占 GDP 比重 4 项指标，距离目标值差距较大。

（二）个别指标有回落的风险

通过近几年的统计监测发现，一些指标易出现波动，应继续巩固强化，谨防指标数值反弹。如服务业增加值占 GDP 比重，不但没有达到目标值，而且与目标值的差距还在拉大。单位 GDP 能耗、基本社会保险参保率、基层民主参选率等指标如果不加以提升和巩固，可能有回落的风险。

（三）部分已达标指标和群众的实际感受不符

嘉峪关市全面建成小康社会统计监测指标的实际值在全省排位靠前，从 2017 年委托省委党校对全市开展的全面建成小康社会满意度调查结果来看，群众对一部分指标的感受与统计监测结果之间存在差距，如"三馆一站"覆盖率、每千人口执业（助理）医师数、每千老年人口养老床位数、农村卫生厕所普及率，虽然达到了目标值，但群众的实际感受没有达到预期水平。应在实现程度高但满意度较低的指标上继续下功夫，进一步提高群众的获得感。

三　对策建议

（一）持续做好全面建成小康社会指标监测工作

小康监测指标涉及的部门较多，需要进一步强化部门的责任意识，按照高水平全面建成小康社会的要求，对一般性指标做强做优，对短板弱项指标聚力攻坚，确保嘉峪关市全面小康综合实现程度排在全省前列。明确每项指标的牵头单位，由牵头单位提出落实的措施，定期监测完成进度；政府主管部门加强督查工作，定期通报结果，切实提高部门的责任意识，确保按期完成所有指标的目标任务。各部门要把全面建成小康社会作为最重中之重的工作，靠前指挥，加强决策，提出 2020 年实现目标值的有效办法，解决关键问题。加大对全面建成小康社会的人和事的报道，以发展成绩鼓舞人、以幸福前景凝聚人、以短板提升激励人、以扎实工作感召人，营造全民共建、人人共享的浓厚氛围。

（二）加大产业转型升级和结构调整力度

全面践行新发展理念，推动供给侧结构性改革，做好产业结构转型升级与新兴产业培育的双重工作，深入调整产业结构，优化产业布局，促进第一、第二、第三产业升级融合。坚持不懈抓好工业转型升级、节能减排工作，在招商引资方面加大新能源和节能型企业的引入力度，使其成为发展循环经济的中坚力量。加快地方经济转型速度，推动传统经济增长模式向循环型增长模式转变，鼓励和督促高耗能企业转型，适时转变经济增长思维，支持企业分工和联合生产，使产业多元化、产品多样化，提升市场占有率。

（三）坚定发展文化旅游产业

文化旅游产业作为一个关联度高、附加值高、牵动面广的朝阳产业，对加快经济社会发展、促进就业增收、激发社会发展活力具有不可替代的推动作用，成为当今最具有活力的新兴产业之一。相关部门必须高度重视文化旅游产业的发展，出台完善更具吸引力的优惠政策，支持全市文化旅游企业创新发展，鼓励有实力的文化旅游企业市场化承办运营各类节会与博览会，打造节会赛事经济。深度挖掘展示长城文化、丝路文化、边塞文化、汉代民俗文化、钢城文化的文化价值、市场价值，注重创意、规模和品质，突出文化的内涵和魅力，打造嘉峪关市独一无二的文化旅游产品。

（四）着力补齐民生领域短板

全面建成小康社会的根本目的就是要普惠百姓、提高居民生活水平。一方面要提高居民收入，大力发展富民产业，积极拓宽增收渠道，提高全市最低工资标准，逐步缩小城乡居民收入差距；另一方面要构建更加有力的社会保障体系，全面推进全民参保登记工作，健全新型养老服务体系，鼓励社会兴办养老设施，发展社区和居家养老，加快推进老年公寓建设。同时，要推进新农合支付方式改革，全面推行按病种付费、按床日付费、门诊总额预付等付费方式，优化补偿方案，提高参合群众受益水平。

（五）全面改善农村人居环境

环境的好坏直接反映经济社会发展的质量、直接体现嘉峪关市对外形象，改善农村人居环境是事关经济发展、改善民生的基础性工作。当前，嘉峪关市农村基础设施和公共服务与城市仍有较大的差距，特别是垃圾分类减量、收集处理及农村污水收集处理，清洁能源使用等基础设施缺乏，广大农民群众无法享受与城市一样的干净环境和便捷生活。要积极落实《农村人居环境整治三年行动方案》，尤其要加大农村生活垃圾无害化处理力度，采取"户收集—村集中—垃圾场集中处理"的模式，进一步推动农村垃圾有序化管理，消除垃圾随意堆放的现象，减少垃圾二次污染，实现生活垃圾无害化处理全覆盖，切实提升和改善农村人居环境。

（六）加快打造创新型城市

持续深入实施创新驱动发展战略，全面推进"大众创业、万众创新"，激发新活力、新动力，催生新职业、新岗位，打造经济增长"新引擎"。完善以企业为主体、市场为导向、产学研相结合的技术创新体系，让"创新之树"枝繁叶茂。加快发展市场化、专业化、集成化、网络化的众创空间，实现创新与创业、线上与线下相结合，为创业者提供低成本、便利化、开放式的综合服务平台和发展空间，打造创新型城市。

（七）持续强化生态环境建设

认真贯彻习近平生态文明思想，牢固树立"绿水青山就是金山银山"的发展理念，把生态环境建设作为一项长期工程抓实抓好。紧盯薄弱环节，严控节能减排降耗这个"源头"，对重点耗能企业进行重点监测，逐步淘汰落后的工业技术和生产能力，减少污染物排放总量。严把高耗能行业的审批关口，大力发展低消耗、低污染、高附加值的绿色生态产业。加大对城乡绿化建设的投入力度，着力提升市容市貌和人居生活品质。

企业案例篇

Enterprise Case

B.26
2019年酒钢集团产业发展情况
分析及对策建议

杨殿锋 赵永杰*

摘　要： 酒钢集团以"企业有价值、员工有尊严"为使命，以加强党的建设为根本，以提质增效、转型升级为主线，以深化改革、强化管理为突破口，以实施创新驱动战略、资源保障战略为支撑，做精做强钢铁主业，做优做活铝（有色）产业，培育形成电力能源产业经济可靠运行、装备制造产业特色产品突出、生产性服务业和现代农业自我发展能力较强的协同发展新格局，构建"酒钢命运共同体"，奋力实现"主业突出、治理规范、技术先进、绩效卓越、和谐发展"的现代化企业

---

* 杨殿锋，哲学硕士，嘉峪关市委政策研究室副主任，主要研究方向为马克思主义哲学；赵永杰，工学学士，酒钢集团发展规划部计划统计室经理，主要研究方向为企业发展规划。

集团愿景目标。

关键词： 酒钢集团　铝（有色）产业　酒钢命运共同体　科技创新

一　酒钢集团发展概况

酒钢集团始建于 1958 年，是国家"一五"时期规划建设的钢铁联合企业，也是我国西北地区建设最早、规模最大、黑色与有色并举的多元化现代企业集团。经过 60 余年的建设发展，酒钢集团已初步形成钢铁、有色、电力能源、装备制造等产业板块协同发展的新格局。钢铁产业具备年产粗钢 1105 万吨（其中本部 825 万吨、榆钢 280 万吨）的生产能力；有色产业已形成年产电解铝 170 万吨、铝板带材 60 万吨的生产能力，列国内大型铝企业第 6 位；电力能源产业已形成电力总装机 3446 兆瓦的自备火电装机容量。[①] 2019 年位列中国企业 500 强第 199 名、中国制造企业 500 强第 85 名。

2019 年是酒钢集团革故鼎新、攻坚克难，企业经营发展稳中有进、稳中向好的一年。一年来，酒钢集团以习近平新时代中国特色社会主义思想为指导，贯彻新发展理念和高质量发展要求，在省委、省政府的坚强领导下，依靠全体干部职工，迎难而上，砥砺奋进，全面完成年度各项目标任务，向着主业突出、治理规范、技术先进、绩效卓越、和谐发展的现代化企业集团目标迈出了坚实步伐。

第一，生产经营稳中有进，全面完成年度经营目标任务。2019 年完成营业收入 1035.8 亿元，同比增长 7.8%；完成工业总产值 662.3 亿元，同比增长 14.1%；实现利税 24.2 亿元，其中，利润 3.02 亿元，同比增长 49.5%。全年生产铁 628.7 万吨，同比增长 3.6%；钢 747.8 万吨，同比增长 6.6%；钢材 740.2 万吨，同比增长 8.7%；电解铝 160.5 万吨，同比增

---

① 本篇数据由酒钢集团发展规划部整理汇总。

长 7.5%。全面实现省政府下达的"稳增长"目标。

第二，安全环保稳定可控，保持了绿色发展的良好态势。安全生产总体平稳，未发生较大及以上事故。全面打响污染防治攻坚战，环境管理体系有效运行，主要污染物达标排放，未发生突发环境事件及辐射污染事故。顺利通过中央生态环境保护督察检查。

第三，科技创新成果丰硕，增强了创新发展的动力动能。2019 年投入科技经费 27.6 亿元，占营业收入的比重达到 2.7%。累计开展科技项目 306 项，新产品研发试制与批量生产 44 万吨，完成技术经济指标攻关 20 项。新增专利 238 项。获得省科技奖励 6 项。

第四，项目建设强力推进，加快了转型发展的坚定步伐。2019 年实施固定资产投资项目 102 项，完成投资 21.16 亿元，完成年度计划投资的 101.5%。省列重点嘉峪关市嘉北污水处理厂项目建成投用，焦化厂酚氰废水达标处理回用项目调试运行，7 号高炉优化升级改造项目有序推进。

第五，集团管控全面加强，筑牢了稳健发展的坚实基础。深入推进机构改革，完善内控体系，加强制度建设，对影响大局、事关长远的重要事项集中管控。增设机构 14 个，撤销机构 16 个，调整职能职责 18 个。新增及修订管理制度 61 部，废止 45 部。建立起职能清晰、政令畅通、运行规范的管理体系。

第六，党的建设持续加强，形成了党建统领发展的生动局面。以主题教育和巡视整改为契机，坚定不移地贯彻新时代党的建设总要求，充分发挥党组织把方向、管大局、保落实的作用，党的领导虚化、弱化问题基本解决，党建统领企业生产经营、改革发展的生动局面已经形成。

二　酒钢集团支柱产业现状分析及未来预期

（一）钢铁产业

2019 年，酒钢集团钢铁产业实现收入 467.4 亿元，实现盈利 12.9 亿元；全年钢材产量 740.2 万吨，同比增长 59.3 万吨，增幅 8.7%。

2019 年，钢铁行业依然处在政策红利衰减、高供给压力显现、市场价格下行，叠加铁矿石价格上涨、盈利水平下降等多重因素促成的复杂环境中。从全年市场运行情况看，国内钢材市场价格"先扬后抑"，1~4 月受成本面支撑大幅上涨；5~8 月，国内钢材市场供大于求，钢材价格由升转降；9~10 月，钢材价格涨跌互现；进入 11 月，钢材价格迎来一波反弹行情之后，于 12 月末回落至低点。从需求方面来看，基础设施、房地产等领域投资保持较高增速，对钢材需求形成拉动效应，使全年钢铁产量保持了增长态势；2019 年全国生铁、粗钢和钢材产量分别为 8.09 亿吨、9.96 亿吨和 12.05 亿吨，同比分别增长 5.3%、8.3% 和 9.8%，粗钢产量再创历史新高。

2020 年，受新冠肺炎疫情影响，国内宏观经济下行压力加大，钢铁行业发展形势面临更加复杂多变的局面。从供需角度来看，新冠肺炎疫情对钢铁生产造成一定影响，后期将逐渐恢复正常，考虑 2020 年仍有钢铁项目投产，推动钢铁有效生产能力提升；新冠肺炎疫情短期内对于需求端的影响较为显著，随着社会库存的增加，2020 年钢铁供应仍然偏宽松，钢价重心下移概率增加。2020 年，酒钢集团钢铁产业计划营业总收入 375 亿元，工业总产值达到 365 亿元。

（二）铝产业

酒钢集团铝产业是"十二五"以来重点投资发展的产业，截至 2019 年，已形成 170 万吨煤电铝一体化的产业链体系，电解铝产能规模位列国内第 6 名，拥有嘉峪关本部及陇西两大生产基地，产线装备具有工艺先进、节能降耗、排放达标等诸多优点。其中，嘉峪关本部电解铝产能为 135 万吨/年，主要装备为 3 条 500kA 电解铝生产线；铝板带材产能为 60 万吨/年，主要装备为 1350~1900mm 铸轧机 60 台、1450~2300mm 冷轧机 10 台（截至 2019 年末建成 3 台，在建 7 台）、涂层机组 1 台（在建）。陇西电解铝产能为 35 万吨/年，主要装备为 240kA、400kA 电解铝生产线各 1 条。以上这些使电解节能减排、轨道运输铝液、煤电铝一体化等方面优势凸显。2019年，铝产业实现收入 240.4 亿元，产值达到 242 亿元，电解铝产量完成160.5 万吨。

2020 年受中央生态环境保护督察及新旧产能置换影响，供给端过快增长的势头将有所抑制，但供给总量仍呈上升趋势。消费端重点依托房地产、基建和汽车行业的好转带动，但受突发新冠肺炎疫情影响，预计消费端市场短期内难以提振，供给增量仍高于消费恢复量，电解铝价格整体偏弱运行。2020 年，酒钢集团铝产业因海外氧化铝项目停产改造，整体收入规模降低，计划年度营业收入 290 亿元，产值 254 亿元，电解铝产量 163 万吨。

三 酒钢集团面临的困难和挑战

（一）资源保障能力严重不足

镜铁山矿产能（950 万吨/年）仅满足本部炼铁产能约 35% 的需要，导致钢铁主业产能利用率不高、成本上升；随着宁夏、青海焦煤矿井闭坑或停产，原有焦煤供应结构被打破，导致焦煤运距扩大、焦炭质量波动、炼铁成本高企等一系列问题；生产不锈钢所需的镍、铬缺乏自有资源及稳定渠道。榆钢公司的原燃料全部依靠外购。氧化铝价格垄断格局持续强化，预焙阳极炭块价格与自备电厂电价攀升使电解铝成本控制压力巨大。自备电厂年需动力煤约 1100 万吨均需外购，电厂面临成本上涨与政策约束双重压力。

（二）"两头在外"物流成本高企

酒钢集团地处内陆，远离消费中心（距兰州 770 公里）与口岸（东距连云港 2440 公里，西距阿拉山口 1270 公里），外部运输方式单一，这些因素对原料进口及产品销售成本有突出影响，对企业对外交流与人才引进存在客观制约，严重削弱企业盈利能力。

（三）历史包袱需有效化解

低效、无效资产占比较高。酒钢集团有息负债规模大，长期高负债经营，现金流内生能力不强。授信受限，融资难、融资贵、短借长用问题突出，资金风险较高。部分投资项目政策、技术、市场、融资等历史问题要加紧解决，防范形成新的不良资产。

（四）创新发展能力亟待提升

企业原有环境容量大、发电成本低等传统优势减弱，使得产品结构单一、产业结构低端、可持续发展后劲不足的问题更为突出。作为基础原材料制造企业，酒钢集团发展高度依赖技术创新驱动，但其技术进步推力不足，研发投入精准度与实效性不高，产学研用联动机制有待加强。

（五）运营绩效及劳动生产率亟须改善提升

企业经营基础不牢固，盈利水平不高，转型升级缓慢，价值链再造不力，主导产业的劳动生产率较先进企业有较大差距。

四　提升企业综合竞争力的对策建议

（一）着力推动全面从严治党向纵深发展

党建是高质量发展的灵魂。酒钢集团将始终注重发挥党组织把方向、管大局、保落实的作用，促进企业生产经营各项任务落到实处。一是强化理论武装。不断创新和改进政治理论学习方式方法，提升学习的针对性、实效性，增强"四个意识"，坚定"四个自信"，做到"两个维护"。二是聚力思想引领。牢牢掌握意识形态领导权、主动权，加快构建以弘扬"铁山精神"为核心，以推进"七大文化"建设为载体，以打造"酒钢品牌"为目标的企业文化建设新格局，倾心构建"酒钢命运共同体"。三是深化落实"两个责任"，巩固主题教育成果，持续抓好学习教育、专项整治和整改落实，深化内部巡查，坚持打好作风建设持久战，营造"风清气正"的工作氛围。

（二）着力推进本质安全建设

安全是高质量发展的前提。酒钢集团将始终坚持安全高于一切、责任大于一切、制度严于一切、预防先于一切，进一步增强红线意识，全面落实安全生产主体责任，着力提升本质安全水平。一是建立"生命至上、安全第一"的安全文化体系，逐步形成员工安全行为习惯和企业安全文化氛围。二是不断健全安全生产"党政同责、一岗双责、齐抓共管、失职追责"和"三管三必须"的责任体系，完善各类安全责任的考核标准和奖惩制度。三是持续加强基层安全管理，将功夫下在现场、基础打在班组，开展隐患"清零"专项行动，促进各单位现场作业安全管理水平大幅提升。四是切实加强相关方安全监管，对外部单位和外协人员切实做到"同安排、同部署、同落实、同检查、同考核"，补齐安全生产短板。

（三）着力建设生态酒钢、美丽酒钢

绿色是高质量发展的底色。酒钢集团将以习近平生态文明思想为指导，坚持依法治企、坚守红线、达标排放，坚定不移打好污染防治攻坚战。一是大力推进环境隐患治理，挂图作战，压茬推进，持续推动生态环保建设迈上新台阶。二是加快推进火电超低排放改造等环保项目，尽快补齐生态环境保护突出短板，全面完成污染防治攻坚目标。三是加大环保督办问责力度，对主体责任落实不力、重点工作拖延应付、发生较大及以上突发环境事件和辐射污染事故的单位和个人从严从重追究责任。

（四）着力打好"提质增效、转型升级"攻坚战

经营是高质量发展的根本。将盈利作为经营工作的核心，深入开展"提质增效、转型升级"三年攻坚计划，全面提升经济运行质量、效率和企

业整体盈利水平。一是落实经营主责。细化分解年度经营计划，靠实责任单位、责任领导，确保全年目标任务完成。二是强化经营支撑，提升资源、能源、物流保障能力。三是推动全产业链低成本制造，推动成本降低20%。四是加强资金统筹，提升资金使用效率，持续修复资产负债表。五是进一步强化经营考核激励，严格落实提质增效目标与单位经营业绩、经营团队薪酬、干部考核任用、单位评先树优"四挂钩"。

（五）着力推动科技创新、管理创新

创新是高质量发展的第一动力。酒钢集团将坚定不移地推动落实创新驱动发展战略，加快创新要素汇聚，推进六大产业高质量发展。一是持续加大科技投入，确保全年科技费用占主营业务收入的2.6%以上。二是推动产品升级换代，钢铁产业以低成本、差异化、品牌化为核心，加快高端高质产品研发；铝产业在高附加值铝合金板带方向发力，提升产品竞争力；装备制造产业加强智能制造研究。三是坚持自主创新和引智借力相结合，确保全年科技成果转化率在60%以上。四是持续完善集团管控自主经营模式，推动实施内部管理模式再造，积极推行"阿米巴"经营理念，强化赋能建设，激发全员创新、全员经营的活力。

（六）着力抓好高质量规划纲要落实落地

项目是高质量发展的重要抓手。坚持"战略统领、计划为纲"原则，心无旁骛做主业，一心一意谋发展，一步一个脚印把高质量发展往前推进。一是大力发展十大生态产业，研究、落实、用好国家和省上相关政策，将其作为助推集团高质量发展的重要政策支撑。二是积极实施"绿色化、信息化、智能化"改造，推进传统产业转型升级发展。三是全面完成年度固定资产投资计划，加快7号高炉优化升级改造，焦化厂1号、2号焦炉工艺装备大型化升级改造等重点项目，确保7号高炉在2020年6月30日建成投产。四是全力推进六个"硬骨头"项目，加快推进，尽快盘活，变"包袱"为财富。五是精心谋划"十四五"发展。

（七）着力激发经营发展活力

改革是高质量发展的强大引擎。酒钢集团将进一步深化内部改革，破除体制机制障碍，提高管理效率效能。一是持续完善现代企业制度，贯彻落实《关于加强重大事项前期工作的指导意见》《重大事项决策管理实施细则》，提高决策质量和效率，提升董事议事决策能力及"董监高"履职能力，推动法人治理体系和治理能力现代化。二是推进供给侧结构性改革，积极盘活处置低效、无效资产，调整优化内部业务组织结构，以市场化手段促进内部产业协同运营，持续开展"僵尸企业"出清工作。三是推进混合所有制改革。推动祁牧乳业混改工作落实落地，开展员工持股试点工作；完善已混改企业的规范运行；抓紧抓好西部重工转板上市、东兴铝业直接上市。四是推进三项制度改革。试点开展市场化选聘职业经理人和经营者任期目标契约化管理，建立内部转岗培训机制，健全与效益、效率双挂钩的工资决定与增长机制，探索实施股权、期权与分红权激励。

（八）着力夯实精细化管理基础

管理是高质量发展之策。酒钢集团将坚持"制度至上、执行为要"的理念，以精细化管理筑牢高质量发展基础。一是系统梳理现有管理制度，提高制度的指导性、时效性、针对性、适用性。二是着力提升风险防控能力，深入开展决策风险评估，完善内控体系建设，保障重大经营行为决策合法合规。三是对标对表加强各领域精细化管理，开展标准化班组建设，全面推进落实"预知维修"设备管理体系。

（九）着力打造高素质干部职工队伍

人才是推动高质量发展的第一资源。酒钢集团将牢固树立"人才优先发展"理念，持续构建科学规范、开放包容、运行高效的人才队伍建设体系。一是创新人才发展体制机制，制定高层次人才、急需紧缺人才引进管理办法，构建以个人能力素质、业绩贡献为标准的岗位胜任力评价体系，畅通四支队伍职业发展路径。二是实施人才培养开发工程，立足自主培养，多渠道、多方式引智借力，服务集团公司经营发展。三是提升人才使用效能，完善人岗匹配机制，探索建立首席专家制度。四是持续改善人才发展环境，健全完善容错纠错和科技研发投入优先保障机制，落实各级领导干部联系人才制度，大力弘扬劳模精神和工匠精神，着力营造尊重创新、尊重人才的良好氛围。

（十）着力提升职工群众幸福指数

共享是高质量发展的目的。酒钢集团将始终坚持全心全意依靠职工办企业的方针，坚决扛起国有企业的政治责任、社会责任。一是确保全面完成脱贫攻坚帮扶任务，聚焦"两不愁三保障"目标，逐村逐户、逐人逐项对账销号。二是继续做好关爱职工工作，持续改善职工作业条件和作业环境，维护职工队伍和谐稳定，不断提高职工群众的获得感、幸福感和安全感。

Abstract

The Jiayuguan City Economic and Social Development Report (*2019 – 2020*) is compiled by the Policy Research Office of Jiayuguan Municipal Party Committee. It is a comprehensive research report aimed at analyzing and summarizing the current development status of Jiayuguan City and predicting its future development.

The general report and each sub-report of the book mainly analyze the development trend of Jiayuguan City in 2019 in economic, culture, social, reform, urban, enterprise, etc. , and display the overall work of investment attraction, industrial park, finance and taxation, social security, social governance and other aspects. Report to objective data, the paper analyzes the problems existing in the work of Jiayuguan City in various fields, puts forward suggestion on developing in the future, think Jiayuguan City, the future development, should promote transformation and upgrading of the industrial economy, accelerate rural revitalization, enhance the level of people's livelihood security, strengthening ecological environment construction, intensify efforts to perfect the management system, etc. These proposals are in line with the policy requirements and reflect the wishes of the people, showing the bright prospect of Jiayuguan City's development in 2020.

The Jiayuguan City Economic and Social Development Report (*2019 – 2020*), each study based on development practice, combing the key work, analysis of short weaknesses, through data show, the theory of interpretation, docking macro policy earnestly, the theoretical research, investigation and study, empirical research, quantitative analysis and qualitative analysis, and so on many kinds of research methods, is an all-round display Jiayuguan City collection development results and development vision of the report. This report is helpful to promote scientific development decisions of the government and accurate social investment decisions, and also provides reliable research results in investment, industry, finance and taxation, urban construction, comprehensive reform, residents' income, livelihood and other aspects for experts and scholars concerned with the development of Jiayuguan City.

Keywords: Social Governance; The Economy of Jiayuguan City; The Society of Jiayuguan City

Contents

I　General Report

Abstract: In 2019, Jiayuguan City closely around the central and provincial Party committee's major decision, adheres to the direction of high-quality development, strengthens macro-economic regulation, and does a good job in reform, development and stability in an all-round way. We have accelerated the pace of transformation, made the ecological environment more beautiful, continuously improved people's livelihood security, significantly improved the quality of development, and accelerated the promotion of an all-round well-off society. This have laid a solid foundation for promoting high-quality transformation and development and realizing a high-level well-off society in an all-round way. Based on the development situation of Jiayuguan City, this report objectively analyzes the situation and characteristics of the economic and social development in 2019 and the basic environment in 2020. Through in-depth analysis and comparison, it puts forward relevant countermeasures and suggestions such as persistently developing ecological industry, accelerating industrial transformation and upgrading, cultivating and strengthening the tertiary industry, adhering to the innovation driven strategy.

Keywords: Reform and Innovation; Industrial Transformation and Upgrading; Jiayuguan City Economic Society

II Economic Development

Abstract: Fixed assets investment is an important engine to stimulate economic growth. In 2019, Jiayuguan's fixed assets investment will pick up and improve, the industrial structure will be adjusted in depth, the infrastructure will develop steadily, the private investment and real estate development investment will be narrowed, and the reform of investment and financing system will continue to deepen. However, we need to pay attention to such problems as unreasonable investment structure, low proportion of private investment, saturation of investment in shed reform and real estate, further weakening of financial support capacity and insufficient investment stamina. It is suggested to continue to promote coordinated development of the three industries, accelerate the development of ten green ecological industries, strengthen the implementation of short-term, vigorously promote the construction of civil military integration industry, and make full efforts to promote it, promote the development of new infrastructure, plan and reserve major projects with high quality, maintain the healthy and sustainable development of private investment, further optimize the investment environment, and ensure the stable growth of investment in fixed assets.

Keywords: Green Ecology; Private Investment; Jiayuguan City Investment in Fixed Assets

Abstract: Financial work is an extremely important work to support and serve the development of a place. In 2019, the financial reform of Jiayuguan City will be further deepened, the banking industry will operate steadily, the financial service innovation will be solid and effective, and the effective financial supply of weak links will continue to increase. The government bank enterprise cooperation has achieved remarkable results, the enterprise financing channels have been further widened, and the financial risks in key areas have been effectively resolved, and so on. However, we need to pay attention to the difficulties faced by enterprises in financing, and to guard against and defuse financial risks. We propose to continue to strengthen policy transmission, comprehensively deepen financial services, continuously improve the business environment, and actively promote diversified financing, we will continue to guide financial institutions to strengthen risk prevention, crack down on illegal fund-raising, continue regular publicity and guidance, and strengthen supervision of class financial institutions, so as to create a sound financial environment for development.

Keywords: Financial Risk; Financial Service; Diversified Financing; Jiayuguan City

B. 4 Analysis on the Current Situation of the Development of the Non-public Economy in Jiayuguan City in 2019 and the Working Countermeasures

Zhu Wanjia, *Wang Xuefeng* / 033

Abstract: The non-public economy is all the economic structure forms except the public ownership economy in our country at the present stage, and it is an important part of the socialist market economy. This report focuses on refining and analyzing the current situation and characteristics of the development of the non-public economy in Jiayuguan City in 2019, and points out the problems existing in the development of the non-public economy, such as small scale, unbalanced industrial structure, lagging behind of talent team construction, high operating cost, financing difficulty and so on. On the basis of analysis and comparison, the basic development trend of non-public economy in 2020 is scientifically analyzed. Some countermeasures and suggestions are put forward, such as implementing more open access policy, continuously reducing costs and burdens for enterprises, and striving to optimize business environment.

Keywords: Private Investment; Market Access; Jiayuguan City Non-public Economy

B. 5　Analysis on the Development of Ecological Industry in Jiayuguan City in 2019 and Forecast in 2020

Li Yansheng, Zhang Xiaoying / 044

Abstract: Vigorously developing ecological industry is a strategic choice to support the economic development of the western region. In 2019, Jiayuguan City will strengthen policy support, plan support projects, improve security mechanism, optimize business environment, cultivate green industry, actively explore development system, accelerate the development of ecological industry, and promote high-quality economic development. However, it is necessary to pay attention to the implementation of ecological industry driven projects, the construction of echelon green ecological industry system, and the establishment of working mechanism to promote the development of ecological industry. It is suggested that we should carry out the project promotion, strengthen the project planning and reserve and investment promotion, fully implement the responsibility of project package, continue to strengthen the service guarantee, actively cultivate and expand emerging industries, and promote the proportion, quality and contribution improvement of ecological industry.

Keywords: Driving Projects; Attract Investment; Jiayuguan City Ecological Industry

B. 6 Financial Operation Situation and Countermeasures of Jiayuguan City in 2019

Yan Panxia, *Yi Jikun* / 052

Abstract: Finance is an important guarantee to support the development of local economy and society. In 2019, Jiayuguan City made coordinated efforts to promote steady growth, promote reform, adjust its economic structure, improve people's livelihood and guard against risks. The implementation of the general public budget, government funds budget and state-owned capital operating budget was generally stable, we have achieved a smooth operation of financial revenues and expenditures, but we need to pay attention to such problems as the prominent contradictions between revenues and expenditures, the gap in people's livelihood input, and the further increase in debt-servicing pressure. It is proposed that we continue to strengthen the revenue organization and ensure accurate collection, adhere to the "Tight Day", reduce operating costs, take the initiative to link up, strive for capital and policy, stick to the "three guarantees" bottom line, complete the goal of clearing debts, and actively guard against and defuse the risks of local government implicit debt, we will promote law-based fiscal management and law-based fiscal construction.

Keywords: Cut Taxes and Fees; Balance of Payments; Debt Risk; Finance of Jiayuguan City

B. 7 Tax Revenue Situation and Working Countermeasures in Jiayuguan City in 2019

Yan Panxia, *Guo Ling and Fu Xiaoyan* / 060

Abstract: In Jiayuguan City's tax work, the government has insisted on treating organizational income as the "No. 1 Project", collecting taxes and fees according to laws and regulations, and pushing forward the implementation of the policy of reducing taxes and fees. In 2019, tax and fee income, non-tax income and social security fund income will meet the target, however, we should pay attention to the problems that the project construction has been transformed into a modern service industry with a long tax revenue process, the development of the tertiary industry is too slow, and that the tax revenue relies too much on key enterprises and industries, it is suggested that we should continue to strictly implement tax collection in accordance with the law, build high-quality tax service, strengthen tax collection and management measures, strengthen project promotion, and continue to make positive contributions to local economic and social development.

Keywords: Cut Taxes and Fees; Tax Collection and Administration; Jiayuguan City Tax Revenue

B. 8　Development and Countermeasures of Agricultural Industry in Jiayuguan City in 2019　　　*Yang Pinggang*, *Wen Lihao* / 067

Abstract: Agriculture is a basic industry. In 2019, the scale of agricultural industry in Jiayuguan City will continue to expand, the level of agricultural industrialization will continue to improve, and the new business state of agriculture and rural areas will flourish, mainly due to the "double promotion and double increase" precise assistance action, human settlement environment improvement, agricultural support policy, agricultural cooperative development, rural comprehensive reform and other measures. However, we still need to pay special attention to the serious problem of "hollowing out" in rural areas, the short board of agricultural industry is still prominent, the investment in the development of agricultural industry is insufficient, and the construction of urban and rural public infrastructure is still unbalanced. It is suggested that we should continue to promote the ecological circular agriculture, lay a solid foundation for the development of modern agriculture, promote the sustained growth of farmers' income, implement the improvement of human settlements, improve the rural governance system, and further strengthen the rural governance to lay a solid foundation for agricultural development.

Keywords: Urban and Rural Public Infrastructure; Agricultural Industrialization; Ecological Cycle; Rural Governance; Agriculture in Jiayuguan City

III   Cultural Industry

B. 9   The Current Situation and Countermeasures of the 2019 Jiayuguan City Key Festivals   *Han Yaowei , Yin Tingru / 077*

Abstract：Festival activities, with unique cultural charm and regional economic driving role, is an important part of urban cultural tourism, but also an important method of urban marketing. In recent years, with the goal of building an international tourism destination city and taking global tourism as the key task, Jiayuguan City has explored the cultural tourism resources in depth and innovated the development model of cultural tourism, covering cultural heritage, leisure experience, trade development, sports events, rural tourism and other content of the festival activities continue to enrich the operation of more mature, impact continued to expand. However, there are still some deficiencies in such areas as capital investment, talent support and form innovation. It is suggested that sustained efforts be made in market-oriented operation, standardized cultivation and export-oriented promotion, create more distinctive features, more diverse forms, more prominent brands of the city festival activities.

Keywords：Cultural Tourism; Festival Innovation; Urban Brand; Key Festival Activities of Jiayuguan City

B. 10   Current Situation and Countermeasures of Cultural Tourism Industry in Jiayuguan City in 2019

Han Yaowei , Yin Xuechun / 086

Abstract：Cultural tourism industry is a new engine of economic growth. In 2019, Jiayuguan City took the creation of a global tourism and demonstration zone as a key task, through policy guidance and financial support to pay close attention to projects construction, improve infrastructure, develop cultural and tourism products, develop rural tourism, improve service levels and strengthen marketing, promoting the development of cultural tourism in-depth integration. At present, under the background of the "double-circle" development pattern, the development of Jiayuguan City's cultural tourism industry has both opportunities and challenges. This report suggests that we should make use of the unique advantages of cultural heritage and natural heritage to further accelerate the implementation of the Great Wall National Cultural Park project, strengthen the promotion of major cultural tourism projects, deepen the brand promotion and marketing strategy, pay attention to the creation of characteristic cultural tourism products, promote the cultivation of rural tourism products, and promote the improvement and efficiency of cultural tourism.

Keywords: Cultural Tourism Products; National Tourism Demonstration Area; Cultural Tourism Marketing; Jiayuguan City Cultural Tourism

B. 11　Current Situation and Countermeasures of Cultural Development in Jiayuguan City in 2019

Yan Panxia, Hou Jing / 096

Abstract: The development and prosperity of cultural undertakings is an important measure to improve the quality of cities. In 2019, the level of public cultural services in Jiayuguan City has been steadily improved, key reforms in the cultural field have been pushed forward, activities benefiting the people have been steadily carried out, notable achievements have been made in the protection and inheritance of the world heritage site, and cultural exchanges and cooperation have been further expanded. However, it is necessary to pay attention to the difficulties in applying for funds for special activities, the shortage of cultural professionals, the inadequacy of supporting policies and incentive mechanisms, and the lack of branded cultural activities, this report suggests that the infrastructure construction of public cultural service system should be improved, the channels of public cultural funds should be continuously broadened, the cultivation and training of cultural talents should be paid attention to, and brand cultural service activities should be created to enhance the city image, constructing a new pattern of modern public cultural service system.

Keywords: Brand Culture Activities; Public Culture; Cultural Undertakings in Jiayuguan City

Ⅳ Social Undertaking

B. 12 Current Situation and Countermeasures of Education

Development in Jiayuguan City in 2019

Yan Panxia, *Zhang Xiaowei* / 105

Abstract: 100-year plan, education first. In 2019, the allocation of educational resources in Jiayuguan City has been continuously optimized, the connotation of educational development has been continuously enhanced, comprehensive reform in the field of education has been continuously advanced, the building of teachers has been continuously strengthened, and the policies of benefiting the people through education have been effectively implemented. However, it is necessary to pay attention to such problems as the shortage of front-line teaching staff, the insufficient total amount of public pre-school educational resources, and the lagging development of the establishment of educational institutions. This report suggests that we should make use of the unique advantages of cultural heritage and natural heritage to further accelerate the implementation of the Great Wall National Cultural Park project, strengthen the promotion of major cultural tourism projects, deepen the brand promotion and marketing strategy, pay attention to the creation of characteristic cultural tourism products, promote the cultivation of rural tourism products, and promote the improvement and efficiency of cultural tourism. increase capital investment, speed up infrastructure construction, innovate and improve institutional systems, strengthen the building of teaching staff, continuously promote the integration of industry and education, raise the level of vocational education, deepen educational reform, and stimulate the vitality of educational development, we will promote high-quality development of education.

Keywords: Integration of Production and Education; Teacher's Virtue and Style; Educational Resources of Jiayuguan City

B. 13   Analysis and Working Suggestions on the Development of Medical and Health Undertakings in Jiayuguan City in 2019

An Qi, Sun Jianzhou / 115

Abstract: Medical and health service is related to people's health and is a major livelihood issue. In 2019, Jiayuguan City conscientiously implemented the decision-making and deployment of the Party Central Committee and the State Council, deeply implemented the healthy China strategy, adhered to the linkage of medical treatment, medical insurance and medical treatment, strengthened the construction of health and health infrastructure, and mobilized the enthusiasm of medical staff, and achieved new results in the development of medical and health undertakings in the city. However, it is necessary to pay attention to the difficulties and blocking points restricting the development of medical and health undertakings in the city, and the hot spots and pain points of people's medical demand. This report suggests that we should continue to consolidate infrastructure construction, strengthen the construction of talent team, speed up information construction, increase financial investment, improve the service ability of primary medical institutions, and make new contributions to the maintenance of people's physical health.

Keywords: Public Hospitals; Talent Mechanism; Medical Security; Medical and Health Care in Jiayuguan City

B. 14　Social Governance of Jiayuguan City in 2019 Work Progress

　　　　and Countermeasures　　　　*Zhang Zhixing*, *Li Guoyue* / 129

Abstract：The construction of peace is an important foundation to maintain the innovative development, harmony and stability of a city. Jiayuguan City focuses on top-level design, promotes the construction of Pingan Jiayuguan, covers all responsibilities, focuses on improving the level of social governance at the grass-roots level, makes every effort to build a contradiction risk prevention and control system, effectively strengthens the service management of key groups, and strictly prevents and controls public security risks, so as to comprehensively implement safe construction. However, the construction of Pingan Jiayuguan has some problems, such as insufficient driving force of social management innovation, unclear effect of mass autonomy and social security group prevention, uneven development of infrastructure construction, and there is still a certain gap between the and the basic service level of urban and rural security construction. This report suggests to carry out comprehensive improvement in depth, vigorously promote the "Xueliang Project" and the construction of the comprehensive treatment platform, and continuously strengthen the entity operation of the comprehensive treatment center.

Keywords："Xueliang Project"; Comprehensive Management Platform; Social Grid; Pingan Jiayuguan

B. 15　Jiayuguan City Social Security Development Status and

　　　　Suggestions in 2019

　　　　　　　　Zhang Zhixing, *Song Haiyan and Wang Fei* / 136

Abstract：In order to complete the building of a well-off society in an all-round way, Jiayuguan City plays a role in maintaining social stability by realizing a social security system that covers the whole city, balances urban and rural areas, has clear responsibilities, guarantees balance and is more sustainable. Social insurance is one of the important components of China's social security system and occupies a core position in the whole social security system. Jiayuguan City social security keeps advancing with the times, strengthens the informatization construction, the industry construction innovation development, the social insurance reform is practical for the people, the social security benefits are constantly improved. However, there are some problems, such as backward social security informatization, the need to strengthen the data sharing between departments, and insufficient depth of social security related policies and regulations. This report suggests to speed up the construction of digital social insurance management, promote the innovation and reform of social security services, further expand the coverage of social insurance, and establish and improve the risk early warning mechanism of social security fund, so as to make greater contribution to the overall development of Jiayuguan City people's livelihood services.

Keywords: Livelihood Services; Risk Early Warning Mechanism of Social Security Fund; Social Security in Jiayuguan City

V Deepening Reform

Abstract: Jiayuguan Industrial Park, as the main matrix of local economic development, will promote industrial development, science and technology development and environmental protection in 2019, and all undertakings in the park will develop smoothly and healthily. However, there are still some problems such as imperfect system and mechanism, difficulties in attracting investment and single industrial structure. Through in-depth analysis and demonstration, this report puts forward some countermeasures and suggestions, such as further improving the park system and mechanism, increasing investment promotion, continuously optimizing the industrial layout and so on. Through high-quality development, the park will continue to enhance the agglomeration, radiation and action, and effectively promote the economic restructuring and industrial transformation and upgrading of the whole city.

Keywords: Industrial Layout; Attract Investment; Jiayuguan Industrial Park

B. 17   Analysis and Forecast of Investment Promotion in Jiayuguan City in 2019
Li Yansheng, Wang Jiadi / 152

Abstract: Attracting investment is an important work to promote the sustainable and healthy development of economy and society. In 2019, Jiayuguan City adheres to multi-channel collection of policy project information, high-standard planning of investment projects, optimization and coordination of project service management, so as to realize new development of investment promotion. However, Jiayuguan City also necessary to pay attention to the problems such as insufficient investment confidence of enterprises, increase of land, funds and other constraints, low development level of existing industries, difficulty in implementing preferential policies, and the urgent need to build a high-quality talent team for attracting investment. This report suggests to strengthen investment promotion with precision, industry chain, culture and tourism, various ways and new media, create an atmosphere of attracting investment and accelerate the resumption of work and production, we will promote high-quality development of investment promotion.

Keywords: Precision Investment; Industry Chain Investment; Culture and Tourism Investment; Jiayuguan City Investment Promotion

B. 18 Analysis and Working Suggestions on Business Environment
Construction in Jiayuguan City in 2019

Abstract：Business environment is an important guarantee for the development of endogenous power and stimulating market vitality. In 2019, Jiayuguan City will take the "release, management and service" reform as a key measure and an important breakthrough in the transformation of government functions, innovate work ideas, break through the reform bottleneck, "release, control and service" reform has a new breakthrough, the business environment has a new improvement, and the satisfaction of enterprises and the masses has a new good evaluation. However, we need to pay attention to the outstanding problems that restrict the development of enterprises and the strong reaction of the masses. We suggest that we should continue to transform the government functions, continuously optimize the business environment, and effectively open up the "last mile" of serving enterprises and the masses, so as to "release the shackles" for enterprises, "reduce the burden" of the masses, and "make room" for the market.

Keywords：Commercial System; "Online Government Hall"; Jiayuguan City Business Environment

B. 19 The Overall Situation and Suggestions of Technological
Innovation in Jiayuguan City in 2019

Abstract：Jiayuguan City science and technology innovation as the important engine of the development of economic transformation and upgrading, and strive to optimize the policy environment for scientific and technological innovation, stimulate the vitality of scientific and technological innovation and promote the collaborative innovation of science and technology, increasing scientific and technological innovation in the economic and social development. At the same time, the construction achievements and problems also cannot be ignored, Jiayuguan City should be aimed at building an innovative city, through speed up the construction of innovative city, enhancing the efficiency of scientific and technological innovation, deepening reform of science and technology system, lacking scientific and technological innovation, further enhance the level of service of high quality transformation of economic and social development.

Keywords: Innovative City; Innovation Driven; Science and Technology Innovation of Jiayuguan City

B. 20 Analysis and Working Suggestions on the Reform of State Owned Enterprises in Jiayuguan City in 2019

An Qi, Zhu Hua / 176

Abstract: Municipal state-owned enterprises are the focus of the transformation and development of Jiayuguan City, and the backbone of the city's economic development. Deepening the reform of state-owned enterprises is of great significance to promote the sustained, healthy and high-quality economic development and improve the overall economic operation efficiency. In 2019, the Administration Commission of Jiayuguan municipal government comprehensively promotes the reform of state-owned enterprises, performs the responsibilities of investors according to law, strengthens the supervision of state-owned assets and state-owned enterprises, and strengthens the party building work of state-owned enterprises, which has made great contributions to the economic and social development of the whole city. However, we still need to pay attention to the problems left over by municipal state-owned enterprises, the arduous task of enterprise risk control, and the imperfection of modern enterprise system. It is suggested that we should continue to strengthen the self construction of SASAC of municipal government, promote the reform of state owned enterprises, standardize the supervision of state owned assets, strengthen the construction of the Communist Party of China, and promote the maintenance and appreciation of state-owned assets and the high-quality development of state-owned enterprises.

Keywords: Enterprise Risk Control; Supervision and Management of State Owned Assets; State Owned Enterprises in Jiayuguan City

VI Urban Construction

B. 21 Current Situation and Countermeasures of Real Estate
Development in Jiayuguan City in 2019

Zhang Yun, Bai Jing and Peng Lina / 188

Abstract: As a pillar industry in Jiayuguan City, the real estate industry plays an important role in the economic development of Jiayuguan City. In 2019, Jiayuguan City earnestly implemented various national, provincial and municipal Macroeconomic regulation and control policies and measures, focusing closely on key work such as real estate market regulation, affordable housing management and property management, we have established and improved relevant housing security systems, achieved remarkable results in market regulation and control, significantly improved the housing supply structure, and made steady progress in the renovation of shantytowns. However, there are still some problems such as the downward pressure on real estate investment, the difficulty in checking and checking the qualifications of those who enjoy housing security, and so on. This report suggests that the government's regulatory power and the market adaptability of real estate development enterprises be strengthened, we will improve the coordinated work mechanism for special rectification efforts, give full play to the role of affordable housing in helping low-and middle-income families in solving their housing problems in urban areas, establish a sound property management mechanism, and so on to promote the healthy and orderly development of the real estate market.

Keywords：Housing Supply Structure；Housing Security；Property Management；Jiayuguan City Real Estate Market

B. 22 Situation and Countermeasures of Ecological Construction in Jiayuguan City in 2019 *Han Yaowei*, *Qi Yonggang* / 198

Abstract：Ecological construction is related to people's well-being and modernization. In 2019, Jiayuguan City earnestly implemented Xi Jinping's ecological civilization thought, conscientiously carried out the development philosophy that "clear waters and green mountains are gold and silver mountains", and centered on the key tasks of ecological construction of the city, with the goal of growing green areas, enhancing quality and efficiency, we will take further steps to promote large-scale land greening construction and urban greening quality improvement activities, and accelerate the building of an ecological system for the integrated management of mountains, rivers, forests, farmlands, lakes and grasses so as to lay a more solid foundation for high-quality ecological development throughout the city. But at the same time, there are some problems such as the shortage of soil for greening, the contradiction between the supply and demand of water resources, and the lack of balance between urban and rural greening. This report suggests that we should continue to improve the ecological construction planning, establish a mutually beneficial cooperation mechanism, strengthen the construction of lakes and grasses national wetland park, improve the quality of urban greening, provide more high-quality ecological products for the people, and create a more beautiful urban ecological environment.

Keywords：Comprehensive Management of Ecological System；Ecological Cooperation Mechanism；Landscaping；Ecological Construction of Jiayuguan City

Abstract： In 2019, focusing on the overall situation of economic and social development, the ecological and environmental protection work in Jiayuguan City made every effort to promote the prevention and control of air, water and soil pollution and the rectification and reform of central and provincial environmental protection inspectors, so as to provide both supervision and services, Jiayuguan City's environmental quality, capacity and awareness of environmental protection have been effectively enhanced, and the quality of the ecological environment has been continuously improved. However, there are still problems such as the arduous task of energy conservation and emission reduction, and the great pressure on the sustained improvement of environmental quality. It is suggested that we rely on the responsibility of protecting the ecological environment, do a good job in winning the battle against pollution, do a good job in key project construction, and strengthen day-to-day environmental supervision, hold fast to the bottom line of ecological environment safety and actively create a high-quality development environment.

Keywords： Energy Saving and Emission Reduction; Pollution Control; Environmental Regulation; Ecological Environment of Jiayuguan City

Abstract： The management of urban construction in Jiayuguan City has seized the development opportunities, and has attached equal importance to the construction of new urban areas and the transformation of built-up areas. The main line is to make up the shortage of urban infrastructure, strengthen the management of urban construction in an all-round way, and steadily improve the quality and comprehensive carrying capacity of cities. However, there are still problems such as the lack of a perfect system and mechanism for urban meticulous management, the lack of systematic management of project construction, and the inadequacy of supervision and law enforcement. It is suggested that the shortage of urban infrastructure should be continuously filled up, and the overall order of the construction market should be further standardized, we will gradually improve the level of urban management, optimize the business environment of the construction industry, and strive to build a city with landscape features, an ecological garden city and a city of cultural charm.

Keywords: Comprehensive Bearing Capacity; Urban Infrastructure; Construction Market; Urban Construction of Jiayuguan City

B. 25 Analysis and Countermeasures on the Construction of a Well-off Society in Jiayuguan City in 2019

Zhu Wanjia, Wang Yaqi / 222

Abstract: Building a moderately prosperous society in an all-round way is a solemn promise made by the Party Central Committee to the people of the whole country and a key step to realize the Chinese dream of great rejuvenation of the Chinese nation. This report analyzes the current situation of building a well-off society in an all-round way in Jiayuguan City in 2019 from six aspects of economic development, people's life, three key problems, democracy and rule of law, cultural construction, resources and environment, and 50 monitoring indicators. It points out some problems existing in the process of building a moderately prosperous society in an all-round way, such as the difficulty of achieving the target value of some indicators, the risk of individual indicators falling back, and the inconsistency between some indicators that have reached the standard and the actual feelings of the masses. On this basis, it puts forward some suggestions, such as continuously doing a good job in indicator monitoring of building a well-off society in an all-round way, firmly developing the cultural tourism industry, striving to make up for the shortcomings in the field of people's livelihood, and speeding up the construction of innovative cities targeted countermeasures and suggestions.

Keywords: A Moderately Prosperous Society; Urbanization; Innovative City; Jiayuguan City

Ⅶ Enterprise Case

Abstract: Jiugang Group with "enterprise value, employees with dignity" as its mission, to strengthen the Party's construction as the fundamental, quality, and the synergistic extraction, transformation and upgrading as the main line, to deepen reform, strengthen management as the breakthrough point, to implement the strategy of innovation-driven strategy, resources to support, to do fine and stronger steel business, do work do best aluminum (non-ferrous) industry, foster the formation of electric energy industry economic and reliable operation, features outstanding equipment manufacturing industry and producer services and modern agriculture capability of self-development of new pattern of coordinated development, build "Jiugang Community of Shared Future", utilizing the fate Strive to achieve "outstanding main business, standard governance, advanced technology, outstanding performance, harmonious development" of the modern enterprise group vision.

Keywords: Jiugang Group; Aluminum (Non-ferrous) Industry; Jiugang Community of Share Future; Technological Innovation

社会科学文献出版社

皮 书

智库报告的主要形式
同一主题智库报告的聚合

❖ 皮书定义 ❖

皮书是对中国与世界发展状况和热点问题进行年度监测，以专业的角度、专家的视野和实证研究方法，针对某一领域或区域现状与发展态势展开分析和预测，具备前沿性、原创性、实证性、连续性、时效性等特点的公开出版物，由一系列权威研究报告组成。

❖ 皮书作者 ❖

皮书系列报告作者以国内外一流研究机构、知名高校等重点智库的研究人员为主，多为相关领域一流专家学者，他们的观点代表了当下学界对中国与世界的现实和未来最高水平的解读与分析。截至 2020 年，皮书研创机构有近千家，报告作者累计超过 7 万人。

❖ 皮书荣誉 ❖

皮书系列已成为社会科学文献出版社的著名图书品牌和中国社会科学院的知名学术品牌。2016 年皮书系列正式列入"十三五"国家重点出版规划项目；2013~2020 年，重点皮书列入中国社会科学院承担的国家哲学社会科学创新工程项目。

权威报告·一手数据·特色资源

皮书数据库
ANNUAL REPORT(YEARBOOK)
DATABASE

分析解读当下中国发展变迁的高端智库平台

所获荣誉

- 2019年，入围国家新闻出版署数字出版精品遴选推荐计划项目
- 2016年，入选"'十三五'国家重点电子出版物出版规划骨干工程"
- 2015年，荣获"搜索中国正能量 点赞2015""创新中国科技创新奖"
- 2013年，荣获"中国出版政府奖·网络出版物奖"提名奖
- 连续多年荣获中国数字出版博览会"数字出版·优秀品牌"奖

成为会员

通过网址www.pishu.com.cn访问皮书数据库网站或下载皮书数据库APP，进行手机号码验证或邮箱验证即可成为皮书数据库会员。

会员福利

- 已注册用户购书后可免费获赠100元皮书数据库充值卡。刮开充值卡涂层获取充值密码，登录并进入"会员中心"—"在线充值"—"充值卡充值"，充值成功即可购买和查看数据库内容。
- 会员福利最终解释权归社会科学文献出版社所有。

数据库服务热线：400-008-6695
数据库服务QQ：2475522410
数据库服务邮箱：database@ssap.cn
图书销售热线：010-59367070/7028
图书服务QQ：1265056568
图书服务邮箱：duzhe@ssap.cn

社会科学文献出版社 皮书系列
SOCIAL SCIENCES ACADEMIC PRESS (CHINA)

卡号：276911712973
密码：

S 基本子库
SUB DATABASE

中国社会发展数据库（下设 12 个子库）

整合国内外中国社会发展研究成果，汇聚独家统计数据、深度分析报告，涉及社会、人口、政治、教育、法律等 12 个领域，为了解中国社会发展动态、跟踪社会核心热点、分析社会发展趋势提供一站式资源搜索和数据服务。

中国经济发展数据库（下设 12 个子库）

围绕国内外中国经济发展主题研究报告、学术资讯、基础数据等资料构建，内容涵盖宏观经济、农业经济、工业经济、产业经济等 12 个重点经济领域，为实时掌控经济运行态势、把握经济发展规律、洞察经济形势、进行经济决策提供参考和依据。

中国行业发展数据库（下设 17 个子库）

以中国国民经济行业分类为依据，覆盖金融业、旅游、医疗卫生、交通运输、能源矿产等 100 多个行业，跟踪分析国民经济相关行业市场运行状况和政策导向，汇集行业发展前沿资讯，为投资、从业及各种经济决策提供理论基础和实践指导。

中国区域发展数据库（下设 6 个子库）

对中国特定区域内的经济、社会、文化等领域现状与发展情况进行深度分析和预测，研究层级至县及县以下行政区，涉及地区、区域经济体、城市、农村等不同维度，为地方经济社会宏观态势研究、发展经验研究、案例分析提供数据服务。

中国文化传媒数据库（下设 18 个子库）

汇聚文化传媒领域专家观点、热点资讯，梳理国内外中国文化发展相关学术研究成果、一手统计数据，涵盖文化产业、新闻传播、电影娱乐、文学艺术、群众文化等 18 个重点研究领域。为文化传媒研究提供相关数据、研究报告和综合分析服务。

世界经济与国际关系数据库（下设 6 个子库）

立足"皮书系列"世界经济、国际关系相关学术资源，整合世界经济、国际政治、世界文化与科技、全球性问题、国际组织与国际法、区域研究 6 大领域研究成果，为世界经济与国际关系研究提供全方位数据分析，为决策和形势研判提供参考。

法律声明

　　"皮书系列"（含蓝皮书、绿皮书、黄皮书）之品牌由社会科学文献出版社最早使用并持续至今，现已被中国图书市场所熟知。"皮书系列"的相关商标已在中华人民共和国国家工商行政管理总局商标局注册，如 LOGO（ ▟ ）、皮书、Pishu、经济蓝皮书、社会蓝皮书等。"皮书系列"图书的注册商标专用权及封面设计、版式设计的著作权均为社会科学文献出版社所有。未经社会科学文献出版社书面授权许可，任何使用与"皮书系列"图书注册商标、封面设计、版式设计相同或者近似的文字、图形或其组合的行为均系侵权行为。

　　经作者授权，本书的专有出版权及信息网络传播权等为社会科学文献出版社享有。未经社会科学文献出版社书面授权许可，任何就本书内容的复制、发行或以数字形式进行网络传播的行为均系侵权行为。

　　社会科学文献出版社将通过法律途径追究上述侵权行为的法律责任，维护自身合法权益。

　　欢迎社会各界人士对侵犯社会科学文献出版社上述权利的侵权行为进行举报。电话：010-59367121，电子邮箱：fawubu@ssap.cn。

社会科学文献出版社